Die außerordentliche Kündigung des Tarifvertrages

Europäische Hochschulschriften

Publications Universitaires Européennes
European University Studies

Reihe II
Rechtswissenschaft

Série II Series II
Droit
Law

Bd./Vol. 4379

PETER LANG
Frankfurt am Main · Berlin · Bern · Bruxelles · New York · Oxford · Wien

Christina Gmelin-Lux

Die außerordentliche Kündigung des Tarifvertrages

PETER LANG
Europäischer Verlag der Wissenschaften

Bibliografische Information Der Deutschen Bibliothek
Die Deutsche Bibliothek verzeichnet diese Publikation in der Deutschen Nationalbibliografie; detaillierte bibliografische Daten sind im Internet über <http://dnb.ddb.de> abrufbar.

Zugl.: Bielefeld, Univ., Diss., 2004

D 361
ISSN 0531-7312
ISBN SBN 3-631-53974-6

www.peterlang.de

meinen Eltern

Ich möchte mich bei meinem Doktorvater, Herrn Professor Dr. Peter Schwerdtner, Fakultät für Rechtswissenschaften der Universität Bielefeld, für die Gelegenheit, meine Promotion durchzuführen, sehr herzlich bedanken. Seine gewährte Freiheit bei der Bearbeitung des Themas sowie seine Unterstützung und Diskussionsbereitschaft waren motivierend und anregend.

Inhaltsverzeichnis

I. Einführung

Kollektivvereinbarungen sind heute ein unverzichtbarer Bestandteil des arbeitsrechtlichen Regelwerks. Dies gilt v.a. für den Tarifvertrag. Fast 50.000. gültige Tarifverträge gibt es zur Zeit in Deutschland. Pro Jahr werden im Schnitt zwischen 7.000. und 8.000. Tarifverträge abgeschlossen bzw. geändert[1]. Dies gilt aber auch für die Betriebsvereinbarung und -im öffentlichen Dienst- die Dienstvereinbarung. Die für die Kollektivvereinbarungen geltenden positivierten Rahmenbedingungen sind in mehreren Kodifizierungen das Ergebnis einer über 100-jährigen Entwicklung, an deren Ende Vereinigungen stehen, die den Zweck verfolgen, die Arbeits- und Wirtschaftsbedingungen zu wahren und zu fördern und hierfür den besonderen Schutz des Grundgesetzes erfahren (Art. 9 Abs.3 GG). Die qualitative Bedeutung von Tarifverträgen als Mittel der Sicherung der Einkommen, der Gestaltung der Arbeitsbedingungen und als Grundlage für Arbeitnehmerschutzrechte ist eminent. Den unterschiedlichen Kollektivvereinbarungen ist gemeinsam, daß sie nicht nur die Beziehungen zwischen den jeweiligen Vertragspartnern regeln, sondern daß sie darüber hinaus auch Bindungswirkung für die Mitglieder der Tarifvertrags-Parteien haben, beziehungsweise im Falle der Betriebsvereinbarung für alle Beschäftigten des Arbeitgebers gelten. Diese Doppelwirkung von Kollektivvereinbarungen, aber auch der mit ihnen verfolgte Zweck bringen es mit sich, daß dem Bestand dieser Vereinbarungen ein besonderer Stellenwert zukommt. Eine nicht vorgesehene, vorzeitige Beendigung der in der Regel ohnehin befristeten Kollektivvereinbarung 'Tarifvertrag' ist danach ein Eingriff, der besonders kritischer Prüfung bedarf. Den damit zusammenhängenden rechtlichen Fragestellungen nachzugehen, bemüht sich die vorliegende Arbeit

Der Tarifvertrag dient dem gerechten Ausgleich von Interessen der Arbeitgeber- und der Arbeitnehmerseite. Er berührt Felder der Sozial-, der Gesellschafts- und der Wirtschaftspolitik. Häufig ist sein Zustandekommen von öffentlichen und politischen Auseinandersetzungen begleitet. Die politische Relevanz des Themas kann bei einer rechtswissenschaftlichen Untersuchung nicht im Vordergrund stehen. Sie bei der vorliegenden Arbeit aus dem Auge zu verlieren, wäre dennoch ein Versäumnis. In der jüngeren Vergangenheit erlangte die außerordentliche Kündigung eines Tarifvertrages ganz aktuelle Bedeutung: Anfang 1993 kündigten die Arbeitgeberverbände der Metallindustrie

[1] Stand 31.12.1998: 41.828 Tarifverträge West und 7.712 Tarifverträge Ost (Quelle BMA-Tarifregister) Auskunft Hans-Böckler-Stiftung

Ost den im Jahre 1990 abgeschlossenen Tarifvertrag mit sofortiger Wirkung auf. Dieser unmittelbar nach der Wiedervereinigung abgeschlossene Tarifvertrag war befristet bis 1995 und regelte die stufenweise Anpassung der Entgelte an das Westniveau in Höhe von 5% jährlich. Zur Begründung der außerordentlichen Kündigung wurde ausgeführt, daß die im Jahre 1990 noch unvorhersehbare Veränderung der Verhältnisse in wichtigen Absatzmärkten für 10% der tarifgebundenen Unternehmen die Existenzvernichtung bedeute, wenn der Tarifvertrag bis zum Ablauf der in Aussicht genommenen Laufzeit 1995 angewendet werde.

Bis dahin war die außerordentliche Kündigung nicht von nennenswerter praktischer Relevanz. Normalerweise haben Tarifverträge, die Lohn- und Gehaltsbedingungen regeln, kurze Laufzeiten und enthalten zudem Vereinbarungen einer Kündigungsmöglichkeit. Eine Anpassung an geänderte wirtschaftliche Verhältnisse kann dann unproblematisch im neuen Tarifvertrag berücksichtigt werden.

I.1. Entstehung von Tarifrecht

Das Tarifrecht ist ein Produkt der Wirtschafts- und Sozialgeschichte des 19. Jahrhunderts. Wirtschaftlicher Liberalismus einerseits und soziale Abhängigkeit der Arbeitnehmer andererseits waren wesentliche Bestimmungsfaktoren für eine Entwicklung, die nach wechselvollen Auseinandersetzungen zur Schöpfung des neuen Rechtsinstituts “Tarifvertrag“ führte, welches schließlich auch kodifiziert wurde. Ausfluß des wirtschaftsliberalen Gedankenguts des 19. Jahrhunderts war der Grundsatz der Vertragsfreiheit. Er galt auch für den Vertrag zwischen Arbeitgeber und Arbeitnehmer, der Bestimmungen über den Lohn und sonstige Arbeitsbedingungen enthalten konnte (§ 105 GewO für den Norddeutschen Bund vom 29.05.1869). Die praktische Ausgestaltung dieser Verträge hing freilich wesentlich von dem zwischen den Vertragsparteien bestehenden Kräfteverhältnis ab. Hier herrschte ein eklatantes Ungleichgewicht. Der einzelne Arbeitnehmer -wirtschaftlich angewiesen auf die 'Verwertung' seiner Arbeitskraft und als Einzelperson beliebig austauschbar- hatte keine Chance, seine Interessen gegenüber dem Arbeitgeber durchzusetzen.

In dieser Situation weitgehender Abhängigkeit vom Arbeitgeber und tiefer sozialer Not wuchs auf Arbeitnehmerseite die Erkenntnis, daß eine gemeinsame Interessenverfolgung der einzige Weg sei, um sich gegenüber der Arbeitgeberseite zu behaupten. Damit war in der beginnenden zweiten Hälfte des 19. Jahrhunderts der Boden für die Entstehung von Gewerkschaften bereitet. Sie dienten der Bündelung der Interessen der Arbeitnehmer und bemühten sich -auch mit Mitteln des Streiks- in den Einzelarbeitsverträgen möglichst günstige Löhne und Arbeitsbedingungen zu erreichen. Nach dem Vorbild der englischen trade-unions wuchsen ab den 60-er Jahren des 19. Jahrhunderts auch in Deutschland die Gewerkschaften. Mit der GewO von 1869 für den Norddeutschen Bund, die 1871 zur ReichsGewO wurde, ist das bis dahin bestehende Koalitionsverbot für den gewerblichen Bereich und das Baugewerbe aufgehoben worden.

In § 152 Abs.1 GewO war der Zusammenschluß von Koalitionen zur Interessenwahrnehmung vorgesehen. Staatlicher Rechtsschutz für die danach zulässigen Koalitionen wurde hingegen nicht gewährt, § 152 Abs.2 GewO. Die Formalisierung der nun erzielten Absprachen durch eine Vereinbarung zwischen Gewerkschaft und Arbeitgeber war die Geburtsstunde des Tarifvertrages. Gegen Ende des 19. Jahrhunderts hatte sich der Tarifvertragsgedanke, der zwischen den Gewerkschaften zunächst nicht unbestritten war, auch auf Gewerkschaftsseite allgemein durchgesetzt. Die Arbeitgeberseite hat sich sehr unterschiedlich auf das Tarifvertragsthema eingelassen. Obwohl vor allem die Großindustrie von Bergbau und Handel, Versicherungs- und Baugewerbe den Tarifverträgen zunächst ablehnend gegenüberstand, waren insgesamt bis 1913 bereits mehr als 12.000. Tarifverträge für über 190.000. Betriebe und 1,8 Mio Arbeitnehmer vereinbart worden[2]. Tarifverträge wurden v.a. in der mittelständischen Wirtschaft abgeschlossen, und hier insbesondere im Druck- und Baugewerbe. Eine erste beträchtliche Ausweitung erfuhr der Tarifvertrag, als sich die Spitzenverbände der Arbeitgeber- und Arbeitnehmervereinigungen der Industrie zu einer Arbeitsgemeinschaft -dem Stinnes Legien-Abkommen vom 15.11.1918[3]- zusammenschlossen, in der u.a. allgemeine tarifliche Regelungen der Arbeitsbedingungen festgelegt wurden. Endgültig durchgesetzt hat sich der Tarifvertragsgedanke auf Arbeitgeberseite in den zwanziger Jahren.

Zunächst waren die allgemeinen Grundsätze des BGB über schuldrechtliche Verträge der rechtliche Rahmen für den Tarifvertrag. Eine Bindungswirkung des Tarifvertrages für die Einzelvereinbarungen zwischen Arbeitnehmer und Arbeitgeber ließ sich daraus nur über die allgemeinen Regeln des Schuldrechts herleiten. Der kollektive Charakter des Tarifvertrages konnte hierbei freilich nur unzureichend Berücksichtigung finden. Die faktische Bindungswirkung

2 Oetker in Wiedemann, a.a.O. Geschichte Rz. 4
3 RABl 1918, 874

beruhte dabei im wesentlichen auf der tatsächlichen Machtstellung der Gewerkschaften.

Mit der Verordnung über Tarifverträge, Arbeiter- und Angestelltenausschüsse und Schlichtung von Arbeitsstreitigkeiten (TarifvertragsVO) vom 23.12.1918[4] war die erste spezialgesetzliche Regelung des Tarifvertrages entstanden. Ein umfassendes Regelwerk des Tarifvertragsrechts sollte einem gesonderten Tarifvertragsgesetz vorbehalten bleiben. In der TarifvertragsVO wurde jedoch bereits bestimmt, daß die Tarifregelungen zwingende und unmittelbare Wirkung für die Einzelarbeitsverträge haben (§ 1), und daß Tarifverträge für allgemeinverbindlich erklärt werden können (§ 2), also auch für Arbeitgeber und Arbeitnehmer verbindlich sind, die nicht Mitglieder einer der Vertragsparteien sind. Die Gewerkschaften wurden dort als berufene Vertreter der Arbeiterschaft anerkannt.

In Art. 159 und 165 Abs.1 S.2 WRV der Weimarer Reichsverfassung vom 11.08.1918[5] erfuhren die Vereinigungen von Arbeitnehmern und Arbeitgebern zur Wahrung und Förderung der Arbeits- und Wirtschaftsbedingungen dann ihre verfassungsrechtliche Anerkennung (Art. 159 und 165 Abs.1 S.2 WRV) und in § 8 Betriebsrätegesetz (BRG) vom 04.02.1920 ihre einfachgesetzliche Positivierung.

Während der Zeit des Nationalsozialismus war die Weiterentwicklung des Tarifrechts ausgesetzt. Arbeitgeberverbände und Gewerkschaften wurden aufgelöst, Rechtsverordnungen traten an die Stelle von Tarifverträgen.

Bereits am 22.04.1949 ist das vom Wirtschaftsrat beschlossene Tarifvertragsgesetz vom 09.04.1949 in Kraft getreten. Es wurde vom Tarifvertragsgesetz in der Fassung vom 25.08.1969[6] abgelöst.

Mit Art.9 Abs. 3 GG hat das Koalitionswesen außerdem Eingang in die Verfassung der Bundesrepublik Deutschland gefunden.

Bezeichnend für die Enstehungsgeschichte des heutigen Tarifrechts ist der starke Einfluß von Lehre und Rechtsprechung. Bis zur ersten spezialgesetzlichen Regelung im Jahre 1918 waren die Vertragsparteien und Betroffenen etwa 40 Jahre lang auf die Entwicklung eines juristischen Netzwerkes vor allem durch die Lehre angewiesen. Das Tarifvertragsgesetz von 1949 beruht weitge-

---

[4] RGBl 1918, 1456
[5] RGBl I, 1383
[6] BGBl I, 1323

hend auf einer Weiterentwicklung der in der TarifvertragsVO von 1918 nur unvollkommen geregelten Rechtsmaterie durch Lehre und Rechtsprechung.

Der Wandel der wirtschaftlichen und gesellschaftlichen Rahmenbedingungen wird auch in Zukunft neue Fragestellungen aufwerfen, die von Lehre und Rechtsprechung beantwortet werden müssen.

2. Rechtsnatur des Tarifvertrages

Die Rechtsnatur des Tarifvertrages ist umstritten. Von der Rechtsnatur des Tarifvertrages hängt aber ab, ob (und mit welcher Begründung) und auf welchem Wege eine von den Tarifvertragspartnern nicht vorgesehene, vorzeitige Beendigung des Tarifvertrages in Betracht kommt. Deshalb ist die Rechtsnatur des Tarifvertrages näher zu untersuchen.

In § 1 Abs.1 TVG verwendet der Gesetzgeber sowohl den Begriff Tarifvertrags-Parteien als auch den Begriff Rechtsnormen. Nach dem Willen des Gesetzgebers soll der Tarifvertrag folglich sowohl zivilrechtliche (vertragliche) als auch öffentlich-rechtliche (normative) Wirkungen entfalten. Die Frage der Auflösbarkeit des Tarifvertrages ist eng mit der (Vor-)Frage seiner Auslegung verknüpft. Nach Auffassung des Reichsarbeitsgerichts waren auch Tarifverträge nach den allgemeinen zivilrechtlichen Grundsätzen über die Auslegung von Willenserklärungen (§§ 133, 157 BGB) auszulegen[7]. Der 4.Senat des Bundesarbeitsgerichts[8] hält angesichts des Normcharakters des Tarifvertrages eine Auslegung nach Wortlaut und wirklichem Willen der Parteien, soweit dieser einen Niederschlag gefunden hat, für angezeigt und setzt insoweit den Schwerpunkt des Tarifvertrages im Zivilrecht[9]. Ergänzend sei der Gesamtzusammenhang heranzuziehen. Später fügt derselbe Senat hinzu, daß auch Auslegungskriterien wie Entstehungsgeschichte, Tarifgeschichte und praktische Tarifübung heranzuziehen seien[10] und verweist an anderer Stelle auch ausdrücklich auf die Grundsätze der Gesetzesauslegung[11]. Der 5. Senat verlangt, zumindest bei der Auslegung des normativen Teils des Tarifvertrages aus-

7 RAGE 2, 235

8 BAG AP Nr. 3 zu § 9 TVG 1969

9 ebenso BAG NZA 2003, 164 f.

10 BAG AP Nr. 135 zu § 1 TVG Auslegung

11 BAG AP Nr. 1 zu § 36 BAT; diese Auffassung wird später bestätigt in BAG AP Nr. 12 zu § 33 BAT

schließlich die Grundsätze der Gesetzesauslegung anzuwenden[12], er legt den Schwerpunkt im Öffentlichen Recht[13].

Es besteht jedoch weitgehend Einigkeit, daß der Tarifvertrags-Abschluß durch Abgabe korrespondierender Willenserklärungen ein rechtsgeschäftlicher Vorgang ist, auf den die allgemeinen Grundsätze des BGB über schuldrechtliche Verträge Anwendung finden. Gleiches gilt für die unmittelbare Rechtsbeziehung der Tarifvertrags-Partner zueinander.

Der Tarifvertrag ist als Dauerschuldverhältnis einzuordnen. Die Einstufung eines Vertrages als Dauerschuldverhältnis ergibt sich regelmäßig aus dem Inhalt der Leistungspflichten. Diese dürfen sich nicht in einer einmaligen Leistungserbringung erschöpfen. Ein Dauerschuldverhältnis liegt vor, wenn entweder ein dauerndes Verhalten oder wiederkehrende Leistungen geschuldet sind und der Gesamtumfang der Leistung von der Dauer der Rechtsbeziehung abhängt[14]. Soweit durch einen (Tarif-)Vertrag nur rein schuldrechtliche Pflichten zwischen den Vertragsparteien begründet werden, die über einen längeren Zeitraum dauern oder aber sich immer wieder erneuern, ist die Einstufung als Dauerschuldverhältnis unproblematisch. Beim Tarifvertrag, der auch Tarifnormen enthält, ergibt sich der Dauerschuldcharakter[15] zum einen aus den fortgesetzten Durchführungspflichten der Vertragsparteien. Er ergibt sich zum anderen aus dem Inhalt der tariflichen normativen Leistungspflichten. Denn diese bewirken, daß im Dauerschuldverhältnis der tarifgebundenen Dritten dauernd bzw. immer wieder neue Rechte und Pflichten begründet werden. Für diese Fälle wird die rechtsgeschäftliche Seite des tarifvertraglichen Janus-Kopfes daher richtig und weitgehend unstreitig als Dauerschuldverhältnis behandelt[16].

---

[12] BAG AP Nr. 121 zu § 1 TVG Auslegung

[13] ebenso BAG NZA 2003, 50 f.

[14] Heinrichs in Palandt, a.a.O. Einl. v. § 241 Rz. 17

[15] Soweit Inhalt des Tarifvertrages -ausnahmsweise- die Verpflichtung zur Herbeiführung eines einmaligen Leistungserfolges ist, liegt hingegen kein Dauerschuldverhältnis vor. Es bedarf dann der Prüfung im Einzelfall, welches Regelungsinstrument geeignet ist, das Vertragsverhältnis schnellstmöglich zu lösen.

[16] Ebenso Hagemeier, a.a.O. § 4 Rz. 39; Henssler ZfA 1994, 487; Hueck/Nipperdey/Stahlhacke, a.a.O. § 1 Rz. 39; Löwisch/Rieble, a.a.O. § 1 Rz. 360 ff.; Nikisch, a.a.O.S. 351; Nipperdey, a.a.O.S. 471; Rüthers NJW 1993, 1628 f.; Thiele RdA 1968, 424 f.; Wank in Wiedemann, a.a.O. § 4 Rz.26; BAG AP Nr. 1 zu § 1 TVG Rückwirkung; BAG AP Nr. 1 zu § 1 TVG; BAG NZA 1997, 1234; LAG Hamm, U.v.10.01.1996, 18 Sa 393/95; ArbG Wiesbaden NZA 1997, 451 ff.

Heftig umstritten ist jedoch, wie sich die unmittelbare Wirkung des Tarifvertrages auf die Verträge zwischen den einzelnen Arbeitgebern und Arbeitnehmern erklären läßt. Dieser Frage ist zunächst in Bezug auf das einzelne Arbeitsverhältnis nachzugehen. Anschließend ist zu prüfen, wie sich diese unmittelbare Wirkung auf die Rechtsnatur des Tarifvertrages insgesamt auswirkt, der -wie festgestellt- von seiner Entstehung her rechtsgeschäftlicher Natur ist.

Die Rechtsgeschäftslehre

Es war naheliegend, bis zur ersten gesetzlichen Regelung des Tarifvertragsrechts die Erklärung für den kollektiven Charakter des Tarifvertrages ausgehend vom Bürgerlichen Gesetzbuch zu suchen. So betrachteten die Anhänger der reinen Rechtsgeschäftslehre den Tarifvertrag als privates Rechtsgeschäft mit allein schuldrechtlichen Wirkungen. Für Erwin Jacobi war der Tarifvertrag ein kollektiver Schuldvertrag[17]. Nach Hueck schufen Arbeitgeber-Verbände und Gewerkschaften sog. korporative Normenverträge, die als Dauervertrag zwischen Privatpersonen nach den Vorschriften des BGB zu behandeln seien[18].

Ausformungen der Rechtsgeschäftslehre waren insbesonde die Vertretertheorie (die Tarifvertrags-Partner handeln als Vertreter ihrer gegenwärtigen und künftigen Mitglieder), die Kombinations- und Kumulationstheorie (die Tarifvertrags-Parteien haben eine Doppelstellung als Parteien des Tarifvertrages und als Vertreter ihrer Mitglieder) und die Verbandstheorie (die Tarifvertrags-Parteien vereinbaren den Tarifvertrag nicht im Namen ihrer Mitglieder, sondern im eigenen Namen, die Verbände sind auf ihre Parteistellung beschränkt).

Mit der Bestimmung in § 1 TVG, wonach der Tarifvertrag Rechtsnormen enthält, läßt sich die Rechtsgeschäftslehre nicht mehr vereinbaren. Sie ist daher nur noch von theoretisch-historischem Interesse. Allerdings hat Thilo Ramm noch 1961 -trotz der Regelung in § 1 TVG- die Wirkung des Tarifvertrages ausschließlich schuldrechtlich erklärt[19]. So ergibt sich nach Ramm die unmittelbare Wirkung der Tarifnormen daraus, daß die Tarifvertrags-Partner in Vertretung ihrer Mitglieder handeln (sog. sozialrechtliche Vertretungsmacht[20]).

---

[17] Jacobi, a.a.O.S. 272 ff.

[18] Hueck, Iherings Jahrbücher für die Dogmatik des bürgerlichen Rechts, 73. Bd. (1923), S. 34, 106 ff.

[19] Ramm, Die Parteien des Tarifvertrages, a.a.O.S.99; JZ 1962, 78 ff., 81

[20] Ramm JZ 1962, 78, 82

Weiter werde aufgrund unwiderruflicher Vollmacht die Handlungsfreiheit der Arbeitnehmer während ihrer Mitgliedschaft und der Dauer des Tarifvertrages beschränkt; insoweit seien die Arbeitnehmer „partiell sozial entmündigt“[21]. Künftige Mitglieder würden von den Regelungen über das Institut des Handelns für den, den es angeht, erfaßt[22], die Verbände seien für diese bei Vertragsschluß als vollmachtlose Vertreter tätig geworden[23]. Tarifliche Rechte der Arbeitnehmer könne die Gewerkschaft überdies mittels gesetzlicher Prozeßstandschaft geltend machen[24].

Nach § 1 TVG enthält der Tarifvertrag „Rechtsnormen“. Diese Aussage des Gesetzgebers ist Faktum und läßt sich nicht argumentativ beseitigen. Ramm ist daher entgegenzuhalten, daß er sich über die Kompetenz des Gesetzgebers hinwegsetzt, um das „altehrwürdige Gebäude der juristischen Begriffswelt“ auch für die Arbeitsrechtswissenschaft zu retten[25].

Mandatarische Theorie

Nach der sog. mandatarischen Theorie wird die Tarifwirkung legitimiert durch den mitgliedschaftlichen (Unterwerfungs-) Willen[26]. Die mandatarische Theorie übersieht, daß für das Verhältnis zwischen Mitglied und Koalition der Rechtssatzcharakter der Vereinbarungen gar nicht erforderlich ist. Indem die mandatarische Theorie für die Legitimation der Normwirkung allein auf die Mitgliedschaft abhebt, berücksichtigt sie zudem nicht die eigenständige gesellschaftliche Funktion der Tarifvertrags-Partner.

Rechtsquellenlehre

Auf der Grundlage der rechtsgeschäftlichen Verbandstheorie (s.o.) hat Hugo Sinzheimer nach einer Begründung gesucht, den eigentlich nur die Vertragsparteien unmittelbar bindenden Tarifvertrag mit Normwirkung auszustatten. In seiner Rechtsquellenlehre tritt er dafür ein, den Gegensatz von Recht und Gesellschaft aufzuheben und eine unmittelbare Rechtsbildung durch Anerken-

---

21 Ramm JZ 1962, 78, 82
22 Ramm JZ 1962, 78, 87
23 Ramm JZ 1962, 78, 81
24 Ramm JZ 1962, 78, 92 f.
25 Ramm JZ 1962, 78, 79
26 Richardi, Kollektivgewalt, a.a.O.S. 127 ff.; Rehbinder JR 1968, 167 ff.

nung der sozialen Selbstbestimmung zuzulassen[27]. Die demnach anzuerkennende Autonomie des Tarifvertrages als Arbeitsnormenvertrag soll Rechtsquelle sein[28]. Entsprechend seien dann die Tarifnormen auf Vertrag beruhendes objektives Recht[29]. Der Staat soll dem Tarifvertrag die normative Wirkung verleihen[30]. Die Betroffenen selber sollen durch Normativbestimmungen den Rahmen erhalten, in dem sie Normen schaffen können[31]. Dieses Recht sei demnach ein soziales Recht.

Die Auffassung, daß tarifliche Vereinbarungen kraft originärer Autonomie objektives Recht darstellen, wurde später noch von Bogs, Herschel und Molitor verteten[32]. In Übereinstimmung mit v.Giercke[33] sei angemerkt, daß begrifflich nicht von der „Autonomie des Tarifvertrages" gesprochen werden sollte, sondern von der Autonomie der Tarifvertrags-Parteien, deren Erzeugnis Recht ist. Dies führt freilich zu der Frage, wo diese Autonomie herrührt. Drei Antworten sind heute denkbar. Sie kann durch Gesetz begründet sein (§ 1 Abs.1 TVG). Sie könnte durch die Verfassung vorgegeben sein (Art. 9 Abs.3 GG). Und schließlich könnte sie als unantastbarer Wesensgehalt des Grundrechts der Koalitionsfreiheit als sogar dem Verfassungsgeber vorgegeben gelten. Nach der Rechtsquellenlehre würde sich in diesem Fall der Normcharakter des Tarifvertrages nicht aus § 1 TVG, sondern aus der unantastbaren Autonomie der Vertragsparteien ergeben. Die Frage nach der Autonomiequelle erfordert eine Auseinandersetzung mit der Delegationstheorie.

Delegationstheorie

Nach der sog. Delegationstheorie wird den Koalitionspartnern die Befugnis zur Setzung normativen Rechts im Wege staatlicher Delegation übertragen. Danach ist Grundlage der Rechtsetzungsbefugnis § 1 Abs.1 TVG als Ausführungsgesetz zu Art. 9 Abs.3 GG[34]. Die Grundrechtsbindung durch Art.1 Abs.3

27 Sinzheimer, Ein Arbeitstarifgesetz, a.a.O.S.181 ff., 186
28 wie vor, S. 39
29 wie vor, S. 101
30 wie vor, S. 49
31 wie vor, S. 192 f.
32 Bogs, RdA 1956, S.1, 4f.; Herschel in FS Bogs, a.a.O.S.125, 130 f.; Molitor, a.a.O.S.12 f.
33 Otto v. Giercke, a.a.O.S. 815, 821
34 Huber, a.a.O. § 19 VII 2, S.291; Hueck-Nipperdey, a.a.O.S.213; Müller RdA 1964, 121, 123; Peters-Ossenbühl, a.a.O.S. 13 ff.

GG gilt danach eingeschränkt auch für den Normgeber des Tarifvertrages, da dieser Gesetz im materiellen Sinne ist; der verfassungsrechtliche Mindestschutz ist zu beachten[35]

Die Delegationstheorie erfährt breite Anerkennung. Auch das BAG folgt der Delegationstheorie in ständiger Rechtsprechung[36]. Dennoch bestehen Zweifel, ob diese Theorie ausreichend berücksichtigt, daß die Koalitionspartner eine Aufgabe originär wahrgenommen haben und sie im Laufe der Entwicklung in eine originäre Kompetenz, bis hin zur Rechtsetzungsbefugnis zur Wahrnehmung dieser Aufgabe hineingewachsen sind.

Die Tarifpartner sind als freiwilliger Zusammenschluß ihrer Mitglieder entstanden mit dem Ziel, mit zunehmender Machtstellung kollektiv Interessen durchzusetzen. „Ihr innerer Gehalt ist die gemeinsame Gesinnung, ihr innerster Wille Machtwille“[37]. Mit einhergehendem Macht- und Bedeutungszuwachs sind die Tarifvertrags-Parteien als gestaltende soziale Größen in eine Funktion hineingewachsen, die von gesellschaftlichem und öffentlichem Interesse ist[38]. So sind die heutigen Tarifvertrags-Parteien in einem steten Prozeß zu wesentlichen Elementen einer „intermediären Ordnung“ geworden, „zu vermittelnden Gewalten innerhalb einer Sphäre, die den Bereich des unmittelbar Staatlichen mit dem Bereich des bloß Privaten institutionell und funktionell verbindet“[39]. Die Tarifvertrags-Parteien sind in die Rolle der „Träger einer neuen Sozialordnung“ hineingewachsen[40]. Es ist unstreitig, daß die Koalitionspartner die Aufgabe wahrnehmen, einen wirtschaftlichen und sozialen Ausgleich zu schaffen[41]. Dabei sind die Tarifvertrags-Parteien zu keiner Zeit Hilfsorgane des Staates gewesen, sondern vielmehr „eigenwüchsige Rechtsbildungen des gesellschaftlichen Lebens“[42]. Auch ist die von ihnen im öffentlichen Interesse wahrgenommene Aufgabe[43] zu keiner Zeit originär staatlich erfüllt worden, wenn man von der Zeit des nationalsozialistischen Unrechtsregimes absieht. Im übrigen erfolgte selbst während der Zeit des Nationalsozialismus der Erlaß

---

35 BAG NZA 2003, 335

36 BAG AP Nr. 4, 16, 18 zu Art. 3 GG; Nr. 2 zu §1 TVG Rückwirkung; Nr. 12 zu §3 TVG Verbandszugehörigkeit; Nr. 13 zu Art.9 GG

37 Sinzheimer, Grundzüge des Arbeitsrechts, a.a.O.S.80

38 Müller DB 1957, 718; Peters/Ossenbühl, a.a.O.S.14 f.; Wiedemann RdA 1969, 321, 327, 329; BVerfGE 28, 294, 304; 44, 322, 341

39 Huber, a.a.O.2.Bd. S.377

40 Sinzheimer, Grundzüge des Arbeitsrechts, a.a.O.S.79 ff.

41 BVerfGE 28, 295, 306

42 Galperin in FS Erich Molitor, a.a.O.S. 143, 152

43 BVerfGE 28, 295, 304; BGH NJW 1965, 30 f.

staatlicher Tarifvertrags-Regelungen nur subsidiär, weil die Koalitionspartner als Organisationen aufgelöst worden waren.

Es soll dahingestellt bleiben, ob in der Tätigkeit des "Staates" anstelle der Tarifvertrags-Parteien ein weiteres Indiz dafür gesehen werden kann, daß die Tarifvertrags-Parteien eine eigentlich öffentliche Aufgabe wahrnehmen[44].

Ein wesentlicher Gesichtspunkt für die originäre Zuordnung der Regelungs- und Rechtsetzungsbefugnis zu den Tarifvertrags-Parteien ist nicht zuletzt, daß „die unmittelbar Betroffenen besser wissen und besser aushandeln können, was ihren jeweiligen Einzelinteressen und dem gemeinsamen Interesse entspricht, als (dies) der demokratische Gesetzgeber (könnte)"[45].

Das in Art.9 Abs.3 GG garantierte kollektive Recht umfaßt sowohl den Koalitionsbestand wie auch die zur Verwirklichung unerläßliche Koalitionsbetätigung[46]. Dies entspricht dem unveränderten Schutz des sog. Kernbereichs[47]. Die Koalitionsbetätigungsgarantie findet ihren bestimmungsgemäßen Hauptanwendungsbereich in der Gewährleistung der Tarifautonomie[48]. Denn nur so ist sicherzustellen, daß die Arbeits- und Wirtschaftsbedingungen durch ein nach außen gesichertes Tätigwerden der Koalitionen gewahrt und gefördert werden können[49]. Dabei nimmt die Tarifautonomie in ihrer Wirkkraft noch in dem Maße zu, wie eine bestimmte Materie von den Tarifvertrags-Parteien am sachnächsten geregelt werden kann[50].

Es bleibt festzuhalten, daß die Rechtsetzungsbefugnis der Tarifvertrags-Parteien nicht die Folge staatlicher Delegation eigener staatlicher Rechtsetzungskompetenz ist. Dem stünde wohl auch Art.9 Abs.3 GG entgegen. Damit

---

44 s.dazu auch Sinzheimer, Grundzüge des Arbeitsrechts, a.a.O.S.79

45 BVerfGE 34, 307, 317; vgl. bereits Staatssekretär Dr.Delbrück, RT 1910, Bd. 259, S.1312:"...der größte Wert des Tarifvertrages (liegt darin), daß wir in der Lage sind, im Wege des Tarifvertrages eine Reihe von Fragen nützlicher und zweckmäßiger für alle Teile zu regeln, als es durch Reichsgesetze (...) geschehen kann"

46 Scholz in Maunz/Dürig/Herzog/Scholz, a.a.O. Art. 9 Rz. 239; std. Rechtsprechung des BVerfG, zuletzt E 57, 220, 246

47 so jetzt eindeutig BVG NZA 1996, 381, wonach der Senat ausdrücklich nicht von seiner Kernbereich-Rechtsprechung abgerückt ist. Mißverständnisse, zu denen frühere Entscheidungen geführt hatten (E 88, 103, 114 ff.; 92, 26, 38 ff.; 92, 365, 393 ff) sollen damit nun klargestellt sein.

48 BVerfGE 4, 96, 106; 18, 26; 19, 303, 313; 28, 295, 304; Zöllner/Loritz, a.a.O.§ IV 4 c, S.107

49 std. Rspr. BVerfG, zuletzt E 55, 220, 245; 58, 233, 246

50 BAG NZA 1996, 1157 f.

ist gleichermaßen ausgeschlossen, daß die Normsetzungsbefugnis auf „Beleihung“ beruht, denn die Beleihung eines Rechtssubjektes des Privatrechts erfolgt ebenfalls im Wege der Delegation[51]. Die Autonomie der Tarifvertrags-Partner ist zugleich die Erschließung einer neuen Rechtsquelle, welche neben dem eigentlich staatlichen Rechtsetzungsmonopol besteht. Diese Rechtsetzungskompetenz ist in Art.9 Abs.3 GG verfassungsrechtlich geschützt. Insoweit sind die Tarifvertragsparteien gegenüber dem Gesetzgeber mit einer Regelungsprärogative ausgestattet[52].

Diese Auffassung entspricht auch allgemeinen öffentlich-rechtlichen Grundsätzen öffentlicher Normsetzung. Diese muß entweder von vorneherein im öffentlichen Interesse erfolgen oder aber -zur Sicherstellung der Wahrung des öffentlichen Interesses- präventiver oder repressiver Staatsaufsicht unterliegen. Eine solche Staatsaufsicht besteht vorliegend jedoch nicht[53]. Im Grundgesetz wird die sich aus der Autonomie der Tarifpartner ergebende Rechtsetzungsbefugnis gewährleistet[54].

§ 1 TVG ist demnach keine Delegationsnorm. Schon der höherrangige Art.9 Abs.3 GG schützt die Rechtsetzungskompetenz der Koalitionspartner. Für eine Delegationsnorm fehlt dem § 1 Abs.1 TVG insoweit die erforderliche Kompetenz-Kompetenz des Staates. Die Vorschrift ist mithin allenfalls eine Konkretisierung der verfassungsrechtlich geschützten, ohnehin schon bestehenden Autonomie[55].

Der Tarifvertrag ist ein schuldrechtlicher Vertrag, auf den im Verhältnis zwischen den Vertragsparteien die allgemeinen Grundsätze des BGB Anwendung finden. Der Tarifvertrag enthält zugleich Rechtsnormen, die nicht nur die Tarifvertrags-Parteien binden und für deren Anwendung und Auslegung grundsätzlich andere Regeln gelten als für zivilrechtliche Verträge. Die Normsetzungsbefugnis der Tarifpartner beruht auf originärer Autonomie und nicht auf staatlicher Delegation.

---

[51] Huber, 1.Bd., a.a.O.S.533

[52] BVerfGE 44, 322, 340; Biedenkopf, Tarifautonomie, a.a.O.S.102 ff., 122 ff.; Bogs RdA 1956, 3ff.; Galperin in FS Molitor, a.a.O.S.143, 149, 156 f.; Schnorr JR 1966, 327, 330; Söllner NZA 1996, 897 f.; Weber, a.a.O.S. 24 ff.

[53] Dürig in M/D/H/Sch Art.1 Abs.3 Rz. 116 f.

[54] BVerfGE 4, 96, 106; 6, 247 ff.; 34, 307, 316, 320; 44, 322, 347 f. ; hier E 4, 96, 106 mit der Feststellung der „historisch gewachsene(n) und im Grundgesetz niedergelegte(n) Bedeutung der Koalitionsfreiheit“; 94, 268, 284; Biedenkopf, a.a.O.S.102 ff.; Dürig in M/D/H/Sch Art.1 Abs.3 Rz. 117; Galperin a.a.O.S. 157;

[55] vgl. auch Biedenkopf, a.a.O.S. 104

Eine vorzugsweise Zuordnung des Tarifvertrages zur Rechtsnatur des zivilrechtlichen Vertrags oder der Rechtsnatur des Gesetzes ist nicht gerechtfertigt. Bei der Prüfung der Voraussetzungen der außerordentlichen Kündigung ist daher vom zivilrechtlichen Vertragsrecht auszugehen, dabei ist aber stets auch der Normcharakter zu vergegenwärtigen. Es ist "(...) bei Behandlung von rein vertraglichen Fragen zu berücksichtigen, daß dieser Vertrag Normen setzt, wie es umgekehrt nötig ist, bei der Prüfung dieser tariflichen Normen zu bedenken, daß sie ihr Leben einem Vertrag verdanken. Es ergeben sich also mancherlei Reflexwirkungen von der vertraglichen Sphäre auf die normative und umgekehrt."[56] Die Parteien -also der Normgeber- sind festgelegt; die Normsetzungsbefugnis ergibt sich aus autonomem Recht; der Tarifvertrag ist in die Normenhierarchie materieller Gesetze eingebunden; es gilt das Spezialitätsprinzip bei mehreren Tarifverträgen entsprechend der Lehre von der Gesetzeskonkurrenz; der Tarifvertrag kann für allgemeinverbindlich erklärt werden; der Tarifvertrag entfaltet unmittelbare Wirkung für die Einzelarbeitsverhältnisse; Verzicht und Verwirkung tariflicher Rechte sind ausgeschlossen: Insoweit überwiegt der normative Teil. Gleichwohl erfolgt der Vertragsschluß nach den Regeln des BGB.

Folge dieser Doppelnatur des Tarifvertrages ist, daß bei der Prüfung der Voraussetzungen für eine außerordentliche Kündigung die Grundsätze der sofortigen Lösung von einem Vertrag ebenso zu beachten sind wie die Grundsätze über die Aufhebung bzw. Änderung eines Gesetzes. Es gilt also, die Anforderungen an eine außerordentliche Kündigung zu prüfen, die sich aus dem Zusammenspiel der Rechtsnatur von Vertrag und Gesetz ergeben.

---

[56] Sieg AcP 151, 246, 247

II. Rechtsgrundlage für die außerordentliche Kündigung des Tarifvertrages

Für die Aufhebung und Abänderung rechtlicher Regelungen gelten grundsätzlich die gleichen Formen der Rechtsakte wie für ihre Begründung (Lehre vom actus contrarius). Dieses Prinzip wird im Falle abweichender spezialgesetzlicher Regelung freilich durchbrochen. Deshalb ist zunächst festzustellen, ob es für die außerordentliche Kündigung des Tarifvertrages eine solche spezialgesetzliche Regelung gibt. Danach ist zu klären, was sich für die außerordentliche Kündigung eines Dauerschuldverhältnisses nach dem BGB ergibt. Und schließlich bleibt zu prüfen, ob der Normcharakter des Tarifvertrages einer außerordentlichen Kündigung entgegensteht.

1. Tarifrecht als denkbare Rechtsgrundlage

Das Tarifvertragsgesetz enthält keine spezialgesetzliche Regelung über die sofortige einseitige Beendigung des Tarifvertrages. Der Weg für die Anwendung der allgemeinen Regeln des BGB ist aber nur dann frei, wenn zuvor geklärt ist, daß der Gesetzgeber durch die Nichtregelung die Möglichkeit der außerordentlichen Kündigung des Tarifvertrages nicht ausschließen wollte.

Daher ist zu prüfen, ob der Gesetzgeber des Tarifvertragsgesetzes von einer solchen Regelung bewußt abgesehen hat und mithin eine 'planmäßige' Lücke[57] vorliegt, die dann auch nicht nach allgemeinen Grundsätzen geschlossen werden dürfte. In Betracht kommen könnte vorliegend, daß der Gesetzgeber den Fall der außerordentlichen Kündigung des Tarifvertrages nur deshalb nicht geregelt hat, weil er ohnehin von deren Anerkennung ausgegangen ist. Hierzu ist auf die Vorgeschichte des TVG einzugehen.

Erste Gesetzentwürfe von Tarifrechtsdogmatikern zu Beginn des letzten Jahrhunderts sahen bereits Regelungen vor, nach denen ein Tarifvertrag aus besonderem Grunde gelöst werden konnte: So sollte nach dem Entwurf von Lotmar und Sulzer[58] für den Fall, daß die Produktionsweise sich wesentlich veränderte oder aber „der Unternehmergewinn stark und dauernd gestiegen oder gesunken ist, so daß die Vertragsbedingungen entweder die Arbeiter oder die Gewerbeinhaber allzu stark benachteiligen“ (Nr. IX 94), der Tarifvertrag

[57] vgl. dagegen die Lücke als planwidrige Unvollständigkeit, Canaris, Die Feststellung von Lücken im Gesetz, a.a.O.S.116 ff.; Larenz, Methodenlehre, a.a.O.S. 373 ff.

[58] Lotmar und Sulzer, Soziale Praxis, 11. Jg., S. 349

durch den Spruch eines Schiedgerichts aufgelöst werden können (nicht aber durch Ausübung des einseitigen Gestaltungsrechts durch die betroffene Partei selbst). Nach einem Entwurf von Rosenthal[59] sollte das Tarifamt im Falle einer wesentlichen Veränderung der wirtschaftlichen Verhältnisse, die Grundlage für den Tarifvertrags-Abschluß gewesen waren, den Tarifvertrag abändern oder gänzlich aufheben können. Als Beispiel einer solchen einschneidenden Änderung wurde die Änderung der Marktlage angeführt. Wölbling hingegen[60] sah in seinem Entwurf die Möglichkeit einer außerordentlichen Kündigung nicht vor. Der Entwurf eines Arbeitstarifgesetzes von Hugo Sinzheimer[61] enthielt die Möglichkeit einer außerordentlichen Kündigung im Wege einer gerichtlichen Auflösung des Tarifvertrages für den Fall, daß das Verhalten einer Vertragspartei derart den Zweck der Vertragsbeziehung gefährdete bzw. unmöglich machte, daß der anderen Vertragspartei ein Festhalten an der Vereinbarung nicht mehr zumutbar war. Dieses außerordentliche Kündigungsrecht wurde aus der entsprechenden Anwendung der §§ 92 a.F. (jetzt § 89 a), 133 HGB, §§ 626, 723 BGB hergeleitet. Mit Verweis auf die Stabilitätsfunktion des Tarifvertrages sollten aber gerade die außerhalb des Verhaltens der Vertragsparteien liegenden Umstände -insbesondere Konjunkturschwankungen- kein außerordentlicher Kündigungsgrund sein[62].

Die Tarifvertragsverordnung (TarifVO) vom 23.12.1918 enthielt weder Bestimmungen zur ordentlichen noch zur außerordentlichen Kündigung eines Tarifvertrages.

In dem vom „Arbeitsausschuß für ein einheitliches Arbeitsrecht" vorgelegten Entwurf eines Tarifgesetzes von 1921[63] -hier fanden die von Sinzheimer eingebrachten Überlegungen weitgehend Niederschlag- war die Möglichkeit der fristlosen Auflösung eines Tarifvertrages durch ein Tarifgericht vorgesehen (§ 9 Abs.3). Außerordentliche Kündigungsgründe waren nur „dringende Ausnahmefälle". Für den Fall der Unzumutbarkeit des Festhaltens am Tarifvertrag für einen Vertragspartner wegen einem den Zweck der Vereinbarung gefährdenden oder vereitelnden Verhalten durch den anderen Vertragspartner war die Auflösungsmöglichkeit vorgesehen. Ebenso sollte eine sofortige Lösungsmöglichkeit aber auch bestehen bei einer wesentlichen Veränderung äußerer Umstände seit Tarifvertrags-Abschluß. Der Entwurf fand später die grundsätzliche

---

[59] Rosenthal, a.a.O.S. 147, 151 f.

[60] Wölbling, Soziale Praxis, 18.Jg., S. 166 f.

[61] Sinzheimer, Ein Arbeitstarifgesetz, a.a.O.S. 125

[62] wie vor, S. 124 f.

[63] RABl 1921, Amtlicher Teil, S.491 ff.

Zustimmung von Nipperdey [64], der gleichwohl für eine strenge Auslegung der Auflösungsgründe eintrat und die Regelung begrüßte, daß eine Auflösung nur gerichtlich erfolgen durfte. In dem Ende der 20er Jahre von Lautner und Nipperdey gefertigten gemeinsamen Gutachten für die deutsch-österreichische Arbeitsgemeinschaft traten diese für die gerichtliche Entscheidung über eine sofortige Auflösung eines Tarifvertrages ein. Die Möglichkeit einer außerordentlichen Kündigung sollte trotz bestehender Bedenken im Hinblick auf die Stabilitätsfunktion des Tarifvertrages grundsätzlich bestehen. Durch dieses „Sicherheitsventil" sollte die zwingende Wirkung der Tarifvertrags-Normen beendigt werden können[65].

Auch die Rechtsprechung bejahte die Möglichkeit zur außerordentlichen Kündigung eines Tarifvertrages. Das Reichsgericht ging von der rein privatrechtlichen Natur des Tarifvertrages aus und ordnete den Tarifvertrag als Unterfall des Dauerschuldverhältnisses ein. Für die außerordentliche Kündigung des Dauerschuldverhältnisses sah es die rechtliche Grundlage allgemein in §§ 92 a.F., 133 HGB, §§ 626. 723 BGB[66]. Ein die außerordentliche Kündigung rechtfertigender wichtiger Grund war für das Reichsarbeitsgericht[67] und weite Teile der Literatur eine „unvorhersehbare, grundstürzende Veränderung der beim Vertragsschluß vorausgesetzten Umstände"[68].

In Kenntnis dieser h.M. in Rechtsprechung und Lehre hat es der Gesetzgeber des Tarifvertragsgesetzes nicht für erforderlich erachtet, die Möglichkeit der außerordentlichen Kündigung ausdrücklich in das TVG aufzunehmen, wie er im übrigen auch von anderen, die Beendigung eines Tarifvertrages betreffenden Regelungen abgesehen hat[69]. Aus dieser Nichtregelung der Beendigungstatbestände folgt, daß der Gesetzgeber sich der damals herrschenden Meinung angeschlossen hat. Eine hiervon abweichende Meinung hätte im Gesetz ihren Niederschlag finden müssen. Es bestehen also keinerlei Anhaltspunkte für eine vom Gesetzgeber gewollte Regelungslücke. Abschließend ergibt sich mithin, daß das Tarifvertragsgesetz zwar keine spezialgesetzlichen Regelungen enthält, die die Voraussetzungen einer außerordentlichen Kündigung des Ta-

64 Nipperdey, a.a.O.S. 128 ff., 131 f.

65 Lautner, a.a.O.S. 35 ff.

66 RGZ 65, 37, 37 f.; 94, 234, 235 f.

67 RAGE 3, 231, 234

68 z.B. Oertmann, a.a.O.S. 69; ebenso i.E. Nipperdey, a.a.O.S. 129 f. m.w.N.

69 Es liegt insbesondere keine enumerative Aufzählung möglicher Beendigungsgründe vor, aus deren Unvollständigkeit dann auf den Willen des Ausschlusses bestimmter Beendigungstatbestände geschlossen werden könnte.
vgl. zur Entstehung des Gesetzes insoweit Herschel ZfA 1973, 129, 193

rifvertrages festlegen. Es will die Möglichkeit einer außerordentlichen Kündigung eines Tarifvertrages aber auch nicht ausschließen[70].

2. Rechtsgrundlage BGB

Da das TVG keine spezialgesetzlichen Regelungen für die außerordentliche Kündigung des Tarifvertrages enthält, aber diese auch nicht ausschließt, ist mithin der Weg für die Anwendung der allgemeinen Regeln des Zivilrechts frei. Ein Tarifvertrag kommt nach den Grundsätzen des BGB über schuldrechtliche Verträge zustande. Folglich muß er auch nach den Regeln des Zivilrechts einvernehmlich oder einseitig gelöst werden können. Eine allgemeine, gesetzlich normierte Regelung des Inhalts, daß jedes Dauerschuldverhältnis außerordentlich kündbar ist, besteht nicht. [71]Zu prüfen ist, ob diese Regelungslücke mit einem Rechtsprinzip zu schließen ist[72]. Ein Grundprinzip der Rechtsord-

---

[70] so im Ergebnis auch die heute herrschende Meinung in Literatur und Rechtsprechung
In der Literatur besteht die nahezu übereinstimmende Auffassung, daß ein Tarifvertrag außerordentlich kündbar ist: Däubler/Hege, a.a.O. Rz. 411; Hagemeier, a.a.O. § 4 Rz. 39; Hueck-Niperdey-Stahlhacke, a.a.O. § 1 Rz. 39; Hueck-Nipperdey, a.a.O.S. 471; Löwisch in Mü. Hdbuch ArbR Bd.III, a.a.O. § 249 Rz. 28; Löwisch in Löwisch-Rieble, a.a.O. § 1 Rz. 364; Nikisch, a.a.O.S.351; Rüthers NJW 1993, 1628 f.; Thiele RdA 1968, 424; Wank in Wiedemann, a.a.O. § 4 Rz. 26
Das BAG anerkennt in ständiger Rechtsprechung die grundsätzliche Möglichkeit der außerordentlichen Kündigung eines Tarifvertrages: Der 1.Senat bejahte 1958 die Möglichkeit der außerordentlichen Kündigung eines Tarifvertrages bei schuldhafter Vertragsverletzung einer Vertragspartei (BAG AP Nr. 4 zu § 1 TVG Friedenspflicht). Der 1. Senat verwies mit Urteil vom 14.07.1961 (BAG AP Nr. 1 zu Art. 24 Verf NRW) auf die grundsätzliche Möglichkeit der ordentlichen bzw. außerordentlichen Kündigung. Dem folgte mit Urteil vom 10.11.1982 auch der 4. Senat (BAG AP Nr. 8 zu § 1 TVG Form). Da der Tarifvertrag ein nach den Regeln des Zivilrechts zustande gekommener Vertrag sei, könne er auch wie ein solcher außerordentlich gekündigt werden, 4.Senat (BAG AP Nr.21 zu § 1 TVG Bl.3 R). Zuletzt ist die außerordentliche Kündigung in BAG NZA 1998, 1008 anerkannt worden.

[71] Inzwischen ist das gewohnheitsrechtlich anerkannte Rechtsprinzip der außerordentlichen Kündbarkeit eines Dauerschuldverhältnisses in § 314 BGB normiert (Schuldrechtsmodernisierungsgesetz v.29.11.2001, BGBl I, 3138). § 314 ist auch anwendbar auf den Tarifvertrag. Zwar ist der Tarifvertrag nach seiner Rechtsnatur mehr als ein bloßes Dauerschuldverhältnis; für die vertragsschließenden Parteien, die den Tarifvertrag kündigen wollen, gelten aber die Vorschriften des allgemeinen Vertragsrechts. Auch das Abmahnerfordernis nach § 314 Abs.2 BGB macht beim Tarifvertrag Sinn; es soll ja lediglich gelten für den Sonderfall der Verletzung der vertraglichen Pflichten (und gerade nicht für den Fall der Änderung äußerer Umstände).

[72] Canaris, a.a.O.S. 97 ff.

nung könnte die grundsätzliche Möglichkeit der sofortigen einseitigen Beendigung von Dauerschuldverhältnissen sein. Ein Rechtsprinzip wird regelmäßig dann angenommen, wenn aus einer Vielzahl von Gesetzesbestimmungen auf eine diesen zugrundeliegende ratio legis des Gesetzgebers geschlossen werden kann. Mittels dieses Schlusses vom geregelten „Besonderen“ auf das ungeregelte „Allgemeine“ lassen sich dann auch all diejenigen Fälle regeln, für die keine spezialgesetzlichen Bestimmungen bestehen, die aber in ihren Voraussetzungen mit denjenigen Fällen vergleichbar sind, die besonders geregelt sind. Der Gesetzgeber des Zivilrechts hat in einer Vielzahl von Spezialregelungen die sofortige einseitige Lösbarkeit eines Dauerschuldverhältnisses bei Vorliegen eines wichtigen Grundes bestimmt (§§ 554, 626, 723 Abs.1 S.2 BGB, §§ 89 a n.F., 133, 140 HGB). Die darin manifestierte ratio legis des Gesetzgebers läßt über den Schluß vom Besonderen auf das Allgemeine ein allgemeines Rechtsprinzip erkennen, daß für jedes Dauerschuldverhältnis die Möglichkeit der sofortigen einseitigen Beendigung bestehen muß[73]. Dieses Rechtsprinzip ist heute allgemein anerkannt[74]. Es ist auch auf den Tarifvertrag anwendbar. Das Rechtsprinzip stellt die Rechtsgrundlage für die außerordentliche Kündigung des Tarifvertrages dar.

3. Etwaige Auswirkung des Normcharakters des Tarifvertrages

Zu prüfen bleibt, ob der Normcharakter des Tarifvertrages einer Kündigung entgegensteht. Der Gesetzgeber hat die Zulässigkeit der Kündbarkeit in § 77 Abs.5 BetrVG geregelt (vgl. ebenso § 28 Abs.2 S.4 SprAuG). Diese Kollektivvereinbarungen haben -ebenso wie der Tarifvertrag- sowohl Vertrags- wie auch Normcharakter. Damit ist vom Gesetzgeber entschieden, daß der Normcharakter einer Kollektivvereinbarung der Kündigung nicht entgegensteht. Aus der Tatsache, daß im TVG entsprechende Regelungen fehlen, kann nichts Gegenteiliges geschlossen werden. Der Gesetzgeber selbst geht von der Kündigbarkeit des Tarifvertrages als Selbstverständlichkeit aus. In den Protokollen zu § 77 Abs.5 BetrVG wird zur Begründung dieser Vorschrift ausgeführt, daß in der Frage der Kündigung einer Betriebsvereinbarung eine Anlehnung an die Regelung für Tarifverträge nach dem Tarifvertragsgesetz vorgenommen worden sei[75].

---

[73] Canaris, a.a.O.S. 97 ff.; Schwerdtner in MüKo, a.a.O. § 626 Rz. 1, 267

[74] BT-Drucksache (Neuregelung des GWB v. 26.08.1998) 13/9720 (S. 34)

[75] Protokolle, 1971 BT-Drucksache VI/1786, Begründung S. 31, 47 zu § 77; BGBl 1972 I, 13

4. Strenge Anforderungen an die außerordentliche Kündigung des Tarifvertrages

Das Recht der außerordentlichen Kündigung eines Dauerschuldverhältnisses ist zwar unabdingbar[76]. Dennoch muß die Möglichkeit der außerordentlichen Kündigung eines Dauerschuldverhältnisses nach dem System des Zivilrechts eine Ausnahme bleiben. Nach dem tradierten Rechtsgrundsatz "pacta sunt servanda" ist ein eingegangenes (Dauer-)Schuldverhältnis gültig bis zum vertraglich bestimmten Ende. Im Falle der ordentlichen Kündigung eines Dauerschuldverhältnisses stuft der Gesetzgeber die Interessen des Kündigungsadressaten umso höher ein, je länger dieses bereits bestanden hat. Die ordentlichen Kündigungsfristen steigen einhergehend mit der Länge der Vertragsdauer. Einer vorzeitigen sofortigen Beendigung steht das Ordnungsprinzip der Vertragstreue entgegen. Die außerordentliche Kündigung ist eine Durchbrechung des Grundsatzes „pacta sunt servanda". Mithin muß der Grund, der eine Durchbrechung des Grundsatzes der Vertragstreue rechtfertigt, entsprechend gewichtig sein. Die rechtlichen Grundlagen für die Möglichkeit der außerordentlichen Kündigung eines Dauerschuldverhältnisses sind also eng auszulegen[77]. Nur dann, wenn die Interessen des Kündigenden derart stark beeinträchtigt werden, daß die Interessen des Kündigungsadressaten an der Vertragsfortsetzung bzw. der ordentlichen Beendigung demgegenüber eindeutig zurücktreten, ist potentieller Raum für die außerordentliche Kündigung.

Für die außerordentliche Kündigung des Tarifvertrages gilt dies entsprechend. Hinzu kommt die besondere Bedeutung des Tarifvertrages als gesellschaftspolitisches Regelungsinstrument: Der Tarifvertrag erfüllt während seiner Laufzeit Ordnungs- und Sicherungsfunktionen. Durch die außerordentliche Kündigung fällt der Tarifvertrag als normatives Mittel der Sicherung der Einkommen, zur Gestaltung der Arbeitsbedingungen und als Grundlage für Arbeitnehmerschutzrechte ungeplant weg.

---

[76] Schwerdtner in MüKo, a.a.O. §626 Rz. 65 m.w.N.;
BT-Drucksache 13/9720, S. 34 zur Aufhebung des § 13 GWB a.F.

[77] Schwerdtner in MüKo, a.a.O. §626 Rz. 1

III. Abgrenzung der außerordentlichen Kündigung vom Wegfall der Geschäftsgrundlage (WGG) und vom Rücktritt

Zur einseitigen Beendigung eines Tarifvertrages werden sowohl die außerordentliche Kündigung wie auch das Rechtsinstitut der Lehre vom Wegfall der Geschäftsgrundlage bemüht.

Nach einem kurzen Abriß der Characteristica der Lehre vom Wegfall der Geschäftsgrundlage sollen Abgrenzungskriterien zur außerordentlichen Kündigung festgestellt werden und zuletzt unter Berücksichtigung der Besonderheiten der Lehre vom Wegfall der Geschäftsgrundlage die Probleme ihrer Anwendbarkeit auf den Tarifvertrag untersucht werden.

1. Die Lehre vom Wegfall der Geschäftsgrundlage

Die Lehre vom Wegfall der Geschäftsgrundlage ist ein gewohnheitsrechtliches Rechtsinstitut[78]. Sie wurde aus der dem gemeinen Recht entstammenden "clausula rebus sic stantibus" entwickelt[79]. Systematisch wird sie bei § 242 BGB eingeordnet. Die WGG zielt auf eine Anpassung des Vertrages an die geänderten Umstände. Voraussetzung für eine Anwendung der Lehre vom Wegfall der Geschäftsgrundlage ist eine Abweichung der Wirklichkeit von den Vorstellungen und Erwartungen mindestens einer Vertragspartei. Dabei kann diese Geschäftsgrundlage von Anfang an (ursprünglich) fehlen oder erst (nachträglich) wegfallen. Die Geschäftsgrundlage ist vom eigentlichen Geschäftsinhalt abzugrenzen. Denn soweit der Geschäftsinhalt von der individualvertraglichen Regelung bestimmt ist bzw. eine Regelung durch Gesetz erfolgt, ist kein Raum für die Geschäftsgrundlage. So können beispielsweise Risiken im Zusammenhang mit einer Vertragsdurchführung rechtsgeschäftlich verteilt werden, eine Risikozuordnung kann aber auch gesetzlich bestimmt sein. Erst dann, wenn also eine Abweichung von dem Geregelten vorliegt, die zweifelsohne nicht mehr von dem Geschäftsinhalt erfaßt wird, kommt eine Anwendung der Lehre vom Wegfall der Geschäftsgrundlage überhaupt in Betracht[80].

Die WGG setzt voraus, daß zumindest eine Vertragspartei bei Vertragsschluß von unrichtigen oder unrichtig gewordenen Vorstellungen (und Erwartungen)

---

[78] Nach dem Inkrafttreten des Schuldrechtsmodernisierungsgesetzes ist die Störung der Geschäftsgrundlage nun in § 313 BGB normiert.

[79] BGHZ 128, 320, 329

[80] Medicus, BGB AT, a.a.O.Rz. 862 m.w.N.

ausgegangen ist (reales Element). Dieser Umstand war für diese Partei derart wichtig, daß sie den Vertrag nicht oder anders geschlossen hätte, wenn sie von der Unrichtigkeit der von ihr unterstellten Voraussetzung Kenntnis gehabt hätte (hypothetisches Element). Die andere Vertragspartei hätte sich auf eine Berücksichtigung des Umstandes redlicherweise einlassen müssen (normatives Element).

Darüber hinaus ist für eine Anwendung der WGG erforderlich, daß die rechtserhebliche Abweichung der Wirklichkeit von einer dem Geschäft zugrunde liegenden Voraussetzung derart gewichtig ist, daß dem Vertragspartner die Erfüllung der Vertragspflichten unzumutbar geworden ist. Dabei kann grundsätzlich nur die Partei Rechte aus der Störung herleiten, die selbst vertragstreu ist[81]. Dies entspricht zumindest dann einem allgemeinen Grundsatz für die im Grundsatz von Treu und Glauben wurzelnden Rechtsinstitute, wenn zwischen der beanspruchten und der selbst ausgeübten Verhaltensweise ein besonderer, rechtlich relevanter Zusammenhang besteht[82].

Die Rechtsfolge der WGG ist primär eine Anpassung des Schuldverhältnisses an die Wirklichkeit. Kommen die Parteien nicht zur einverständlichen Anpassung, liegen deren Voraussetzungen aber objektiv vor, so kann eine Anpassung durch das Gericht vorgenommen werden. Dabei hat das Gericht aber den Vertragswillen der Parteien zu berücksichtigen[83]. Die Anpassung tritt ipso iure ein. Die richterlich vorgenommene Vertragsanpassung ist mithin ein Akt der bloßen Rechtsfeststellung und kein Akt der Rechtsgestaltung, durch den die Änderung erst vorgenommen würde[84]. Erst dann, wenn eine Anpassung unmöglich oder einer Vertragspartei unzumutbar ist, wird ein Rücktritts- oder Kündigungsrecht eingeräumt. Der Vertrag wird dann über Bereicherungsrecht abgewickelt.

---

[81] BAG DB 1974, 2355, 2357

[82] Roth in MüKo, a.a.O. § 242 Rz. 417

[83] BGH NJW 1984, 1747

[84] Heinrichs in Palandt, a.a.O. § 242 Rz. 130 m.w.N.; Roth in Münchener Kommentar, a.a.O. § 242, Rz. 551; a.A. Otto in FS Kissel, a.a.O.S.787, 790 ohne Angabe von Gründen und BGHZ 101, 143, 50; BGH ZIP 1993, 428, 430

2. Abgrenzung der außerordentlichen Kündigung vom Wegfall der Geschäftsgrundlage beim Tarifvertrag

Zu prüfen ist, ob es beim Tarifvertrag einen eigenständigen Anwendungsbereich für die Lehre vom Wegfall der Geschäftsgrundlage gibt. Es ist bereits dargelegt worden, daß die Möglichkeit der außerordentlichen Kündigung eines Dauerschuldverhältnisses einem allgemeinen Rechtsprinzip entspricht und nicht abdingbar ist. Daher ist zu prüfen, inwieweit es daneben einen eigenständigen Anwendungsbereich für die Lehre vom Wegfall der Geschäftsgrundlage gibt. Für ein Nebeneinander beider Institute könnte sprechen, daß die Lehre vom Wegfall der Geschäftsgrundlage vorrangig die Rechtsfolge der Anpassung des Vertrages vorsieht[85]. Dem ist jedoch entgegenzuhalten, daß die außerordentliche Kündigung für das Dauerschuldverhältnis die speziellere Regelung ist. Denn Voraussetzung für die außerordentliche Kündigung -die nur "ultima ratio" sein kann- ist ohnehin, daß ein milderes Mittel als die sofortige Beendigung nicht zur Verfügung steht[86]. Soweit also die Störung durch eine Anpassung des Vertrages an die veränderten Umstände ausgleichbar ist und beiden Parteien diese Fortsetzung des Vertragsverhältnisses zumutbar ist, verbleibt ohnehin kein Raum für die außerordentliche Kündigung[87].

Dies gilt auch für den Tarifvertrag. Nur dann, wenn keine Möglichkeit mehr besteht, die Unzumutbarkeit des Festhaltens am Tarifvertrag durch eine Anpassung zu beseitigen, ist eine erklärte Kündigung begründet[88]. Als milderes Mittel ist daher zunächst das der tarifautonomen Vertragsanpassung auszuschöpfen[89]. Diese Nachverhandlungspflicht besteht unabhängig davon, ob tarifvertraglich eine Nachverhandlungs- oder Revisionsklausel vereinbart worden ist. Die Nachverhandlungspflicht trifft den durch den Tarifvertrag Belasteten als Obliegenheit, ihre Verletzung ist demgemäß ein Verschulden gegen sich selbst. Die vorrangige Nachverhandlungspflicht folgt zudem für die Koalitionspartner -unabhängig vom konkreten Tarifvertrag- schon aus dem zwischen ihnen bestehenden Dauerrechtsverhältnis[90]. Wird diese Nachverhand-

[85] Otto in FS Kissel, a.a.O.S.787, 791

[86] Inzwischen regelt § 313 Abs.2 BGB, daß –soweit eine Anpassung des Vertrages nicht möglich oder einem Teil nicht zumutbar ist- beim Dauerschuldverhältnis das Recht zur außerordentlichen Kündigung besteht.

[87] Heinrichs in Palandt, a.a.O. § 242 Rz. 120 m.w.N.

[88] so auch BGH ZIP 97, 257, 259: § 314 (neu) verdrängt § 313 (neu) bei Beendigung des Vertrages

[89] BAG NZA 1997, 1234; BAG NZA 1997, 830 f.

[90] Seiter ZfA 1989, 283; Arnold, a.a.O.S.34 ff., 127, 162, 166 f.

lungspflicht verletzt, so entfällt bereits die Voraussetzung einer Unzumutbarkeit des Festhaltens am Vertrag[91].

Es kann an dieser Stelle dahingestellt bleiben, welche inhaltlichen Anforderungen das Verhandlungsangebot des unzumutbar belasteten Vertragsteils enthalten muß. Die einzelnen Voraussetzungen werden im Rahmen der Prüfung der ultima ratio der außerordentlichen Kündigung an späterer Stelle zu klären sein.

Hinzu kommen spezielle Eigenschaften des Tarifvertrages, die einer Anwendung der WGG entgegenstehen.

2.1. Meinungsstand

In der arbeitsrechtlichen Literatur herrschen die Stimmen vor, die beim Tarifvertrag einen Anwendungsbereich für die WGG ablehnen und diese Fälle über die außerordentliche Kündigung erfassen[92]. Zur Begründung wird die Unzulässigkeit einer gerichtlichen Anpassung tariflicher Regelungen ebenso angeführt[93] wie die Übereinstimmung von WGG und außerordentlicher Kündigung in Tatbestand und Rechtsfolge, die zur Folge habe, daß für die grundsätzlich subsidiäre WGG beim Tarifvertrag kein eigener Anwendungsbereich verbleibe[94]. Eine Mindermeinung verweist auf die Zulässigkeit der WGG und der gerichtlichen Anpassung tariflicher Regelungen und führt zur Begründung aus, daß die Tarifautonomie mir ihrem eigenen Einigungsprozeß eine Ausformung des Sozialstaatsprinzips des Grundgesetzes sei. Soweit die Parität der Koalitionen nicht mehr bestehe, falle die Kompetenz an den Sozialstaat zurück. In diesem Fall bestehe dann eine (eng begrenzte) richterliche Gestaltungskompetenz[95].

---

[91] Becker/Schaffner DB 1985, 650; Schwerdtner in MüKo, a.a.O. § 626 Rz. 40

[92] Däubler/Hege, a.a.O. Rz. 659; Henssler ZfA 1994, 487 ff.; Hagemeier, a.a.O. § 4 Rz. 42; Löwisch/Rieble, a.a.O. § 1 Rz. 365 ff.; Oetker RdA 1995, 82, 97, 103; Wank in FS Schaub, a.a.O.S. 761, 790; Wank in Wiedemann, a.a.O. § 4 Rz. 62 ff., 73; Winter/Zekau, AuR 1997, 89, 91; unklar: Gamillscheg, a.a.O.S.774 f.; die WGG als „Unterfall" der außerordentlichen Kündigung: Otto in FS Kissel, a.a.O.S.787, 795

[93] Bauer in FS Schaub, a.a.O.S.19, 42 f.; Buchner NZA 1993, 295; Däubler ZTR 1996, 241; Oetker RdA 1995, 82, 97; Steffan JuS 1993, 1027, 1028; Winter /Zekau AuR 1997, 89, 91;

[94] Wank in FS Schaub, a.a.O.S. 761, 790

[95] Belling NZA 1996, 906, 911 m.w.N.

Das Bundesarbeitsgericht verwies zwar anfangs zum Zwecke der Lösung von einem Tarifvertrag auf die Möglichkeit der Anwendung des Instituts vom Wegfall der Geschäftsgrundlage[96]. Noch 1959 befürwortete der Große Senat die Anwendung des Instituts vom Wegfall der Geschäftsgrundlage[97]. Danach sollten bei Vorliegen der Voraussetzungen des Wegfalls der Geschäftsgrundlage die entsprechenden Normen automatisch wegfallen, eine Kündigungserklärung war danach entbehrlich. Dem trat der 1. Senat 1961[98] entschieden entgegen: Ein automatischer Wegfall von Normen sei mit dem Grundsatz der Rechtssicherheit nicht vereinbar. Allenfalls bestehe die grundsätzliche Möglichkeit der ordentlichen bzw. außerordentlichen Kündigung. 1982 verwies auch der 4. Senat auf die Möglichkeit der außerordentlichen Kündigung[99] und machte 1984 auf die Rechtsunsicherheit bei einer Anwendung des Instituts vom Wegfall der Geschäftsgrundlage aufmerksam, weil die ursprünglich zugrunde gelegte Geschäftsgrundlage im Nachhinein schwierig festzustellen sei[100]. Später wies der 4. Senat für den Fall des Vorliegens der Voraussetzungen des Instituts vom Wegfall der Geschäftsgrundlage auf die Möglichkeit zur Vertragsanpassung hin[101]; dem folgte auch der 7. Senat[102]. Eine Anpassung durch Gerichte komme danach aber ausdrücklich nicht in Betracht[103]. Schließlich legte der 4. Senat dar, daß der Tarifvertrag als ein nach den Regeln des Zivilrechts zustande gekommener Vertrag auch wie ein solcher außerordentlich gekündigt werden könne[104]. Zuletzt hat er die außerordentliche Kündigung wegen Wegfalls der Geschäftsgrundlage anerkannt[105], das Verhältnis der Institute zueinander aber offengelassen[106].

96 BAG AP Nr. 1 zu § 1 TVG Rückwirkung, Bl. 3; AP Nr. 1 zu § 1 TVG, Bl. 2 R f.
97 BAG -Großer Senat- AP Nr. 21 zu § 616 BGB
98 BAG AP Nr. 1 zu Art. 24 Verf NRW
99 BAG AP Nr. 8 zu § 1 TVG Form
100 BAG AP Nr. 1 zu § 36 BAT; AP Nr. 1 zu § 1 TVG Arbeitsentgelt
101 BAG AP Nr. 3 zu § 9 TVG 1969; AP Nr. 135 zu § 1 TVG Auslegung
102 BAG AP Nr. 1 zu § 1 BeschFG 1985
103 BAG AP Nr. 12 zu § 33 BAT, 4.Senat; AP Nr. 5 zu § 1 TVG Tarifverträge Seeschiffahrt
104 BAG AP Nr. 21 zu § 1 TVG Bl. 3 R.
105 BAG NZA 1997, 1234, 1236
106 BAG NZA 1997, 830, 833

2.2. Eigene Stellungnahme

Problem der Rechtsunsicherheit

Angesichts des Normcharakters des Tarifvertrages muß dieser auch hinsichtlich der Vorhersehbarkeit von Änderungen, hinsichtlich Bestimmtheit und Rechtssicherheit den Anforderungen eines Gesetzes im materiellen Sinne genügen. Die ipso iure eintretende Vertragsanpassung kann im Einzelfall zu unterschiedlichen Regelungsinhalten führen. Für den Tarifvertrag als Rechtsnorm wäre die daraus resultierende Rechtsunsicherheit problematisch.

Problem des Schriftformerfordernisses nach §§ 1 Abs. 2 TVG, 126 BGB bei einem Anpassungsurteil

Nach § 1 Abs.2 TVG ist die beiderseitige Unterzeichnung der Vertragsurkunde durch die Koalitionspartner eine Wirksamkeitsvoraussetzung des Tarifvertrages. Soweit beim Wegfall der Geschäftsgrundlage eine Anpassung des Vertrages an die veränderten Umstände durch die Parteien nicht erzielbar ist, könnte an Stelle der Parteien das angerufene Gericht eine entsprechende Anpassung vornehmen. Dieses Anpassungsurteil des Gerichts müßte dem Schriftformerfordernis nach § 1 Abs.2 TVG, § 126 BGB gerecht werden. Denn die Formbedürftigkeit besteht auch für Änderungen des Tarifvertrages[107]. Formuliert der Arbeitgeber-Verband ein entsprechendes Änderungsangebot und klagt dann gegen die Gewerkschaft auf Abgabe einer Annahmeerklärung, dann gilt diese gemäß § 894 ZPO mit dem rechtskräftigen Urteil als abgegeben. Da § 894 ZPO die einzige Möglichkeit ist, ein Urteil auf Abgabe einer Willenserklärung zu vollstrecken, setzt die Vorschrift zwingend voraus, daß diese Willenserklärung der erforderlichen Form genügt[108]. Formal betrachtet wäre damit dem § 1 Abs.2 TVG, § 126 BGB genügt.

Aber auch wenn das Schriftformerfordernis damit erfüllt wäre, bleibt problematisch, ob damit auch dem Sinn und Zweck der Vorschrift vollständig Genüge geleistet wird. Denn diese zielt darauf ab, sowohl den Vertragsparteien, wie auch den Normadressaten und Dritten die jederzeitige unproblematische Mög-

---

[107] Wiedemann in Wiedemann, a.a.O. § 1 Rz. 234
[108] Stöber in Zöller, a.a.O. § 894 Rz. 5

lichkeit der Einsichtnahme in das Vertragswerk zur Klarstellung und Feststellung des Inhalts zu gewährleisten[109].

Problem des Verstoßes eines Anpassungsurteils gegen den Grundsatz der Gewaltenteilung

Soweit die Vertragsparteien eine einvernehmliche Anpassung nicht erzielen können, ist fraglich, ob ein staatliches Gericht eine solche Anpassung vornehmen darf. Hierin könnte ein Verstoß gegen den verfassungsrechtlichen Grundsatz der Gewaltenteilung liegen. Die gerichtliche Kompetenz, die Teilnichtigkeit festzustellen, ist eng begrenzt. Hierbei ist für das Gericht der Wille des Normgebers entscheidend. So ist es ständige Rechtsprechung des Bundesverwaltungsgerichts, daß im Rahmen des Normenkontrollverfahrens nach § 47 Abs.6 VwGO bei der Feststellung der Teilnichtigkeit einer Norm berücksichtigt werden muß, ob nach dem mutmaßlichen Willen des Normgebers die Norm auch ohne den für nichtig erklärten Teil aufrechterhalten werden soll. Immer dann, wenn die beanstandeten Normteile nach dem subjektiven Willen des Normgebers mit dem verbleibenden Rest der Norm in einem untrennbaren Regelungszusammenhang stehen, kann die Restnorm nicht als „Schrumpfnorm" aufrechterhalten bleiben[110].

Im Tarifrecht ist zu beachten, daß der normativ wirkende Tarifvertrag als Vertrag von den Koalitionspartnern ausgehandelt worden ist. Im Rahmen von Tarifverhandlungen werden naturgemäß von einer Seite Zugeständnisse gemacht, um an anderer Stelle von der Gegenseite Entgegenkommen zu ernten. So sind selbst sachlich getrennte Regelungsbereiche über die Art und Weise ihres Zustandekommens regelmäßig untrennbar miteinander verbunden. Das Ergebnis eines zustande gekommenen Tarifvertrages stellt folglich aus der Sicht des jeweiligen Koalitionspartners (grundsätzlich) die Grenze des „gerade noch Möglichen und Tragbaren" dar. Durch den Wegfall eines Zugeständnisses der Gegenseite wird diese Grenze überschritten. Ein nachträgliches Auseinander-Dividieren, an welcher Stelle wer mit welcher Motivation Zugeständnisse gemacht hat, ist nachgerade unmöglich. Eine gerichtliche Anpassung der Rechtsnorm Tarifvertrag muß folglich wegen des inneren untrennbaren Regelungszusammenhangs ausscheiden.

---

109 Wiedemann in Wiedemann, a.a.O. § 1 Rz. 228

110 BVerwGE 40, 268, 274; 54, 5, 11; BVverfGE NVwZ 1990, 159; DVBl 1978, 536; Eyermann, a.a.O. § 47 Rz. 93; Kopp, a.a.O. § 47 Rz. 63

Dem Gericht ist es daher auch grundsätzlich verwehrt, selbst Feststellungen zum Inhalt einer Rechtsnorm zu treffen, etwa in Form von Ausführungs- oder Übergangsregelungen[111]. Es widerspräche dem Grundsatz der Gewaltenteilung, wenn das Gericht seine Meinung an die Stelle derjenigen des Normgebers setzen würde und den Tarifvertrag an die veränderten Umstände anpassen würde. Dann ist es einem Gericht im Falle der Überprüfung eines Tarifvertrages aber erst Recht verwehrt, sich in die Rolle der Tarifvertrags-Parteien hineinzuversetzen und anstelle der Koalitionspartner eine entsprechende Anpassung vorzunehmen. Nach Art. 9 Abs.3 GG ist es ausschließlich die Angelegenheit der Koalitionspartner, eine tarifvertragliche Regelung kraft Tarifautonomie zu treffen. Eine gerichtliche Zuständigkeit, eine derartige Anpassung vorzunehmen, besteht nicht[112]. Ob und in welchem Umfang ein Bedürfnis für eine Veränderung getroffener Tarifvereinbarungen besteht und inwieweit eine Modifikation erfolgen soll oder nicht, ist allein den Tarifvertrags-Parteien überlassen[113].

Die Rechtsetzungskompetenz der Koalitionspartner beruht -wie ausgeführt worden ist- nicht auf staatlicher Delegation. Damit scheidet auch ein "Zurückfallen" dieser Kompetenz "an den Sozialstaat"[114] aus.

Im übrigen ist nicht nachvollziehbar, daß die Kompetenz des "Sozialstaats" zur Rechtsetzung durch die Gerichte ausübbar sein soll: Dem steht der Grundsatz der Gewaltenteilung entgegen.

Problem des Rangverhältnisses von gerichtlich angepaßtem Tarifvertrag und Betriebsvereinbarung

Problematisch wäre weiter das Rangverhältnis von gerichtlich angepaßtem Tarifvertrag und Betriebsvereinbarung. Der angepaßte „Tarifvertrag" des Gerichts wäre nicht kraft Tarifautonomie der Koalitionspartner entstanden. Dann ließe sich aber auch die Nachrangigkeit der Betriebsvereinbarung nicht mehr mit der kraft Tarifautonomie geschaffenen Tarifregelung erklären.

---

[111] BVerfGE 31, 12; 37, 81; 39, 2; 41, 259; 53, 300
[112] BAG AP Nr. 12 zu § 33 BAT
[113] BAG AP Nr. 1 zu § 36 BAT
[114] so Belling NZA 1996, 906, 910

Die vorstehenden Ausführungen zeigen, daß beim Tarifvertrag Gründe gegen die Anwendbarkeit der Lehre vom Wegfall der Geschäftsgrundlage sprechen, die so gewichtig sind, daß ihre Anwendung zu unterbleiben hat.

Dieses Ergebnis deckt sich auch mit der herrschenden Meinung in Literatur und Rechtsprechung[115], die bereits unter Verweis auf die Rechtsnatur des Tarifvertrages als Dauerschuldverhältnis keinen eigenen Anwendungsbereich für die WGG erkennen können.

3. Abgrenzung von außerordentlicher Kündigung und Unmöglichkeit bei drohender Existenzvernichtung

Soweit bei Befolgen tariflicher Regelungen die Existenz des tarifgebundenen Unternehmens bedroht sein würde, könnte es sich um einen Fall sog. wirtschaftlicher Unmöglichkeit handeln. Im Bereich wirtschaftlicher Unmöglichkeit werden allgemein zwei Fallgruppen diskutiert.

Die erste Untergruppe erfaßt die seltenen Fälle, in denen die Erbringung der Leistung zwar nicht für jedermann unmöglich ist, aber jedem Menschen solch große und unüberwindbare Schwierigkeiten bereiten würde, daß kein vernünftiger Mensch auf die Idee käme, auch nur den Versuch einer Leistungserbringung zu wagen [116]. Klassisches Beispiel ist der Ring auf dem Meeresboden. Diese Fälle dem Bereich des Unmöglichkeitsrechts zuzuordnen, ist sicherlich sinnvoll. Denn die Leistung kann nicht mit den vertragsgemäßen Mitteln erbracht werden[117]. Diese Fälle werden daher treffender als Fälle "faktischer Unmöglichkeit" bezeichnet[118]. Dies sind aber nicht die hier in Rede stehenden Fälle. Gefährdet das Befolgen tariflicher Regelungen die Existenz eines Unternehmens, so würde ein anderes, wirtschaftlich gesünderes Unternehmen diese Regelungen ganz selbstverständlich befolgen können.

---

[115] Henssler ZfA 1994, 487, 494; Köhler in FS Steindorff, a.a.O.S. 611; i.E. wohl ebenso Otto in FS Kissel, a.a.O. 787, 795; MüKo, a.a.O. § 242 Rz. 583; BAG AP Nr. 1 zu § 1 TVG 1949; BAG AP Nr. 1 zu § 1 TVG Rückwirkung; BAG AP Nr. 29 IPR Arbeitsrecht; BAG NJW 1973, 959; BGHZ 24, 91, 96; 40, 336; 61, 31; BGH NJW 1958, 785; 1984, 1746 f.; BGH DB 1980, 1163 f.; BGH WM 1977, 735

[116] Emmerich, a.a.O. S. 24

[117] Medicus, Bürgerliches Recht, a.a.O. Rz. 158

[118] Medicus, SchR AT, a.a.O.S. 172

Die zweite Untergruppe erfaßt diejenigen Fälle, in denen die Leistung zwar nicht wirtschaftlich sinnlos ist, den Schuldner aber über Gebühr belastet ("Opfergrenze")[119]. Es besteht kein Grund, in diesen Fällen den Vertrag ohne weiteres zu negieren. Denn nach Unmöglichkeitsrecht würde der Schuldner eo ipso von seiner primären Leistungspflicht befreit, und zwar unabhängig von seinem Willen. Der Unternehmer könnte also vorliegend überhaupt nicht mehr erfüllen. Diese Fälle gehören folglich nicht in den Bereich des Unmöglichkeitsrechts, sondern in den Bereich der Störung der Geschäftsgrundlage. Die Anwendbarkeit der WGG beim Tarifvertrag wurde bereits erörtert.

4. Abgrenzung von außerordentlicher Kündigung und Rücktritt

Es ist ganz einhellige Meinung, daß der Rücktritt bei einem Dauerschuldverhältnis nur die Lösung vom Vertrag mit ex-nunc Wirkung entfaltet, also nur die noch ausstehenden Leistungen erfaßt[120]. Ein Rücktritt lediglich von dem noch nicht abgewickelten Teil eines Dauerschuldverhältnisses ist jedoch seinem Inhalt nach nichts anderes als eine Kündigung mit sofortiger Wirkung. Deshalb ist richtig und unbestritten, daß bei einem Dauerschuldverhältnis die außerordentliche Kündigung als das speziellere Instrument den Rücktritt verdrängt.

5. Abgrenzung von außerordentlicher Kündigung und Anfechtung

Anwendungsbereich der Anfechtung sind Willensmängel beim Zustandekommen eines Vertrages. Anwendungsbereich der außerordentlichen Kündigung sind hingegen Störungen im Vertragsverhältnis, die während der Laufzeit des Vertrages auftreten. Für diese unterschiedlichen Regelungsbereiche stellt das Zivilrecht unterschiedliche Instrumentarien zur Verfügung, die dann auch entsprechend eingesetzt werden müssen. Gründe, die dem einen Regelungsbereich zuzuordnenden Mängel auch mit dem Instrumentarium eines ganz anderen Regelungsbereiches zu beheben, bestehen nicht. Danach berechtigen auch

---

[119] Medicus Bürgerliches Recht, a.a.O. Rz. 158; jetzt in § 313 Abs.3 BGB neu geregelt

[120] Nach dem Schuldrechtsmodernisierungsgesetz trifft § 313 Abs.3 BGB eine entsprechende gesetzgeberische Wertung: Anstelle vom Rücktritt tritt beim Dauerschuldverhältnis das Recht zur außerordentlichen Kündigung. § 323 BGB (neu) wird beim Dauerschuldverhältnis verdrängt, wenn das Dauerschuldverhältnis bereits in Vollzug gesetzt ist.

Anfechtungsgründe nicht grundsätzlich zur außerordentlichen Kündigung. Daran ändert auch die Tatsache nichts, daß im Arbeitsrecht eine Anfechtung lediglich ex-nunc-Wirkung entfaltet. Denn nicht die Anfechtung an sich wird dadurch in Frage gestellt, sondern einzig und allein die Rechtsfolgen werden im Hinblick auf Schutzinteressen der betroffenen Parteien des Individualarbeitsverhältnisses eingeschränkt[121].

[121] i.E. ebenso Löwisch in MüHdbuch, a.a.O. § 249 Rz. 19 ff., Rz. 37; Wank in Wiedemann, a.a.O. § 4 Rz. 50; a.A. Schaub, a.a.O.S. 1661, 1670; und Hagemeier, a.a.O. § 4 Rz. 41

IV. Rechtliche Voraussetzungen der außerordentlichen Kündigung

Es ist dargelegt worden, daß die außerordentliche Kündigung eines Tarifvertrages möglich ist. Zu prüfen bleibt, welche Anforderungen an das Vorliegen eines wichtigen Grundes zu stellen sind, um eine außerordentliche Kündigung zu rechtfertigen. Dabei soll zunächst auf die (allgemeinen) rechtlichen Voraussetzungen eingegangen werden. In einer zweiten Prüfungsstufe in den Abschnitten VI) und VII) sollen die wichtigsten Sachverhalte abgehandelt und subsumiert werden.

1. Voraussetzung 'Wichtiger Grund' im Zivilrecht[122]

Nach § 626 Abs. 1 BGB ist bei einem Dienstverhältnis ein wichtiger Grund für eine fristlose Kündigung dann gegeben, wenn Tatsachen vorliegen, aufgrund derer dem Kündigenden unter Berücksichtigung aller Umstände des Einzelfalles und unter Abwägung der Interessen beider Vertragsteile die Fortsetzung (des Vertragsverhältnisses) bis zum Ablauf der Kündigungsfrist oder bis zur vereinbarten Beendigung (...) nicht zugemutet werden kann.

§ 723 Abs.1 S.1, 2.HS BGB bestimmt, daß die außerordentliche Kündigung durch einen Gesellschafter bei Vorliegen eines wichtigen Grundes möglich ist. Auch für § 723 BGB ist erforderlich, daß eine Fortsetzung des Vertragsverhältnisses bis zum nächsten ordentlichen Kündigungstermin nach Treu und Glauben und unter Berücksichtigung der Umstände des Einzelfalles nicht zumutbar ist[123]. Die handelsrechtlichen Vorschriften (§ 89 a n.F.; 133 Abs. 2, 140 HGB) verlangen allgemein einen wichtigen Grund. Für die Auslegung dieses Tatbestandsmerkmals gilt das zu § 723 BGB Gesagte. § 554 a BGB[124] weicht insofern von den vorgenannten Vorschriften ab, als er einen schuldhaften Pflichtverstoß verlangt.

Allen übrigen Vorschriften ist gemeinsam, daß sie lediglich auf die Unzumutbarkeit der Vertragsfortsetzung unter Abwägung der beiderseitigen Interessen (Treu und Glauben) abstellen. Mithin enthält § 626 Abs.1 BGB eine Legaldefinition für das Tatbestandsmerkmal "wichtiger Grund". Er ist folglich Aus-

---

122 § 314 Abs.1 Satz 2 BGB liefert inzwischen die Legaldefinition 'wichtiger Grund'.

123 Thomas in Palandt, a.a.O. § 723 Rz.4; BGH NJW 1996, 2573

124 inzwischen § 543 BGB

druck des allgemeinen Rechtsprinzips[125]. Der Gesetzgeber hat die weit gefaßte Generalklausel des § 626 Abs.1 BGB einer umfassenden Prüfung des Einzelfalles vorbehalten. Aus dem unbestimmten Begriff der Unzumutbarkeit allein lassen sich kaum subsumtionsfähige, allgemeingültige Kriterien ableiten. Das Zumutbarkeitsprinzip ist gerade nicht als subsumtionsfähige Definition, sondern gewissermaßen als methodische Anweisung zu begreifen[126], um so zu einer gerechten Beurteilung des Einzelfalls durch den Rechtsanwender zu kommen. Bei der von ihm verlangten einzelfallbezogenen Anwendung der Norm wird der Rechtsanwender eine allgemeine Güter- und Interessenabwägung vorzunehmen[127] und auch sein Rechtsgefühl heranzuziehen haben[128].

2. Besonderheiten im Tarifvertragsrecht

Es ist festgestellt worden, daß der Tarifvertrag nach den Regeln des Zivilrechts einvernehmlich oder einseitig gelöst werden kann. Daher gilt das Zumutbarkeitsprinzip für die außerordentliche Kündigung wegen Vorliegens eines wichtigen Grundes auch für den Tarifvertrag, soweit sich nicht aus dem Tarifvertragsrecht etwas anderes ergibt. Der Tarifvertrag hat wegen seines Normcharakters auch Auswirkungen für Dritte, die nicht unmittelbar Vertragspartner sind. Er erfüllt zudem während seiner Laufzeit Ordnungs- und Sicherungsfunktionen. Diese Gesichtspunkte sind unstreitig zusätzliche Kriterien bei der Feststellung der Unzumutbarkeit[129].

Strittig jedoch ist die dogmatische Einordnung. So könnten bereits bei der Prüfung der Umstände des Einzelfalles die tarifvertragsspezifischen Gesichtspunkte berücksichtigt werden. Es könnte aber auch nach der „normalen" Prüfung der Umstände des Einzelfalles und nach der Feststellung der Unzumutbarkeit in einem gleichsam zweiten Prüfungsvorgang unter Anlegung eines besonders strengen Maßstabes zu klären sein, ob -da es sich um einen Tarifvertrag handelt- die im ersten Prüfungsvorgang festgestellte Unzumutbarkeit noch aufrechterhalten werden kann[130].

---

125 Schwerdtner in MüKo, a.a.O. § 626 Rz. 1
126 Belling/Hartmann NZA 1998, 61
127 Schwerdtner in MüKo, a.a.O. § 626 Rz. 53
128 Schwerdtner in MüKo, a.a.O. § 626 Rz. 5; Zöllner/Loritz, a.a.O. S. 250
129 Oetker RdA 1995, S.82, 94
130 vgl. Oetker RdA 1995, 82, 94 m.w.N. in Fußnote 187

Letztlich führen beide Alternativen nicht zu unterschiedlichen inhaltlichen Ergebnissen. Die unterschiedliche Einordnung sollte daher auch nicht überbewertet werden. Allerdings spricht manches dafür, die Besonderheiten des Tarifvertrages im Rahmen der Prüfung der Umstände des Einzelfalles von vorneherein mit zu berücksichtigen. Denn die für das Zivilrecht geltende Generalklausel des wichtigen Grundes in ihrer oben dargestellten Ausformung ist auf den Tarifvertrag -wie festgestellt wurde- anzuwenden. Die Besonderheiten des Tarifvertrages lassen sich dann aber nicht von den sonstigen Umständen des Einzelfalles trennen. Gegenstand der Prüfung, ob ein wichtiger Grund für eine außerordentliche Kündigung vorliegt, ist damit von vorneherein der Einzelfall 'Tarifvertrag' mit allen seinen Wirkungen[131]. Die Tatsache, daß beim Tarifvertrag bei der Prüfung der Unzumutbarkeit des Festhaltens am Tarifvertrag auch die Interessen Dritter zu berücksichtigen sind -die nicht als Vertragspartner beteiligt, aber von der Wirkung des Tarifvertrages erfaßt sind- hat weitreichende Auswirkungen und bedarf einer eingehenden Untersuchung in mehrfacher Hinsicht. Da die damit zusammenhängenden Fragestellungen v.a. bei der außerordentlichen Kündigung wegen Änderung der äußeren Verhältnisse auftreten, soll darauf nicht an dieser Stelle abstrakt eingegangen werden, sondern bei der Erörterung der wichtigsten Sachverhalte im zweiten Prüfungsschritt.

Eine weitere Besonderheit des Tarifvertrages ist die in § 4 Abs.5 TVG angeordnete Nachwirkung. Danach gelten die Rechtsnormen des Tarifvertrages nach dessen Ablauf weiter, bis sie durch andere Abmachungen ersetzt werden. Inwieweit die mit der außerordentlichen Kündigung gewollte Wirkung der sofortigen Loslösung von den vertraglichen Bindungen beim Tarifvertrag mit § 4 Abs.5 TVG in Einklang zu bringen ist, wird noch zu erörtern sein.

[131] so im Ergebnis auch Oetker RdA 1995, S.82, 94 m.w.N.

V. Risikozuordnung bei der Änderung äußerer Umstände

Die Änderung äußerer Umstände scheidet von vorneherein als wichtiger Grund für eine außerordentliche Kündigung aus, wenn das Risiko der Änderung der Umstände (vertraglich oder gesetzlich) einer der Parteien des Tarifvertrages zugeordnet ist. Soweit der Vertrag eine eindeutige Regelung für den Fall des eingetretenen Risikos enthält, ist eine Risikozuweisung unproblematisch. Auch bei einer Änderung äußerer Umstände, die ohne Schwierigkeiten bei Abschluß des Vertrages vorhersehbar war, ist grundsätzlich davon auszugehen, daß die benachteiligte Vertragspartei deren Eintritt in Kauf genommen hat. Das Risiko einer solchen Änderung ist dann der benachteiligten Vertragspartei zuzuordnen. Denn auch beim Tarifvertrag hat jede Vertragspartei ihre eigene Leistungsfähigkeit abzuschätzen. Mithin obliegt es bei der konkreten Festsetzung von tariflichen Regelungen der Arbeitgeber-Seite, die eigene Leistungsfähigkeit abzuschätzen und gegebenenfalls nicht mehr vertretbare Abschlüsse eben nicht vorzunehmen[132]. Dabei ist auch zu berücksichtigen, daß die nachteilig betroffene Partei die Möglichkeit gehabt hätte, die Risiken vorhersehbar veränderter Umstände durch entsprechende Vorsorgemaßnahmen gering zu halten (etwa durch die vertragliche Aufnahme von Nachverhandlungs- bzw. Anpassungsklauseln).

Schwieriger sind diejenigen Fälle zu beurteilen, in denen eine Risikozuweisung mangels eindeutiger Regelung im Vertrag nicht sofort zu treffen ist. Hier ist im Wege ergänzender Vertragsauslegung nach §§ 133, 157 BGB zu prüfen, ob eine Zuordnung des eingetretenen Risikos vertraglich getroffen worden ist. Für gesetzliche Regelungen gelten die Bestimmungen über die Gesetzesauslegung. Bezugspunkt für eine ergänzende Auslegung vertraglicher Regelungen ist ausschließlich die rechtsgeschäftliche Regelung selbst[133]. Der Vertragsgegenstand darf also gegen seinen Inhalt weder erweitert noch verändert werden, die Regelungslücke darf nicht in Widerspruch zum Vertragsgegenstand gefüllt werden. Auch ein unbedacht abgeschlossenes Rechtsgeschäft kann nicht im Wege ergänzender Vertragsauslegung zu einem „vernünftigen" Rechtsgeschäft ummodelliert werden. Liegt in den verbleibenden engen Grenzen ein Anwendungsfall für die ergänzende Vertragsauslegung vor, so ist die Regelungslücke zu füllen. Dabei ist ausgehend vom Rechtsgeschäft das von den Parteien Gewollte konsequent weiterzudenken. Hierzu bedarf es eines gedanklichen Hineinversetzens in die Rolle der Beteiligten zum Zeitpunkt der Vornahme des

[132] Löwisch ZfA 1971, 319, 334 ff.; Reuß AuR 1975, 289 ff.
[133] Flume, a.a.O.S. 327, 498

Rechtsgeschäftes[134]. Bei der Ausfüllung der Lücke sind neben diesem hypothetischen Parteiwillen noch zwei weitere Element zu berücksichtigen, welche aus § 157 und § 242 BGB hergeleitet werden: Dies ist zum einen die „Verkehrssitte“, die als das jeweils Branchenübliche auf den Vertrag einwirkt; zum anderen ist dies der Grundsatz von Treu und Glauben, der auf ein redliches und billiges Verhalten der Parteien abzielt[135]. Stimmen die im Wege ergänzender Auslegung ermittelten vertraglich vorausgesetzten Umstände mit den tatsächlichen nicht überein, so ist kein Raum für eine ergänzende Vertragsauslegung.

Das allgemeine Betriebsrisiko liegt beim Arbeitgeber[136]. Änderungen, die die sog. gemeinsame Sozialexistenz betreffen -wie grundsätzliche Umwälzungen, eine entscheidende Änderung politischer wie gesellschaftlicher Rahmendaten, Naturkatastrophen usw.- sprengen aber den Rahmen des allgemeinen Betriebsrisikos[137]. Es entspricht daher nicht dem Parteiwillen und würde auch der gemeinsamen gesellschaftspolitischen Verantwortung der Koalitionspartner zuwiderlaufen, wenn man diese Risiken einseitig einer Partei zuordnen würde. Anderes kann nur bei eindeutiger vertraglicher Risikoübernahme gelten.

---

[134] Medicus BGB AT, a.a.O.S. 131 f.

[135] Larenz, Geschäftsgrundlage und Vertragserfüllung, S. 137 f.; Medicus in FS Flume I, a.a.O.S. 632

[136] vgl. inzwischen § 615 S.3 BGB

[137] i.E. so auch Wank in Wiedemann, a.a.O. § 4 Rz. 56

VI. Außerordentliche Kündigungsgründe

Vor allem zwei Fallgruppen sind geeignet, eine außerordentliche Kündigung zu rechtfertigen. Dies sind zum einen Umstände im Verhältnis der Tarifvertrags-Partner zueinander; zum anderen sind dies von außen kommende Veränderungen der Rahmenbedingungen. Innerhalb der ersten Fallgruppe sind wiederum die Pflichtverletzungen im Tarifvertrags-Verhältnis von den Veränderungen im Hinblick auf die Koalitionstauglichkeit eines Koalitionspartners und ihre nur mittelbaren Auswirkung auf das Tarifvertrags-Verhältnis zu unterscheiden.

Die Tarifvertrags-Parteien können Vereinbarungen darüber treffen, was als wichtiger Grund anzusehen ist. Denn die Tarifvertrags-Parteien können kraft Tarifautonomie einen Tarifvertrag abschließen, ändern oder aufheben und folglich auch die Voraussetzungen für eine einseitige Lösung vom Tarifvertrag festlegen[138].

Unabhängig von vertraglich zugelassenen Kündigungsgründen liegt ein die außerordentliche Kündigung rechtfertigender 'wichtiger Grund' immer dann vor, wenn das Festhalten am Vertrag für eine Vertragspartei unzumutbar geworden ist.

Eine enumerative Aufzählung von außerordentlichen Kündigungsgründen im Tarifvertrag kann das grundsätzliche Recht zur außerordentlichen Kündigung in anderen, vertraglich nicht geregelten Fällen nicht ausschließen. Es ist dargelegt worden, daß die außerordentliche Kündigung eines Tarifvertrages -gemäß dem Rechtsprinzip der außerordentlichen Kündbarkeit eines Dauerschuldverhältnisses- zulässig ist und daß dieses Recht weder an sich noch in Teilen abdingbar ist. Die vertraglich geregelten Möglichkeiten zur außerordentlichen Kündigung können damit allenfalls zusätzliche Kündigungsgründe schaffen.

[138] Löwisch in MüHdbuch , a.a.O. § 249 Rz. 28 mit Beispiel

Die verhaltensbedingten unzumutbaren Umstände

Eine Aufkündigung des Tarifvertrages kommt in Betracht, wenn infolge einer Pflichtverletzung einer Tarifvertrags-Partei des Tarifvertrages der anderen Tarifvertrags-Partei eine Fortsetzung des Vertrages unzumutbar ist[139]. Dies entspricht allgemeinen vertragsrechtlichen Maximen. Die wichtigsten obligatorischen Pflichten im Tarifvertragsverhältnis sind die Friedens- und die Durchführungspflicht. Schuldner dieser obligatorischen Pflichten sind die Tarifvertrags-Partner, nicht deren Mitglieder.

Die schuldrechtliche Friedenspflicht dient dazu, die tariflich geregelte Materie während der Laufzeit eines Tarifvertrages vor Störungen zu schützen. Kampfmaßnahmen während der Laufzeit eines Tarifvertrages sind unzulässig. Daher untersagt die Friedenspflicht einer jeden Tarifvertragspartei, während der Laufzeit eines Tarifvertrages einen Arbeitskampf zu führen (Selbstpflicht) wie auch, die eigenen Mitglieder hierzu aufzurufen (Einwirkungspflicht). Im Rahmen der Einwirkungspflicht hat der Tarifvertrags-Partner alles ihm verbandsrechtlich Mögliche zu tun, um wilde Kampfmaßnahmen seiner Mitglieder wirksam zu unterbinden.

Die Friedenspflicht erstreckt sich inhaltlich nicht nur auf die unmittelbar tariflich geregelten Bereiche, sondern auch auf Bereiche, die den tariflich geregelten Bereich lediglich mittelbar betreffen[140]. Die inhaltliche Verpflichtung der tariflichen schuldrechtlichen Friedenspflicht ergibt sich unabhängig von einem laufenden Tarifvertrag auch aus der zwischen den Koalitionspartnern bestehenden 'Dauerrechtsbeziehung'[141].

Die schuldrechtliche Durchführungspflicht der Tarifvertrags-Partner ist darauf gerichtet, daß diese das ihrerseits Mögliche tun, damit der Tarifvertrag tatsächlich umgesetzt wird. Eine Umsetzung des normativen Teils des Tarifvertrages erfolgt aufgrund der Gesetzeswirkung tariflicher Regelungen unmittelbar durch die Tarifgebundenen. Die Tarifvertrags-Parteien sind darauf beschränkt zu überprüfen, ob die Normen durch ihre Mitglieder auch befolgt werden. Ihre

---

[139] Däubler/Hege, a.a.O. Rz. 657; Gamillscheg, a.a.O.S. 772; Hagemeier, a.a.O. § 4 Rz. 40; Hueck-Nipperdey, a.a.O.S. 472 f.; Löwisch in Mü.Hdbuch, a.a.O. § 249 Rz. 29; Oetker RdA 1995, 82, 95; Otto in FS Kissel, a.a.O.S.787, 789; Wank in FS Schaub, a.a.O.S. 761, 766; Wank in Wiedemann, a.a.O. § 4 Rz. 53; BAG AP Nr. 4 zu § 1 TVG Friedenspflicht

[140] Löwisch in MüHdbuch, a.a.O. § 270 Rz. 5 m.w.N.; Wiedemann in Wiedemann, a.a.O. § 1 Rz. 681 ff.,

[141] Seiter ZfA 1989, 283, 305; Arnold, a.a.O.S. 164

Pflicht besteht daher im Falle des Nichtbefolgens tariflicher Regelungen[142] darin, auf die eigenen Mitglieder mit den Mitteln der Verbandsgewalt einzuwirken.

Die Durchführungspflicht kann die Tarifvertrags-Partner auch selbst unmittelbar verpflichten, bestimmte Handlungen vorzunehmen (Selbstpflicht). Denn soweit Tarifnormen von den Tarifgebundenen erst dann befolgt werden können, wenn die Tarifvertrags-Partner zuvor die Voraussetzungen hierfür geschaffen haben, besteht ein unmittelbarer Anspruch auf Durchführung gegenüber dem Tarifvertrags-Partner. Anwendungsfälle sind beispielsweise tarifliche Normen über „Gemeinsame Einrichtungen" (§ 4 Abs.2 TVG). Diese können von den Tarifgebundenen erst dann befolgt werden, wenn die Koalitionspartner diese zuvor eingerichtet haben.

Werden die schuldrechtlichen Pflichten aus dem Tarifvertrag verletzt, bestimmen sich die Folgen nach allgemeinen schuldrechtlichen Grundsätzen des BGB, soweit diese auf den Tarifvertrag anwendbar sind[143]. Ist die Vertragsverletzung im Einzelfall derart gravierend, daß ein Festhalten am Tarifvertrag der anderen Tarifvertrags-Partei unzumutbar ist und mildere Mittel -wie etwa die Abmahnung bei wiederholter Verletzung der Friedenspflicht- bereits erfolglos eingesetzt wurden, besteht grundsätzlich das Recht zur außerordentlichen Kündigung[144].

Als weitere schuldrechtliche Pflichtverletzung kommt die mangelnde Verhandlungsbereitschaft wie die schuldhafte Verschleppung von Verhandlungen in Betracht. Eine grundsätzliche Verhandlungspflicht als Ausformung der allgemeinen Schutz- und Rücksichtnahmepflichten der Koalitionspartner resultiert aus der Dauerrechtsbeziehung der Tarifpartner[145]. Diese Verhandlungspflicht aktualisiert sich, wenn eine Störung im Vertragsverhältnis eingetreten ist. In diesem Fall ergibt sich aus dem Dauerrechtsverhältnis eine Pflicht zur Nachverhandlung mit dem Ziel einer Anpassung des Tarifvertrages an die veränderten Umstände. Zu diesem Zweck hat die durch die Störung des Tarifvertages benachteiligte Partei dem Koalitionsgegner ein zumutbares Änderungsangebot zu unterbreiten. Der Koalitionsgegner muß seinerseits verhandlungsbereit sein. Der Koalitionsgegner ist verpflichtet, das Anpassungsangebot ernsthaft zu prüfen und sich auf Nachverhandlungen einzulassen. Soweit er

142 Soweit Unklarheiten über den Inhalt der Tarifnormen bestehen, muß dieser notfalls gerichtlich festgestellt werden, § 9 TVG.

143 Löwisch in MüHdbuch, a.a.O. § 272 Rz. 20 ff.

144 jetzt § 314 Abs.2 BGB

145 Arnold, a.a.O.S. 164, 167 ff.

grundlos von vorneherein jedwede Verhandlung verweigert, kann bereits darin eine Pflichtverletzung liegen, die einen die außerordentliche Kündigung rechtfertigenden Grund bildet[146]. Während der Verhandlungsphase schulden sich die Koalitionspartner im Rahmen der Wahrung ihrer eigenen Interessen die erforderliche Verhandlungsoffenheit. Soweit für einen Tarifvertrags-Partner eindeutig ist, daß die Verhandlungen über einen Neuabschluß aus seiner Sicht nicht zum Erfolg führen werden, ist dieser verpflichtet, das Scheitern der Verhandlungen unmißverständlich zu erklären. Bei schuldhafter Verschleppung der Verhandlungen begeht der Koalitionsgegner eine Pflichtverletzung, die die Unzumutbarkeit der Vertragsfortsetzung begründen kann und eine fristlose Kündigung rechtfertigt[147].

Auch aus dem Rechtsinstitut der culpa in contrahendo (cic)[148] ergibt sich keine weitergehende Verpflichtung. Denn die cic umfaßt regelmäßig nicht Verzögerungen bei der Vertragsannahme oder -ablehnung[149]. Eine Einschränkung dieses Grundsatzes für die cic besteht nur dann, wenn der Vertragspartner durch beruhigende Erklärungen davon abgehalten wird, einen anderen Vertrag abzuschließen[150]. Im Tarifrecht stellt sich aber die Möglichkeit, mit einem anderen Vertragspartner zu koalieren, regelmäßig nicht.

Die Verhandlungspflicht aktualisiert sich auch dann, wenn ein zum Abschluß eines Tarifvertrages verpflichtender Vorvertrag geschlossen worden ist, der inhaltlich entweder unvollständig oder nicht hinlänglich deutlich ist[151].

Soweit die Pflicht zur Verhandlungsbereitschaft verletzt wird oder aber die Verhandlungen schuldhaft verschleppt werden, ergibt sich hieraus im Einzelfall ein die außerordentliche Kündigung des Vorvertrages rechtfertigender Grund.

Die Verhandlungspflicht aktualisiert sich weiter, wenn eine Tarifpartei noch während der Laufzeit eines Tarifvertrages den Eintritt in Verhandlungen einfordert, um eine tarifliche Konfliktlösung für einen Folgevertrag zu treffen[152].

---

146 so zutreffend Oetker RdA 1995, 82, 95 und Schaub, a.a.O.S. 1670 f., ohne jedoch auf die Dauerrechtsbeziehung einzugehen.

147 i.E. ebenso für den Fall tarifvertraglicher Vereinbarung einer Nachverhandlung, BAG AP Nr.4 zu § 1 TVG Friedenspflicht

148 inzwischen in § 311 Abs.2 BGB positiviert

149 Heinrichs in Palandt, a.a.O. § 276 Rz. 75; BGH NJW 1996, 55

150 BGH NJW 1984, 866; Grunewald JZ 1984, 708, 709

151 Gamillscheg, a.a.O.S. 515

152 Löwisch in MüHdbuch, a.a.O. § 270 Rz. 29

Ziel dabei ist es, bereits vor Ablauf der tariflichen Friedenszeit zumindest den friedlich erreichbaren Teil des Folgetarifvertrages auszuhandeln. Eine mangelnde Verhandlungsbereitschaft oder schuldhafte Verschleppung der Verhandlungen ist eine Pflichtverletzung. Bei der Beurteilung, ob diese Pflichtverletzung im Einzelfall die Unzumutbarkeit der Fortsetzung des Vertragsverhältnisses nach sich ziehen kann, ist zu berücksichtigen, daß die Pflichtverletzung während der tariflichen Friedenszeit begangen wird und sich „nur" auf die Verhandlung eines Folgevertrages bezieht. Ein 'Durchschlagen' dieser Pflichtverletzung auf das noch laufende Tarifvertrags-Verhältnis darf jedenfalls grds. nicht die tarifliche Friedenspflicht in Frage stellen. Ihre Relevanz für die Voraussetzung der Unzumutbarkeit der Fortsetzung des laufenden Tarifvertrages wird insoweit reduziert. Einen wichtigen Grund zur außerordentlichen Kündigung des laufenden Tarifvertrages kann folglich nur eine besonders schwerwiegende Pflichtverletzung darstellen.

Verlust der Koalitionstauglichkeit

Voraussetzung für einen wirksamen Tarifvertrags-Abschluß ist die Tariffähigkeit und Tarifzuständigkeit der Tarifvertrags-Partner.

Unter Tariffähigkeit versteht man die Fähigkeit, Partei eines Tarifvertrages zu sein, also durch Vereinbarung mit dem sozialen Gegenspieler Arbeitsbedingungen dergestalt zu regeln, daß sie für die Tarifgebundenen unmittelbar und unabdingbar gelten[153].

Beim Verbandstarifvertrag endet die Tariffähigkeit mit der Auflösung des Verbandes oder der Gewerkschaft oder mit einem Einstellen von deren Tätigkeit[154]. Sie endet auch bei Verlust einer unverzichtbaren Eigenschaft. Relevant ist hier vor allem der Verlust der sogenannten 'sozialen Mächtigkeit' einer Tarifpartei, d.h. der Fähigkeit und Bereitschaft zum Arbeitskampf durch Reduzierung der Zahl ihrer Mitglieder. Soweit eine Tarifvertrags-Partei während der Laufzeit eines Tarifvertrages ihre Tariffähigkeit verliert, ist diese kein tauglicher Koalitionspartner mehr. Ein tarifliches Schuldverhältnis besteht dann nicht mehr[155]. Dem kann nicht entgegengehalten werden, daß die Koalitions-

[153] BVerfG AP Nr. 24 zu § 2 TVG

[154] Gamillscheg, a.a.O.S.526; Oetker in Wiedemann, a.a.O. § 2 Rz. 31

[155] Hagemeier, a.a.O. § 3 Rz. 30; BAG AP Nr. 28 zu § 2 TVG m.w.N. und AP Nr. 4 zu § 3 TVG; nicht eindeutig Wiedemann Anm. BAG AP Nr.28 zu § 2 TVG; a.A. Wiedemann Anm. BAG AP Nr. 4 zu § 3 TVG und Oetker in Wiedemann, a.a.O. § 2 Rz. 37

partner für die in Aussicht genommene Laufzeit des Tarifvertrages verpflichtet sind, eine Auflösung zu unterlassen[156]. Denn Art.9 Abs.3 GG umfaßt auch den Schutz der Auflösung einer Vereinigung (Grundsatz der negativen Koalitionsfreiheit)[157]. Die normativen tariflichen Regelungen gelten gleichwohl weiter; denn für ihre Wirkung ist ausreichend, daß die Koalitionspartner Tarifkompetenz zum Zeitpunkt des Erlasses der Regelungen haben[158]. Dies entspricht dem in § 3 Abs.3 TVG zum Ausdruck kommenden Schutzinteresse des Gesetzgebers. Der Gesetzgeber hat in zulässiger Weise die privatrechtliche Gestaltungsmacht im Interesse der Rechtssicherheit eingeschränkt[159]. Einen Mißbrauch privatrechtlicher Gestaltungsmacht stellt der Austritt entgegen weit verbreiteter Ansicht[160] hingegen nicht dar. Denn der Austretende macht nur von seinem Grundrecht der negativen Koalitionsfreiheit (Art. 9 Abs.3 GG) Gebrauch. Würde es sich um einen Mißbrauch handeln, so würde der Austritt eine unzulässige Rechtsausübung darstellen; § 3 Abs.3 TVG bedürfte es dann gar nicht. Es ist unerheblich, warum und von wem die Tarifgebundenheit beendet wird. Dann kann aber die Tarifgebundenheit auch nicht durch den Verlust der Tariffähigkeit beendigt werden[161]. Einer Anwendung des § 3 Abs.3 TVG kann auch nicht entgegengehalten werden, daß der Verband nach Wegfall der Tariffähigkeit nicht mehr legitimiert ist, die Mitgliederinteressen wahrzunehmen und insoweit eine weitere Bindung an die Tarifnormen unzulässig sei[162]. Denn auch bei Verbandsaustritt endigt an sich die Legitimation für eine weitere Tarifgeltung im Hinblick auf den Ausgetretenen. Nach § 3 Abs.3 TVG dauert die Tarifgebundenheit gleichwohl fort. Zwar besteht beim Wegfall des Koalitionspartners durch Verlust der Tariffähigkeit ein Unterschied zum in § 3 Abs.3 TVG geregelten Fall. Denn § 3 Abs.3 TVG setzt vor-

---

156 so aber i.E. Wiedemann Anm. BAG AP Nr. 28 zu § 2 TVG, der kein Verbot der Selbstauflösung konstituieren will, gleichwohl aber verlangt, daß sich die Tarifvertrags-Partei der übernommenen Pflichten nicht entzieht.

157 Scholz in M/D/H/Sch, a.a.O. Stand Juni 1998 Art. 9 Rz. 94 und 240

158 Gamillscheg, a.a.O.S. 788; Hagemeier, a.a.O. § 3 Rz. 24; Hueck/Nipperdey, a.a.O.S.475; Wank in FS Schaub, a.a.O.S. 761, 766 FN 18; i.E. so auch Oetker in Wiedemann, a.a.O. § 2 Rz. 35 ff.und derselbe § 4 Rz. 75; nur für Nachwirkung: Schaub, a.a.O.S.1671; BAG AP Nr. 4 zu § 3 TVG (aber den Zeitpunkt offenlassend); für Ende des Tarifvertrages ohne Nachwirkung und ohne Anwendung von § 3 Abs.3 TVG: Löwisch/Rieble, a.a.O. § 2 Rz. 47

159 Oetker in Wiedemann, a.a.O. § 2 Rz. 36; § 3 Rz. 46, 81 ff.

160 Oetker in Wiedemann, a.a.O. § 3 Rz. 46 m.w.N.; BAG AP Nr.4 zu § 3 TVG und Anm. Wiedemann hierzu

161 Däubler /Hege, a.a.O. Rz. 629; Hagemeier, a.a.O. § 2 Rz. 94; a.A. BAG AP Nr. 4 zu § 3 TVG

162 so aber Löwisch/Rieble, a.a.O. § 2 Rz. 106

aus, daß die Tarifpartner selbst bis zum Ende des Tarifvertrages bestehen bleiben. So existiert auch unverändert deren Möglichkeit, im Interesse der Mitglieder auf veränderte Umstände gegebenenfalls durch Änderung oder Aufkündigung des Tarifvertrages zu reagieren. Eine derartige Interessenwahrnehmung ist hingegen im vorliegenden Fall nicht (mehr) möglich. Eine unabdingbare Aufrechterhaltung des Tarifvertrages könnte die -sachwidrige- Folge sein.

Es ist jedoch zu berücksichtigen, daß der Auflösung eines Verbandes ein entsprechender Mehrheitsbeschluß der Mitglieder zugrunde liegt. Die Auflösung des Verbandes unterscheidet sich nicht substantiell vom Austritt (fast) aller Mitglieder. Ein derartiger Auflösungsbeschluß kann mithin die Tarifbindung nicht beenden. Denn nach § 3 Abs.3 TVG soll ja gerade die Beendigung des Tarifschutzes durch die Ausübung privatrechtlicher Gestaltungsmittel verhindert werden. Damit wird auch die Ausnahmevorschrift des § 3 Abs.3 TVG nicht in unzulässiger Analogie auf nicht geregelte Fälle angewandt. Die normative Wirkung des Tarifvertrages kann durch Verbandsauflösung nicht beendet werden[163].

Im übrigen verbleibt für den einzelnen, weiterhin Tarifgebundenen auch ohne den Verband die Möglichkeit der außerordentlichen Kündigung. Zudem ist es Teil der Liquidationsaufgabe im Rahmen der Auflösung des Verbandes, die laufenden Tarifverträge zu beenden. Schon daher besteht kein Grund zur Besorgnis, daß der Tarifvertrag nach Verbandsauflösung unabdingbar weitergilt. Ist der Tarifvertrag im Rahmen der Liquidation aber noch nicht aufgekündigt worden, hat der „verbleibende" Koalitionspartner freilich seinerseits Möglichkeiten zu reagieren. Denn wenn der Tarifvertrags-Partner seine Tarifkompetenz verliert, so entfällt ein Umstand, den die Vertragsparteien bei Vertragsschluß im Zweifel stillschweigend als fortbestehend vorausgesetzt haben. Es kann auch regelmäßig davon ausgegangen werden, daß dieser Umstand für die fortbestehende Tarifvertrags-Partei derart wichtig war, daß sie in Kenntnis des Wegfalls den Tarifvertrag zumindest nicht mit der in Aussicht genommenen Laufzeit geschlossen hätte. Die Gegenseite hätte sich auch redlicherweise darauf einlassen müssen. Damit lägen an sich die Voraussetzungen für eine WGG vor, die beim Tarifvertrag aber durch die außerordentliche Kündigung verdrängt wird.

163 Hagemeier, a.a.O. § 3 Rz. 31 ff.; i.E. so auch Oetker in Wiedemann, a.a.O. § 2 Rz. 35; a.A. Löwisch/Rieble, a.a.O. § 2 Rz. 107; BAG AP Nr. 4 zu § 3 TVG

Es bedarf einer Prüfung im Einzelfall, ob die Auflösung einen wichtigen Grund für eine außerordentliche Kündigung darstellt[164].

Der Austritt des Mitglieds aus dem Verband beeinflußt nicht dessen Verbandsmacht. Denn § 3 Abs.3 TVG bestimmt, daß die Tarifgebundenheit bestehen bleibt, bis der Tarifvertrag endet; die im Tarifvertrag begründeten normativen Rechte und Pflichten wirken unmittelbar und zwingend bis zur Beendigung des Tarifvertrages fort. Die Verbandsmacht wird auch nicht dadurch in Frage gestellt, daß die Mitglieder aus dem Zuständigkeitsbereich herauswachsen -beispielsweise durch Änderung des Unternehmenszwecks- und gleichzeitig aus dem Verband austreten. Zwar gilt der Tarifvertrag in diesem Fall nicht etwa nach § 3 Abs.3 TVG weiter. Denn Voraussetzung dafür wäre, daß das ausgetretene Mitglied auch weiterhin in den fachlichen Geltungsbereich des Tarifvertrages fällt. Hier fehlt es aber an einer tariflichen Zuständigkeit, so daß der Tarifvertrag keine Wirkung mehr entfaltet. Dann kann er auch nicht nach § 3 Abs.3 TVG fortwirken[165]. Es kann auch nicht dadurch etwas anderes gelten, daß das Mitglied zusätzlich aus dem Verband austritt. Denn für die Frage der Anwendung des § 3 Abs.3 TVG macht es keinen Unterschied, ob ein aus dem Zuständigkeitsbereich eines Tarifvertrages herausgewachsenes Mitglied im dadurch unzuständig gewordenen Verband verbleibt oder nicht. In beiden Fällen tritt die Wirkung des § 3 Abs. 3 TVG nicht ein[166].

Gleichwohl erfordert es aber der Schutz der tarifgebundenen Arbeitsverhältnisse, daß der Tarifvertrag in entsprechender Anwendung des § 4 Abs.5 TVG für die Arbeitsverhältnisse weitergilt, wenn das Mitglied aus dem Zuständigkeitsbereich des Tarifvertrages herausgewachsen ist (und evtll. gleichzeitig aus dem Verband austritt). Denn nach Sinn und Zweck von § 4 Abs.5 TVG sollen die Tarifregelungen nach Ablauf des Tarifvertrages im tariflosen Zustand weitergelten, um so zu vermeiden, daß die Arbeitsverhältnisse 'inhaltsleer' werden.

Eine vergleichbare Interessenlage besteht in den Fällen, in denen die Tarifbindung entfallen ist. Denn hier fällt durch die Tarifunzuständigkeit eine Voraussetzung der Tarifwirkung weg, wodurch die Arbeitsverhältnisse im tariflosen

---

164 Gamillscheg, a.a.O.S. 788; Hueck/Nipperdey, a.a.O.S. 472, 475; Schaub, a.a.O.S. 1671; Wank in Wiedemann, a.a.O. § 4 Rz. 75; Wiedemann Anm. Zu BAG AP Nr. 4 zu § 3 TVG a.A. Hagemeier, a.a.O. § 2 Rz. 96, der gleichwohl die ordentliche Kündigung zuläßt

165 BAG NZA 1998, 484, 486 u. 488, 489; Hromadka/ Maschmann/Wallner, a.a.O.Rz. 232

166 BAG NZA 1998, 484, 486; Hromadka/Maschmann/Wallner, a.a.O. Rz. 234; Oetker in Wiedemann, a.a.O. § 2 Rz. 80

Zustand ebenfalls 'inhaltsleer' zu werden drohen[167]. Bei Tarifgebundenheit der Arbeitsverhältnisse im Zeitpunkt des Vorliegens der Voraussetzungen der Tarifwirkung ist mithin den Arbeitsverhältnissen der Schutz des § 4 Abs. 5 TVG zu gewähren. § 4 Abs.5 TVG findet analoge Anwendung[168].

Soweit für ein Mitgliedsunternehmen die Tarifzuständigkeit während der Laufzeit eines Tarifvertrages entfällt, hat dies keine Auswirkungen auf den Verband im Verhältnis zu seinem Koalitionspartner. Denn der laufende Tarifvertrag entfaltet in jedem Fall noch Wirkung für diese Mitglieder. Der Verband hat weiterhin das Mandat der Interessenwahrnehmung und verliert nicht seine 'soziale Mächtigkeit'. Eine außerordentliche Kündigung kommt insoweit nicht in Betracht.

Die Tarifzuständigkeit beschreibt die Befugnis, einen Tarifvertrag mit einem bestimmten betrieblichen, fachlichen, räumlichen und persönlichen Geltungsbereich abzuschließen. Der Wegfall der Tarifzuständigkeit einer Koalition könnte ein die außerordentliche Kündigung rechtfertigender Grund sein. Grundsätzlich legt jede Koalition ihren Zuständigkeitsbereich souverän fest, indem sie ihren Organisationsbereich in der Satzung bestimmt. Dies ist Teil der den Koalitionen in Art. 9 Abs.3 GG zugesicherten Tarifautonomie[169]. Satzungen können grundsätzlich geändert werden; dabei kann die Tarifzuständigkeit sowohl nachträglich erweitert wie auch eingeschränkt oder aufgegeben werden. Es ist bereits im Zusammenhang mit dem Verlust der Tariffähigkeit dargestellt worden, daß der Verlust auch nur einer Voraussetzung zum Abschluß eines Tarifvertrages für den Tarifpartner den Verlust seiner Koalitionstauglichkeit bedeutet. Ein tarifvertragliches Schuldverhältnis besteht dann nicht mehr. Die tariflichen Normen gelten gleichwohl weiter nach § 3 Abs.3 TVG. Denn für deren Wirksamkeit ist erforderlich und ausreichend, daß zum Zeitpunkt ihres Erlasses alle Voraussetzungen vorlagen.

Auch hier kann das Fortbestehen der Tarifvertrags-Partei während der in Aussicht genommenen Laufzeit des Tarifvertrags vorausgesetzt worden sein, so daß an sich ein Fall der WGG vorliegen würde[170]. Diese wird beim Tarifvertrag verdrängt durch die Möglichkeit zur außerordentlichen Kündigung.

---

[167] BAG NZA 1998, 484, 487 und 488, 490 f.; Gaul NZA 1998, 9, 16; Hromadka/Maschmann/Wallner, a.a.O. Rz. 258 ff. m.w.N.; Richardi, a.a.O. S.220

[168] Oetker in Wiedemann, a.a.O. § 2 Rz. 80 und § 3 Rz. 13; Wank in Wiedemann, a.a.O. § 4 Rz. 85

[169] Gamillscheg, a.a.O.S. 531m.w.N., S. 534

[170] Schaub, a.a.O.S. 1671; nur für das Recht zur ordentlichen Kündigung: Hagemeier, a.a.O. § 2 Rz. 116 f.; § 4 Rz. 43

Auch beim Firmentarifvertrag ist ein nachträglicher Wegfall der Tarifzuständigkeit (der Gewerkschaft) möglich, wenn das Unternehmen seine Produktion ändert und dadurch ein verändertes Gesamtgepräge erhält. Grundsätzlich liegen die Voraussetzungen einer WGG vor (s.o.), so daß die Möglichkeit zur außerordentlichen Kündigung im Einzelfall bestehen kann, wenn die bisherigen Regelungen sachlich undurchführbar oder nicht mehr angemessen sind[171]. Soweit ein Mitglied aus dem Zuständigkeitsbereich herausgewachsen ist oder aus dem Verband austritt, wird davon die Tarifzuständigkeit der Koalition grundsätzlich nicht berührt. Damit ergibt sich auch grundsätzlich keine Änderung der Umstände im Verhältnis der Koalitionspartner zueinander, die eine Unzumutbarkeit der Vertragsfortsetzung nach sich ziehen könnte.

Änderung der rechtlichen Verhältnisse

Rechtsänderungen können für den Tarifvertrag dann relevant werden, wenn sich ein ausdrücklich in Bezug genommenes Regelwerk unvorhersehbar verändert hat. Dieses Regelwerk kann jedes Gesetz im materiellen Sinne sein. Hauptanwendungsfälle sind die der Verweisung auf einen anderen Tarifvertrag. Dieser kann von denselben Tarifpartnern stammen, aber auch von anderen geschlossen worden sein. Der Tarifvertrag kann aber auch auf ein formelles Gesetz wie z.B. das Entgeltfortzahlungsgesetz verweisen. Zu unterscheiden sind zwei Formen der Verweisung: Zum einen die sog. "statische Verweisung", bei der auf das Gesetz in seiner konkreten Fassung im Zeitpunkt des Tarifvertrags-Abschlusses verwiesen wird, zum anderen die sog. "dynamische Verweisung", in der auf das Gesetz in seiner jeweils gültigen Fassung verwiesen wird.

Ändert sich das in Bezug genommene Regelwerk, so ist durch Auslegung zu ermitteln, ob es sich um eine statische oder eine dynamische Verweisung handelt. Bei der statischen Verweisung erstreckt sich der Parteiwille einer Inbezugnahme nur auf das konkrete Regelwerk. Ein nunmehr geändertes Regelwerk ist vom Parteiwillen nicht mehr gedeckt. Der Tarifvertrag nimmt unverändert auf die ansonsten nicht mehr gültige Fassung Bezug. Der Tarifvertrag ändert sich nicht. Sollte die in Bezug genommene „alte" Fassung ausnahmsweise verfassungswidrig sein, so enthält der Tarifvertrag insoweit nun eine

[171] Wiedemann/Stumpf, a.a.O. § 2 Rz. 46;
wiederum nur die ordentliche Kündigung zulassend: Hagemeier, a.a.O. § 2 Rz. 114, 118 und jetzt auch Wank in Wiedemann, a.a.O. § 4 Rz. 85

unvorhergesehene Regelungslücke. Führen Nachverhandlungen zu keinem Ergebnis, so hat die durch die Regelungslücke unzumutbar belastete Partei gegebenenfalls die Möglichkeit zur außerordentlichen Kündigung.

Bei der dynamischen Verweisung haben die Tarifvertrags-Partner eine Änderung des in Bezug genommenen Regelwerks grundsätzlich in Kauf genommen. Daß sich dieses Regelwerk ändern wird, war für die Parteien vorhersehbar und ist vom Parteiwillen auch gedeckt. Nur soweit die Änderung völlig unvorhersehbar und ungewöhnlich ist, ist sie vom Parteiwillen nicht mehr gedeckt[172]. Dann kann durch die Änderung das Gesamtgefüge des Tarifvertrages gestört sein[173], so daß das Festhalten an der Verweisungsnorm oder dem Tarifvertrag für eine Partei unzumutbar geworden ist[174]. Soweit das Abwarten der ordentlichen Kündigungsfrist nicht zumutbar ist, kommt dann die außerordentliche Kündigung in Betracht.

Eine Rechtsänderung kann für den Tarifvertrag auch dann relevant werden, wenn ein Gesetz, dessen Inhalt konkludent Grundlage für tarifliche Regelungen war, ersatzlos wegfällt. Auch in diesem Fall kommt eine außerordentliche Kündigung grundsätzlich in Betracht.

Wenn der Gesetzgeber den tariflichen Regelungsspielraum verengt, können tarifliche Regelungen wegen Verstoßes gegen höherrangiges Recht unwirksam werden. In diesem Fall entsteht zwar nicht zwingend eine Regelungslücke beziehungsweise die gesetzliche Regelung füllt diese aus. Es kann aber durch den Wegfall der tariflichen Regelung das Gesamtgefüge des ausgehandelten Tarifvertrages gestört sein. Diese Störung ist nicht abhängig davon, ob der restliche Teil des Tarifvertrages noch in sich selbständig und sinnvoll bleibt oder nicht. Soweit der verbleibende Schrumpf-Tarifvertrag eine Tarifpartei aber derart einseitig benachteiligt, daß ein Festhalten am Tarifvertrag unzumutbar ist, besteht die Möglichkeit zur außerordentlichen Kündigung.

Der Gesetzgeber kann den tariflichen Regelungsspielraum auch erweitert haben. Dann entsteht eine Regelungslücke dergestalt, daß ein nunmehr tariflich regelbarer Bereich nicht geregelt ist. Dabei kann die Regelungslücke sich auf einen auch nach dem ursprünglichen Parteiwillen abgrenzbaren Bereich beziehen, der die übrigen, bereits geregelten Bereiche nicht verändernd beeinflußt. Die Regelungslücke kann aber auch Ausstrahlungswirkung auf die schon ge-

---

[172] BVerfG AP Nr. 28 zu Art. 2 GG, II 1 b

[173] Gamillscheg, a.a.O.S. 772; Löwisch NZA 1985, 317

[174] Löwisch in MüHdbuch, a.a.O. § 249 Rz. 33; Löwisch NZA 1985, 317 und Löwisch/Rieble, a.a.O. § 4 Rz. 367; BAG AP Nr. 8 zu § 1 TVG Form

regelten Bereiche haben und dadurch den Tarifvertrag in seinem Gesamtgefüge verändern. Soweit eine Tarifvertrags-Partei der Auffassung ist, daß die Regelungslücke durch 'nachzuschiebende' Vereinbarungen gefüllt werden soll, kann sie von der Gegenseite verlangen, in Verhandlungen einzutreten[175]. Der Verhandlungsanspruch ergibt sich aus der tariflichen Dauerrechtsbeziehung der Koalitionspartner. Verweigert die Gegenseite grundlos, in Verhandlungen einzutreten oder verschleppt sie diese, so kann bereits hierin ein 'wichtiger Grund' liegen (s.o.). Verlaufen die Verhandlungen ergebnislos, so ist im Einzelfall zu prüfen, ob die Regelungslücke für eine Tarifvertrags-Partei derart gravierend ist, daß für sie ein Festhalten am Tarifvertrag unzumutbar ist. Dann liegt ein die außerordentliche Kündigung rechtfertigender Grund vor.

[175] BAG AP Nr. 113 zu Art. 9 GG Arbeitskampf, II 2

VII. Drohende Existenzvernichtung des Unternehmens wegen Änderung der wirtschaftlichen Verhältnisse als wichtiger Grund für eine außerordentliche Kündigung

Von für die Praxis besonderer Bedeutung ist die Frage, ob ein wichtiger Grund vorliegt, wenn sich die wirtschaftlichen Verhältnisse derart verändert haben, daß ein Festhalten am Tarifvertrag zur Existenzvernichtung des Unternehmens und damit auch zum Verlust von Arbeitsplätzen führen würde.

1. Rechtliche Auswirkungen auf den Tarifvertrag durch drohende Existenzvernichtung wegen Änderung der wirtschaftlichen Verhältnisse

Ändern sich die für ein tarifgebundenes Unternehmen maßgeblichen wirtschaftlichen Verhältnisse in einer Weise, daß bei Fortgeltung bestimmter tariflicher Regelungen die Existenz des Unternehmens bedroht ist, so könnte hierin eine Verletzung von Grundrechten des Unternehmers liegen. Die entsprechenden tariflichen Regelungen könnten mithin von der Autonomie der Tarifvertrags-Parteien nicht mehr gedeckt sein. Die drohende Existenzvernichtung wegen Änderung äußerer Umstände hätte somit unmittelbare Rechtsfolgen für die tariflichen Regelungen. Diesen Fragestellungen ist im folgenden nachzugehen (1.1. - 1.3.), ehe dann auf die sich daraus ergebenden Voraussetzungen der außerordentlichen Kündigung eingegangen wird.

1.1. Grundrechtsschutz des Mitgliedsunternehmens

Die Unternehmens- und Vertragsfreiheit sind vom Grundgesetz geschützt (Art. 12 Abs.1, 14 Abs.1, Art. 2 Abs.1 GG).

Der Tarifvertrag und seine Bindungswirkung für das Mitgliedsunternehmen des Arbeitgeberverbandes schränken diese Freiheiten ein. So ist das Unternehmen bzw. der Arbeitgeber gehindert, mit den Arbeitnehmern Vereinbarungen zu treffen, die zum Nachteil der Arbeitnehmer vom Tarifvertrag abweichen. Soweit diese Einschränkung der Privatautonomie eine Grundrechtsverletzung darstellt, würde der Unternehmer jedenfalls dann geschützt, wenn diese vom Staat ausginge. Denn Hauptzweck der Grundrechte ist, den Grundrechts-Träger vor der Übermacht des Staates zu schützen. Hier jedoch ist es der Arbeitgeber-Verband, der durch den Abschluß des Tarifvertrages mit dem Tarifvertrags-Partner die genannten Freiheiten seiner Mitglieder einschränkt.

Auch in diesem Fall könnte ein Grundrechtsschutz über die sogenannte Drittwirkung der Grundrechte in Betracht kommen. Es ist in Rechtsprechung und Lehre allgemein anerkannt, daß Grundrechte, die ihrer Natur nach nicht nur allein gegen den Staat gerichtet sind, auch in der Privatrechtsordnung Wirkung entfalten. Hierbei ist streitig, ob diese Drittwirkung unmittelbar[176] -etwa über Art. 1 Abs.3 GG bzw. § 1 Abs.1 TVG und die Einbindung des Tarifvertrages in die Normenhierarchie[177]- oder im Wege analoger Anwendung oder gar nur mittelbar über die Generalklauseln aus dem Zivil- und Arbeitsrecht wie Treu und Glauben, Sittenwidrigkeit, Fürsorgepflicht usw. eintritt (so BAG, BGH, BVerfG und die h.L. heute[178]).

Die Grundrechte sind zwar primär als Abwehr- bzw. Schutzrechte im Verhältnis Bürger-Staat konzipiert und würden so zumindest nicht unmittelbar im Verhältnis der Privatrechtsparteien zueinander gleichermaßen Anwendung finden[179]. Funktion der Grundrechte ist es aber, den einzelnen vor der „Übermacht“ des Staates zu schützen.

Ein entsprechendes Schutzbedürfnis ist daher im Vertragsrecht dann gegeben, wenn eine vergleichbare strukturelle Ungleichheit in der Verhandlungsstärke der Vertragspartner vorliegt (“soziale Macht“)[180]. Zwar ist die Existenz von Ungleichgewichten von Privatrechtssubjekten auch dem Privatrechtssystem systemimmanent und nicht von vornherein unzulässig. Nur ganz offensichtli-

176 „weil eine Reihe bedeutender Grundrechte nicht nur Freiheitsrechte gegenüber der Staatsgewalt garantieren, vielmehr Ordnungssätze für das soziale Leben sind, die in einem aus dem Grundrecht näher zu entwickelnden Umfang unmittelbare Bedeutung auch für den privaten Rechtsverkehr der Bürger untereinander haben“ BAG NJW 1957, 1688 f.; im Ergebnis so auch BAG AP Nr. 4 zu § 62 BAT; AP Nr. 36 zu § 620 Befristeter Arbeitsvertrag: Sicherung von Existenzgrenzen; ebenso Gamillscheg, a.a.O.S. 670

177 Löwisch RdA 2000, 314; Säcker/Oetker, a.a.O.S.243

178 z.B.BAG NZA 2002, 917; Gamillscheg, a.a.O.S. 313 ff. m.w.N.

179 Canaris AcP 184, 227 f.

180 anerkennend BVerfGE 81, 242, 255; BGHZ 105, 306, 319; Belling/Hartmann NZA 1998, 57, 59; Blomeyer ZfA 1980, 1, 22; Däubler, Das Grundrecht auf Mitbestimmung, a.a.O.S. 227 ff.:allerdings nur zug. der Arbeitnehmer; Gamillscheg AcP 164, 385, 407 f.; Hager JZ 1994, 373, 383; Hueck/Nipperdey, a.a.O.S.374; auch Kirchhof, a.a.O. S. 524; Konzen in FS Müller, a.a.O.S. 245, 249; Löwisch ZfA 1996, 293, 300 f.; Medicus AcP 192, 35, 62; i.E.auch Singer JZ 1995, 1133, 1138 f.; Anton Wiedemann, a.a.O.S. 181 f.

che strukturelle Ungleichheiten[181] dürfen daher zu staatlichem Schutz für ein Minimum an grundrechtlich gesicherten Grundpositionen aufrufen[182].

Im Verhältnis der Koalition zu ihren Mitgliedern wird eine Drittwirkung von Grundrechten angenommen, wenn die Koalition ihren Mitgliedern als 'soziale Macht' gegenübersteht. Denn dann ist eine dem Verhältnis Staat-Bürger vergleichbare strukturelle Ungleichheit gegeben.

Dieses Schutzbedürfnis wird auch nicht dadurch entkräftet, daß der Verband im Binnenbereich den Grundsätzen demokratischer Struktur und Willensbildung unterliegt. Denn bei den zu treffenden Mehrheitsentscheidungen werden in der Praxis Sonderinteressen von Minderheiten zwangsläufig unterbewertet. Die Koalitionen üben keine Individual- sondern eine Kollektivvertretung aus.

Es kann auch nicht von einer „Zwangsrepräsentation“ der Minderheit durch die Mehrheit ausgegangen werden, die einen Eingriff in grundrechtlich geschützte Positionen des einzelnen per se rechtfertigen würde[183]. Mit dieser Argumentation könnte man auch alle Minderheitenrechte in einem demokratischen Rechtsstaat ablehnen; diese Position wird für das Staatswesen von niemandem ernsthaft vertreten. Etwas anderes ergibt sich auch nicht daraus, daß der Verband eine Vielzahl an Mitgliedern hat, deren Interessen er zu wahren hat. Denn zum einen sind Gegenstände tarifvertraglicher Regelungen in quantitativer Hinsicht theoretisch nur die jeweiligen Mindestpositionen aus Sicht des Verbandes. Zum anderen hat der Verband im Rahmen der allgemeinen Interessenwahrnehmung gerade die „Grundbedürfnisse“ der schwächeren Mitglieder besonders zu berücksichtigen.

Eine Einschränkung der Vertretungsmacht oder eine Beschränkung im Innenverhältnis ist ebensowenig möglich wie die Bestimmung des Vertreters im Verband und die Wahl des Verbandes selbst. Trotz Verbandsaustritt dauert die Tarifgebundenheit nach § 3 Abs.3 TVG fort. Zu dieser strukturellen Ungleichheit kommt hinzu, daß die Tarifvertrags-Parteien kraft ihrer Autonomie in der Lage sind, Regelungen zu vereinbaren, die Gesetzeswirkung haben. Diese über die privatrechtliche Rechtsbeziehung von Verband und Verbandsmitglied hinausreichende 'Macht' rückt die Tarifvertrags-Partner auch insoweit in die Nähe

---

181 bzw. entsprechende Fehlentwicklungen

182 Dieterich in FS Schaub, a.a.O.S.125; Gamillscheg, Die Grundrechte, a.a.O.S. 105; Robbers JuS 1985, 925, 929; Söllner NZA 1996, 897, 901, 905; Anton Wiedemann, a.a.O.S. 174 f.; i.E. so auch Konzen ZfA 1980, 112

183 Löwisch ZfA 1996, 293, 301

staatlicher Macht, so daß auch eine unmittelbare Grundrechte-Wirkung gerechtfertigt erscheint.

Einer grundsätzlichen Wirkung der Grundrechte im Verhältnis Verband-Mitglied steht auch nicht entgegen, daß das einzelne Mitglied dem Verband immerhin freiwillig beigetreten ist. Eine vollständige Begebung der grundrechtlich geschützten Positionen durch den Verbandsbeitritt ist nicht möglich. Das einzelne Mitglied hat zwar durch den freiwilligen Beitritt zum Verband diesen damit beauftragt, seine Interessen im Zusammenhang mit Tarifvertrags-Abschlüssen sachgerecht und verhandlungskompetent wahrzunehmen. Das Mitglied unterwirft sich damit freiwillig bestehenden und künftigen Tarifvertrags-Vereinbarungen[184].

Denn grundsätzlich wirkt ein von einem beauftragten Vertreter im Rahmen seiner Verhandlungsmacht abgeschlossener Vertrag wie ein von dem Vollmacht- und Auftraggeber selbst abgeschlossener Vertrag. Grund für die Wirkung des Tarifvertrages ist also nach wie vor und unabhängig von der gesetzlich bestimmten normativen Wirkungsweise die privatautonome Legitimation. Mit Beitritt zum Verband hat sich das Mitglied auch zumindest teilweise wirksam seiner verfassungsrechtlich gesicherten (Grund-) Rechte von Eigentums- und Berufs(ausübungs)freiheit begeben. Dies liegt in der Natur der Sache, da Tarifverträge bestimmungsgemäß Regelungen enthalten, mit denen Einschränkungen der oben genannten Schutzbereiche zwangsläufig verbunden und auch bewußt in Kauf genommen werden (vgl. den Funktionszusammenhang von Art. 9 Abs. 3 GG mit Art. 12 Abs. 1 GG[185]).

Unstreitig ist auch, daß im Wege privatautonomer Gestaltung der jeweilige Grundrechtsträger über seine Rechte in weitergehendem Maße verfügen kann, als dies dem staatlichen Gesetzgeber mittels eines entsprechenden hoheitlichen Eingriffs möglich wäre.

Zu bedenken ist aber zum einen, daß durch tarifliche Regelungen, deren Befolgen zur Vernichtung der Unternehmensexistenz führen würde, der zugrundeliegende Auftrag im Innenverhältnis verletzt wird[186]. Ein genereller Verzicht des Mitglieds auch auf die Existenz des Unternehmens als Substrat der kon-

184 Insoweit ist auch die besondere „Richtigkeitsgewähr“ von Tarifverträgen zu beachten, vgl. z.B. Canaris, AcP 184 (1984), 200, 244 f.

185 Singer ZfA 1995, 611, 633, 635 f.; Anton Wiedemann, a.a.O.S. 150, 153

186 Blomeyer ZfA 1980, 1, 15; die Unzumutbarkeit solcher Regelungen stellen fest: Zöllner, a.a.O.S. 50; Gitter AuR 1970, 129, 132

kreten Eigentums- und Berufs(ausübungs)freiheit kann grundsätzlich nicht unterstellt werden[187].

Zum anderen wäre ein völliges Begeben von grundrechtlich geschützten Rechtspositionen -etwa nach dem Grundsatz 'volenti non fit iniuria'- durch den Beitritt zum Verband ohnehin unzulässig. Denn im Hinblick auf die grundrechtlichen Mindestpositionen[188] des Mitglieds besteht eine staatliche Schutzpflicht für das Mitglied im Verhältnis zum Verband i.S. eines unverzichtbaren Kernes[189]. Tarifvertragliche Regelungen, mit deren Erfüllen das Mitglied seine grundrechtlich geschützte Mindestposition verlieren würde, sind daher unzulässig. Dabei kann nicht entscheidend sein, ob die betreffende Tarifregelung für alle tarifunterworfenen Arbeitgeber schlechthin zur Existenzbedrohung führt[190]. Das Gebot der Achtung der individuellen grundrechtlichen Grenzen hängt gerade nicht daran, daß auch andere in ihren Grundrechten verletzt werden[191]. Der privatrechtliche Grundsatz 'volenti non fit iniuria' wird insoweit verdrängt.

Danach steht als Zwischenergebnis fest, daß für das Mitgliedsunternehmen gegenüber dem Verband ein (Minimal-) Grundrechtsschutz besteht.

1.2. Grenzen der Tarifautonomie

Bedeutet das Befolgen tariflicher Regelungen für das Mitglied eines Arbeitgeber-Verbandes infolge der Änderung der wirtschaftlichen Verhältnisse dessen Existenzbedrohung, so ist zu klären, ob eine solche tarifliche Regelung noch von Sinn und Zweck der in Art. 9 Abs.3 GG garantierten Tarifautonomie der Tarifpartner gedeckt ist.

---

187 Mecke BB 1988, 2258, 2264; Däubler, Das Grundrecht auf Mitbestimmung, a.a.O.S. 218; Säcker, Repräsentation von Großvereinen, a.a.O.S. 22 ff. zieht bereits eine immanente Grenze für die Privatautonomie des Verbandsmitglieds im Falle völliger Entrechtung.

188 Daß bei einer inhaltlichen Überprüfung tariflicher Regelungen immer die Regelungsprärogative der Koalitionspartner zu beachten ist (Söllner NZA 1996, 897, 902; BAG AP Nr. 8 zu § 1 TVG Form, Bl. 1104 R.), dürfte in den vorliegenden Fällen unproblematisch sein.

189 Im Ergebnis letztlich übereinstimmend Heinze NZA 1991, 329, 331, nach dem der einzelne seine individuelle Privatautonomie dann zurückgewinnt, wenn die 'kollektive Privatautonomie' ihre verfassungsrechtlichen Grenzen überschritten hat.

190 so Blomeyer ZfA 1980, 1, 17

191 ebenso Schwerdtner ZfA 1977, 47, 67

Anschließend ist der Schutzbereich der Tarifautonomie aus Art. 9 Abs.3 GG abzugrenzen gegen die Schutzbereiche der Grundrechte in Art. 12 Abs.1 und Art. 14 Abs.1 GG[192]. Die Bestimmung und Abgrenzung der Schutzbereiche bietet sich vorliegend zur Inhaltbestimmung eher an als eine Abwägung der Grundrechte miteinander oder das Verfahren zur Herstellung praktischer Konkordanz[193].

Dabei gelten die Ausführungen zu den Grenzen der Tarifautonomie nach Art. 9 Abs.3 GG auch, soweit die Existenzbedrohung einer juristischen Person durch tarifliche Regelungen zu beurteilen ist. Denn Art. 19 Abs.3 GG bestimmt, daß die Grundrechte grundsätzlich für inländische juristische Personen gelten, soweit diese ihrem Wesen nach auf sie anwendbar sind. Die festzustellenden Grenzen der Tarifautonomie können aber nicht vom Einzelfall und dessen Grundrechtsfähigkeit abhängen. Denn die Frage, ob tarifliche Regelungen noch von der Tarifautonomie gedeckt sind, kann für einen tarifgebundenen Grundrechtsträger nicht anders als für einen tarifgebundenen Nicht-Grundrechtsträger (mangels Voraussetzungen für die Unternehmerautonomie nach Art. 12 Abs.1, Art. 14 Abs.1 GG) beantwortet werden.

Zu prüfen ist, ob tarifliche Regelungen, deren Befolgen die Existenzbedrohung des Unternehmens bedeutet, von Sinn und Zweck des Art. 9 Abs.3 GG noch gedeckt sind.

Der Schutzbereich von Art. 9 Abs.3 GG umfaßt tarifliche Regelungen, die dem Zweck der Wahrung und Förderung der Arbeits- und Wirtschaftsbedingungen dienen. Der ursprüngliche Sinn von Kollektivvereinbarungen, nach Zusammenschluß einzelner zu einer Koalition aus einer gestärkten Position heraus die Bedingungen des Arbeitsverhältnisses (einheitlich) regeln zu können, besteht auch heute unverändert fort. Die Koalitionspartner trachten ungebrochen danach, auf der Grundlage des Axioms 'Bestehendes Arbeitsverhältnis' zwischen den Mitgliedern der Koalitionspartner Vereinbarungen zum jeweiligen größtmöglichen Vorteil zu treffen. Ist Sinn und Zweck der geschützten Tarifautonomie aber die Stärkung der Rechtsposition für die jeweiligen tarifgebundenen Vertragspartner, so sind jedenfalls solche Regelungen von der Tarifautonomie nicht gedeckt, die den Arbeitsvertragsparteien ihre Ausgangslage, die

---

[192] zu letzteren in ihrer Abgrenzung gegeneinander: Schwerdtner ZfA 1977, 47, 64; vgl. insoweit auch BVerfG NJW 1996, 2273, 2274

[193] so aber: Kirchhof, a.a.O. S. 528; Löwisch BB 1991, 59 f.; Zachert AuR 1985, 336, 339; Heilmann AuR 1996, 121 f; Anton Wiedemann, a.a.O.S. 170 f.; Weyand AuR 1991, 65, 73; Misera, a.a.O. S. 81 f.

Grundlage 'Arbeitsverhältnis' entziehen[194]. Die drohende Existenzvernichtung des Unternehmens stellt weder gesamtwirtschaftlich noch für den betroffenen Unternehmer, der Verlust der Existenzgrundlage des Arbeitsverhältnisses weder gesamtwirtschaftlich noch für den Arbeitnehmer eine Verbesserung oder Förderung der Arbeits- und Wirtschaftsbedingungen dar.

Die intendierte tarifliche Schutzwirkung ist insoweit funktionslos geworden[195]. Damit werden Tarifvereinbarungen dem Leitgedanken der 'Wahrung und Förderung der Arbeits- und Wirtschaftsbedingungen' jedenfalls dann nicht (mehr) gerecht, wenn deren Befolgen die drohende Existenzvernichtung des Unternehmens bedeuten würde.

Damit ergibt sich bereits aus Sinn und Zweck der von Art. 9 Abs.3 GG geschützten Tarifautonomie, daß solche tariflichen Regelungen nicht von der Tarifautonomie gedeckt sind.

Tarifliche Regelungen, die die Existenzvernichtung eines Unternehmens nach sich ziehen, könnten zusätzlich einen unzulässigen Eingriff in die verfassungsrechtlich geschützte Unternehmensautonomie darstellen.

Bei der inhaltlichen Prüfung der tariflichen Regelungen ist -im Rahmen der Bestimmung von Sinn und Zweck einer Regelung- die Regelungsprärogative der Koalitionspartner zu achten. Eine Überprüfung auf Zweckmäßigkeit und Billigkeit der getroffenen Vereinbarungen wäre eine unzulässige Tarifzensur[196]. Zulässig ist jedoch eine Überprüfung der Regelungen, wenn es sich um einen Fall möglicher Überschreitung des Schutzbereichs von Art. 9 Abs.3 GG handelt[197].

Tarifautonomie und Unternehmensautonomie sollen inhaltlich grundsätzlich so ausgefüllt werden, daß beide bestmöglich wirksam werden[198]. Die Grenze

---

[194] ebenso Adomeit NJW 1984, 595 f.; Belling/Hartmann NZA 1998, 57, 60, 62 f.; betr. den Arbeitskampf: Seiter, Arbeitskampfparität und Übermaßverbot, a.a.O.97-102; die verfassungsrechtlichen Grenzen insoweit schlicht verkennend Wank in FS Schaub, a.a.O.S. 761, 771

[195] Löwisch ZfA 1996, 293, 313

[196] BAG BB 1989, 986, 988; BAG AP Nr. 8 zu § 1 TVG Form, Bl. 1104, R.; Blomeyer DB 1977, 101, 107; Buchner NZA 1993, 289, 295; Herschel AuR 1970, 193, 196; v.Hoyningen-Huene, a.a.O. S.168 f.; Gitter/Boerner, RdA 1990, 129, 132; Henssler ZfA 1994, 487, 491; Reuß AuR 1970, 33; Singer ZfA 1995, 611, 629; Söllner NZA 1996, 897, 902; Anton Wiedemann, a.a.O.S. 159 ff., 163

[197] ebenso Belling/Hartmann NZA 1988, 57, 61f.

[198] BAG AP Nr. 56 zu Art. 9 GG, Bl. 5; Beuthien ZfA 1984, 1, 11 f.

der Ausübung der einen verläuft dabei jedenfalls dort, wo die andere (Autonomie) sonst leerlaufen würde. Denn auch die Tarifvertrags-Partner sind -wie vorstehend dargelegt- allgemein an die grundrechtlich geschützten Minimalpositionen gebunden. Dies gilt in besonderer Weise für diejenigen nach Art. 12 Abs.1 und 14 Abs.1 GG. Denn bestimmungsgemäße Ausübung der Tarifautonomie ist es, Arbeits- und Wirtschaftsbedingungen festzulegen. Hierbei werden zwangsläufig gerade die Schutzbereiche von Art. 12 Abs.1 und 14 Abs.1 GG berührt. Die Legitimation zur Einschränkung der Schutzbereiche von Art. 12 Abs.1 und 14 Abs.1 GG ist über Art. 9 Abs.3 GG bereits unmittelbar der Verfassung selbst zu entnehmen[199]. Insoweit stehen Art. 9 Abs.3 und zumindest Art. 12 Abs.1 GG in einem Funktionszusammenhang.

Der Schutzbereich der Unternehmensautonomie ist nicht etwa aufgrund des Gesetzesvorbehalts in Art. 12 Abs.1 S.2 und Art. 14 Abs.1 S.2 GG gegenüber der in Art. 9 Abs.3 GG geschützten Tarifautonomie nachrangig. Denn der Tarifvertrag ist ohnehin nicht Gesetz i.S. des Gesetzesvorbehalts[200].

Art. 9 Abs.3 GG deckt nur solche tarifliche Regelungen, die sich innerhalb des Schutzbereiches der Norm befinden[201]. Regelungen, die mit Sinn und Zweck der Norm, also der sachgerechten Festlegung der Arbeits- und Wirtschaftsbedingungen nicht vereinbar sind, sind auch nicht von der Tarifautonomie nach Art. 9 Abs.3 GG gedeckt[202].

Unter Wirtschaftsbedingungen i.S.v. Art. 9 Abs.3 GG versteht man die betrieblichen Wirtschaftsbedingungen, die sich für den Unternehmer als Arbeitgeber aus der tariflichen Regelung der Arbeitsbedingungen ergeben[203]. Aufgabe und gleichzeitig Grenze für die Tarifautonomie ist es, die Arbeitsbedingungen der Arbeitnehmer festzulegen[204]. Danach gehört jedenfalls zum Wesensgehalt der Tarifautonomie, die Lohn- und Gehaltsbedingungen sowie diejenigen Sozialleistungen, denen keine abgrenzbare Arbeitnehmerleistung gegenübersteht, festzulegen[205]. Kehrseite dieser Arbeitsbedingungen für die Arbeit-

[199] Lerche in FS Steindorff, a.a.O.S. 897, 907 ff.

[200] Gamillscheg, a.a.O.S. 666 m.w.N.

[201] vgl. auch BAG Großer Senat in BAG AP Nr. 13 zu Art. 9 GG, wo gleichermaßen auf die Grenzen der Tarifmacht abgehoben wurde (Bl. 22 und 23); BAG AP Nr. 8 zu § 1 TVG Form, Bl. 1104 R. ff., 1106; Söllner NZA 1996, 897 f.

[202] ebenso Löwisch NJW 1997, 905, 906 und ZfA 1996, 293, 301; Gitter AuR 1970, 129, 134

[203] Wiedemann RdA 1986, 231 f. m.w.N.; Wiedemann/Stumpf, a.a.O. Einl. Rz. 167

[204] Heinze NZA 1991, 329, 331; Wiedemann in FS Riesenfeld, a.a.O.S. 301, 316

[205] Wiedemann/Stumpf, a.a.O. Einl. Rz. 163 ff

nehmer sind also die damit vorgegebenen betrieblichen Wirtschaftsbedingungen für den Arbeitgeber (vgl. „Arbeits- und Wirtschaftsbedingungen").

Eine Wechselwirkung von Unternehmens- und Tarifautonomie ergibt sich bereits aus deren Funktionszusammenhang. So beschränken tarifliche Regelungen zwangsläufig auch die Nutzung unternehmerischen Eigentums. Soweit sie sich als nur mittelbare Folge ergeben, sind sie grundsätzlich gerechtfertigt[206].

Auch unternehmerische Entscheidungen können Auswirkung auf die Rechte der Arbeitnehmer haben und damit den nach Art. 9 Abs.3 GG geschützten Bereich der Arbeits- und Wirtschaftsbedingungen berühren. Dabei ist der Regelungsbereich der Tarifautonomie regelmäßig dann nicht betroffen, wenn die unternehmerische Entscheidung eine nur mittelbare Folge -vermittelt über die Reaktion des Marktes- für die Rechte der Arbeitnehmer hat (wie Sicherheit und Bestand des Arbeitsplatzes)[207].

Tarifliche Regelungen, die die Nutzung unternehmerischen Eigentums beschränken, sind von der Tarifautonomie gedeckt, wenn sie dem Unternehmer noch einen angemessenen Spielraum[208] belassen, um sich als verantwortlicher Unternehmer wirtschaftlich frei entfalten zu können[209] (unantastbarer „Wesensgehalt" nach Art. 19 Abs.2 GG). Dieser 'Spielraum' - Bereich umfaßt die Möglichkeit zu unternehmerischen Grundlagen-Entscheidungen über Bestand, Umfang und Unternehmensziele sowie über Investition, Produktion und Vertrieb[210]. Denn aus Sicht des Unternehmens werden die Arbeitnehmer im Betrieb nur beschäftigt, um die von ihm festgelegten Unternehmensziele zu realisieren. Belassen die tariflichen Regelungen einen solchen Spielraum hingegen nicht mehr, so sind die tariflichen Regelungen auch nicht mehr von Art. 9 Abs.3 GG gedeckt. Dies gilt im besonderen Maße für tarifliche Regelungen, die letztlich sogar die wirtschaftliche Handlungsfähigkeit des Unternehmens derart einschränken, daß bei ihrem Befolgen die Existenzvernichtung droht. Denn die Umsetzung dieser Regelungen bedeutet faktisch nichts anderes als die unmittelbare tarifliche Einflußnahme auf die Unternehmenspolitik[211]. Die Funktions- und Wettbewerbsfähigkeit des Unternehmens wird hierdurch kon-

---

[206] Biedenkopf, Verhdl. des 46. DJT, Bd. I 1, S. 97, 156 ff.

[207] Wiedemann, RdA 1986, 231 f.; Beuthien, ZfA 1984, 1, 11 f.

[208] Im Einzelfall ist zu bestimmen, welches der Spielraum der unternehmerischen Autonomie ist, die sich in den durch Art. 14 Abs. 2 GG vorgegebenen Grenzen der Sozialbindung des Eigentums im Einzelfall zu bewegen hat.

[209] BVerfGE 12, 341, 347 f.

[210] Wiedemann RdA 1986, 231, 236

[211] ähnlich Wiedemann RdA 1986, 231, 238

kret gefährdet[212]. Hier nehmen tarifliche Regelungen dem Verbandsmitglied in ihrer logischen Folge die Entscheidung über das 'Ob' der konkreten unternehmerischen Tätigkeit ab und ziehen diese an sich. Denn sie sind gleichzusetzen mit einer Entscheidung über die Stellung des Unternehmens am Markt überhaupt und für Arbeitnehmer wie Arbeitgeber mit einer Entscheidung über das konkrete Beschäftigungsverhältnis.

Diese tariflichen Regelungen stellen einen unzulässigen Eingriff in den Schutzbereich von Art. 12 Abs.1 GG dar[213] sowie einen unzulässigen Eingriff[214] in den des unternehmerisch genutzten Eigentums nach Art. 14 Abs. 1 GG[215].

Es ist bereits ausgeführt worden, daß ein grundgesetzlicher Schutz für die Minimalposition eines Unternehmens auch im Hinblick auf tarifliche Regelungen besteht. Eine derartige Einschränkung der Unternehmensautonomie ist folglich unzulässig[216].

Neben dem Individualgrundrecht des Unternehmers fordert dies auch das über Art. 14 Abs.1 GG geschützte Institut des Eigentums als Voraussetzung der rechtlich geformten Sozial- und Wirtschaftsordnung[217].

Inwieweit sich das Überschreiten der Grenzen der Tarifautonomie hier zudem auch aus der Sozialbindung des Eigentums nach Art. 14 Abs.2 GG ergibt mit dem konkreten Gebot, den Fortbestand des Unternehmens mitsamt der Arbeitsplätze zu sichern -vgl. insoweit die entsprechende gesetzgeberische Wertung für die Betriebsebene in § 112 Abs.5 Nr.3 BetrVG und das Staatsziel des gesamtwirtschaftlichen Gleichgewichts nach Art. 109 Abs.2 GG-, soll hier dahingestellt bleiben.

---

[212] Belling/Hartmann NZA 1998, 57, 61, 64; im Ansatz ebenso Gitter AuR 1970, 129, 132 ff; Weyand AuR 1991, 65, 74 nennt hierfür den Fall entsprechender Kostenbelastung

[213] Richardi in Mü.Hd.buch, a.a.O.§ 10 Rz. 57 ff., 60; derselbe § 233, Rz. 43; Anton Wiedemann, a.a.O.S. 177; i.E. ebenso Löwisch NJW 1997, 905 f.; Meik, a.a.O. S. 91 ff, 96 f.; vgl. BVerfGE 81, 242, 253: Schutz der Existenzgrundlage; sehr restriktiv: Müller, a.a.O.S. 254, 256

[214] Hierbei kann es auch keinen Unterschied machen, ob dieser Eingriff unmittelbar oder zwingend mittelbar eintritt.

[215] Gamillscheg, Grundrechte, a.a.O. S. 431; Beck AuR 1981, 367, 371 f.; Scholz in FS Rittner, a.a.O. S.629, 647; Wiedemann in FS Riesenfeld, a.a.O. S. 301, 316

[216] Wiedemann RdA 1986, 231, 239

[217] Papier in M/D/H/Sch, a.a.O. Stand Juni 1998, Art. 14 Rz. 30 und 34, mit Verweis darauf, daß das GG zwar wirtschaftspolitisch, nicht aber wirtschaftrechtlich neutral ist.

Eine Rechtfertigung der unzumutbaren Belastung für die in ihrer Existenz bedrohten Unternehmen aus Art. 14 Abs.2 GG scheidet aus, da es sich nicht um Belastungen handelt, die im Interesse der Allgemeinheit zu tragen sind.

Auch abstrakt-generelle Regelungen, wie sie die Rechtsnorm 'Tarifvertrag' enthält, verfügen grundsätzlich über ein Instrumentarium, die unterschiedliche Inanspruchnahme zu regeln und mithin auch dem unterschiedlichen Gewicht der Belange der "Unternehmer" gegenüber den Belangen der Allgemeinheit im Allgemeinen und denen der betroffenen einzelnen Arbeitgeber im Speziellen in differenzierter Weise Rechnung zu tragen (vgl. insoweit die sog. Pflichtexemplar-Entscheidung des Bundesverfassungsgerichts[218]).

Als Ergebnis ist festzuhalten, daß tarifliche Regelungen, deren Befolgen die Existenz des tarifgebundenen Mitglieds bedrohen würden, den Schutzbereich von Art. 9 Abs.3 GG verlassen und einen nicht gerechtfertigten Eingriff in den Schutzbereich der Unternehmensautonomie darstellen.

Zum selben Ergebnis kommen verschiedene Autoren im Wege der Feststellung einer 'Unzumutbarkeit' bestimmter Eingriffe durch tarifliche Regelungen[219].

Es ist aufgezeigt worden, daß sich die Antwort auf die Frage der Verfassungsmäßigkeit tariflicher Regelungen nicht dadurch finden läßt, daß zwischen der 'Reichweite' der Tarifautonomie und dem 'Ergebnis' der Ausübung von Tarifautonomie unterschieden wird[220].

Auf die Problematik des Verhältnisses der betroffenen Grundrechte zueinander und eine Abwägung gegeneinander sowie die Rechtfertigung des Eingriffs gemäß den Prinzipien der Verhältnismäßigkeit oder dem Ziel praktischer Konkordanz ist mithin ebensowenig einzugehen wie auf die Frage des Verhältnisses von Selbstverwaltungsautonomie und Gesetzesvorbehalt oder die staatliche Schutzpflicht nach Überschreiten der Grenze des sog. 'Untermaßverbotes'[221].

Eine teleologische Reduktion der Unabdingbarkeit mit der Folge der Aufnahme einer Öffnungsklausel ist nicht möglich.

[218] BVerfGE 58, 137

[219] Bötticher, a.a.O.S.120 ff.; Belling/Hartmann NZA 1998, 57 ff.; Hueck, Tarifausschlußklausel und verwandte Klauseln im Tarifvertragsrecht, a.a.O.S. 67; Zöllner, a.a.O.S.53; Schlachter in FS Schaub, a.a.O.S. 651, 656; Wiedemann in FS Riesenfeld, a.a.O.S. 301, 324 ff.; einschränkend Gitter AuR 1970, 129, 133 f.; ablehnend Blomeyer DB 1977, 101, 107

[220] so jedoch Reuter ZfA 1978, 1, 41 f.

[221] BVerfGE 39, 1, 42 ff.; 81, 242 ff.; Dieterich in FS Schaub, a.a.O.S. 117, 122; Canaris AcP 184, 201, 228; Medicus AcP 192, 35, 52 f.

Es ist anerkannter Grundsatz, daß materielle Gesetze verfassungskonform auszulegen sind. Soweit also Wortlaut, Entstehungsgeschichte sowie Gesamtzusammenhang der Regelungen und deren Sinn und Zweck mehrere Deutungen zulassen, von denen zumindest eine zu einem verfassungsgemäßen Ergebnis führt, ist eine entsprechende Auslegung geboten[222]. Ein solches verfassungskonformes Auslegungsergebnis kann auch im Wege teleologischer Reduktion des Gesetzes ermittelt werden[223].

Ein verfassungskonformes Auslegungsergebnis der tariflichen Regelungen würde vorliegend nur zu erzielen sein, wenn in die Vorschriften eine Öffnungsklausel „hineingelesen" werden könnte. Dies würde bedeuten, daß die Unabdingbarkeit der entsprechenden Regelungen teleologisch reduziert wird. Eine derartige Auslegung stünde aber in klarem Widerspruch zu den Auslegungskriterien von Wortlaut, Gesamtzusammenhang und Sinn und Zweck der tariflichen Regelungen[224]. Denn es ist zu berücksichtigen, daß der tarifliche Normgeber jederzeit die Möglichkeit hat, eine Öffnungsklausel in das Regelwerk aufzunehmen. Die Nichtaufnahme einer Öffnungsklausel in den Tarifvertrag bedeutet mithin deren Ausschluß durch den Normgeber. Das „Hineinlesen" einer Öffnungsklausel würde damit in Widerspruch sowohl zum Wortlaut wie auch zum klar erkennbaren Willen des Normgebers treten.

Eine teleologische Reduktion der Unabdingbarkeit der tariflichen Regelungen mit der Folge des Hineinlesens einer Öffnungsklausel würde gegen die Auslegungsgrundsätze von Gesetzen verstoßen. Die gebotene verfassungskonforme Interpretation eines Gesetzes darf nicht mit der unzulässigen 'gesetzeskonformen Interpretation der Verfassung'[225] verwechselt werden[226]. Eine verfassungskonforme Auslegung der tariflichen Regelungen scheidet aus.

---

[222] BVerfGE 2, 266, 282; 69, 1, 55; 86, 288, 320 f.; 88, 145, 166; Stern, a.a.O.S 1316 ff.

[223] BVerfGE 88, 145, 167

[224] BVerfGE 18, 97, 111; 67, 382, 390; 71, 81, 105; 86, 288, 320; 88, 145, 166;

[225] Jarass in Jarass/Pieroth, a.a.O. Art. 20 Rz. 236

[226] i.E. ebenso Löwisch NZA 1997, 905, 907, der darauf hinweist, daß eine Öffnung nur im Wege der Aufkündigung der Regelungen erreicht werden kann und Otto in FS Kissel, a.a.O.S. 787, 798; a.A. Belling/Hartmann NZA 1998, 57, 65, ohne aber auf die Grundsätze der Gesetzesauslegung einzugehen

1.3. Konsequenzen für den Tarifvertrag

Steht fest, daß Tarifvereinbarungen nicht mehr von der in Art. 9 Abs.3 GG gesicherten Tarifautonomie gedeckt sind, wenn deren Befolgen die drohende Existenzvernichtung eines Unternehmens bedeuten würde, sind nunmehr die hieraus erwachsenden Rechtsfolgen zu klären.

Sieht der Tarifvertrag die Möglichkeit vor, in besonderen Härtefällen einzelne Tarifgebundene (Unternehmen) aus der Bindung zu entlassen -beispielsweise im Wege von Öffnungsklauseln-, so ergibt sich in diesem Fall die Lösung bereits aus der vertraglichen Regelung[227].

Zu untersuchen sind die rechtlichen Folgen, wenn eine derartige tarifvertragliche Regelung nicht getroffen worden ist.

Für den Fall, daß sich die wirtschaftlichen Verhältnisse eines Unternehmens erst während der Laufzeit eines Tarifvertrages verschlechtern, liegt die beschriebene Verletzung von Grundrechten und damit die Überschreitung der Tarifmacht noch nicht zum Zeitpunkt des Inkrafttretens des Tarifvertrages vor. Denn die Kollision von Tarifvertrags-Regelungen und Verfassungsrecht entstand ja erst aufgrund einer Veränderung äußerer Umstände nach Abschluß des Tarifvertrages. Mithin waren die entsprechenden Regelungen auch nicht von vorneherein wegen Überschreitens der Normsetzungsbefugnis unwirksam. Der Tarifvertrag ist erst im Laufe seines Bestehens verfassungswidrig geworden.

Etwas anderes ergibt sich auch nicht daraus, daß die Tarifvertrags-Parteien die im Tarifvertrag geregelten Arbeits- und Wirtschaftsbedingungen naturgemäß erst festlegen, nachdem sie im Rahmen ihres Prognosespielraumes entsprechende Prognoseentscheidungen getroffen haben. Denn auch eine sich als unzutreffend erweisende (wirtschaftliche) Prognose begründet keine anfängliche Verfassungswidrigkeit von Regelungen, die auf dieser Prognose beruhen.

Der dem (materiellen) Gesetzgeber grundsätzlich zuzubilligende Prognosespielraum umfaßt auch eine freie Prognose über den tatsächlichen Eintritt der mit der Regelung verfolgten Wirkung und insbesondere darüber, daß nachteilige Folgen für die Funktionsfähigkeit des Unternehmens mit der Regelung

[227] Daher ist Scholz beizupflichten, der zur Vermeidung von verfassungswidrigen Tarifregelungen Öffnungsklauseln anmahnt, um so entsprechend den konkreten und individuellen Gegebenheiten in Betrieb und Unternehmen adäquat reagieren zu können (Scholz in FS Rittner, a.a.O.S. 629, 648)

nicht verbunden sind[228]. Irrtümer müssen hierbei in Kauf genommen werden. Eine aufgrund einer Fehlprognose ergriffene Maßnahme ist nicht allein schon deshalb verfassungswidrig[229].

Der Gesetzgeber, der eine solche Prognoseentscheidung getroffen hat, ist allerdings gehalten zu überprüfen, ob die ursprüngliche Entscheidung auch unter veränderten Umständen noch aufrechtzuerhalten ist[230]. Sobald ein Gesetz verfassungswidrig wird, ist der Gesetzgeber verfassungsrechtlich dazu angehalten, die Verfassungswidrigkeit alsbald zu beseitigen[231].

Erweist sich die getroffene Prognose nachträglich als unzutreffend und die auf dieser Grundlage zustandegekommenen Regelungen als im Ergebnis mit der Verfassung unvereinbar, so ist gleichwohl wegen des dem Gesetzgeber zuzubilligenden Prognosespielraumes die Verfassungsgemäßheit der Regelungen bis zum Zeitpunkt des Eintritts des Verfassungsverstoßes[232] anzuerkennen.

Zu prüfen ist, welches die Rechtsfolge ab dem Zeitpunkt des Eintritts der Verfassungswidrigkeit ist[233].

Bei der Frage nach der Rechtsfolge sind diejenigen Fälle nicht betroffen, in denen für den konkreten Regelungsgegenstand der verfassungswidrigen Norm ein tarifdispositives Gesetz besteht, welches nun (wieder) Geltungskraft erlangt[234] oder in denen die Regelungslücke bereits durch Anwendung der Verfassung -beispielsweise Art. 3 Abs.2 GG- zu füllen ist[235]. Die Regelungslücke wird in diesen Fällen durch die schon bestehenden gesetzlichen Regelungen geschlossen[236]. Auszunehmen sind auch die Fälle, in denen die verfassungswidrige Norm ohne eigenständige Regelung ein übergeordnetes Gesetz nur deklaratorisch übernommen hat und gegen ebendieses Gesetz bereits eine Verfassungsbeschwerde anhängig ist oder aber bereits nach Feststellung der Verfassungswidrigkeit eine Anpassungsfrist vom Bundesverfassungsgericht ge-

---

228 BVerfGE 50, 290, 331 ff. (MitbestG); i.E. so auch BverfG NJW 1993, 1751, 1767

229 BVerfGE 25, 1, 12 f.

230 BVerfGE 49, 89, 130

231 BGH NJW 1993, 1767 m.V.A. BverfGE 15, 337, 351

232 i.E.ebenso für staatliche Gesetze: Papier in M/D/H, Art. 14 Anm. 314 und BVerfGE 81, 1; für tarifvertragliche Regelungen: Löwisch/Rieble, a.a.O. § 1 Rz. 249; Löwisch in Mü. Hdbuch a.a.O. § 252 Rz. 129

233 für eine Fortgeltung der verfassungswidrigen Norm Hromadka BB 1993, 2372, 2379 und i. E. auch Wank in Wiedemann, a.a.O. § 4 Rz. 34 m.w.N.

234 so in BAG AP Nr. 21 zu § 616 BGB

235 Söllner NZA 1996, 897, 904

236 ebenso BAG AP Nr. 44 zu § 622 BGB, Bl. 2 R.

setzt worden ist[237]. (In diesem Fall würde eine Aussetzung des Verfahrens bis zur Neuregelung zu erwägen sein.)

Ein (Teil-)Wiederaufleben eines vergangenen Tarifvertrages scheidet grundsätzlich aus, da dem der eindeutige Wille der neuerlich normsetzend gewordenen Tarifvertrags-Partner entgegensteht. Diese haben die alten Regelungen durch neue Festsetzungen abgelöst[238]. An diesem Willen ändert auch die nachträgliche Verfassungswidrigkeit einzelner Neuregelungen nichts.

In den übrigen Fällen ist für die Rechtsfolge eines verfassungswidrigen Gesetzes zu unterscheiden, ob dieses nichtig oder nur mit dem Grundgesetz unvereinbar ist. Letzteres gilt für zwei Fallgruppen[239]:

Dies sind zum einen die Fälle, in denen ein Gesetz im Rahmen der Ausübung eines legislatorischen Prognose- und Gestaltungsspielraumes ergeht. Wenn die gerichtliche Überprüfung eines solchen Gesetzes dessen Verfassungswidrigkeit ergibt, ist das Verfahren auszusetzen und dem zuständigen Gesetzgeber die Möglichkeit einer Anpassung -verbunden mit der Korrekturverpflichtung-zuzubilligen. Denn die Nichtigerklärung einer solchen Norm würde in die Prognose- und Gestaltungsfreiheit des jeweiligen Gesetzgebers eingreifen. Eine solche Freiheit liegt bereits dann vor, wenn zur Beseitigung eines Verfassungsverstoßes ein Regelungsspielraum mit mindestens zwei Wahlmöglichkeiten besteht[240]. Etwas anderes gilt nur, wenn im Rahmen des Regelungsspielraumes ausnahmsweise nur eine der möglichen Regelungen mit der Verfassung zu vereinbaren ist[241]. Dann ist auch eine entsprechende gerichtliche Anordnung zulässig.

Zum anderen sind das diejenigen Fälle, in denen durch die Nichtigerklärung einer Norm ein Zustand herbeigeführt würde, der der verfassungsmäßigen Ordnung noch weniger entsprechen würde[242]. Diese Grundsätze über die Rechtsfolgen eines verfassungswidrigen staatlichen Gesetzes gelten für alle

237 vgl. hierzu BAG AP Nr. 24, 29, 30 zu § 622 BGB

238 Wank in FS Schaub, a.a.O.S.761, 777

239 insoweit nicht differenzierend Dütz AfP 1989, 605, 608

240 für staatliche Gesetze: BVerfGE 22, 349, 361 f; Maunz/Schmidt-Bleibtreu/Klein/Ulsamer, a.a.O. § 78 Rz. 12

241 Dies ergibt sich für Bundesgesetze aus § 35 BverfGG.

242 für staatliche Gesetze: BVerfGE 8, 1, 19 f.; Maunz/Schmidt-Bleibtreu, a.a.O. § 78 Rz. 29

Gesetze und mithin auch für die normativen Bestimmungen eines Tarifvertrages [243].

Bei einer Verfassungswidrigkeit tariflicher Regelungen kommt als Rechtsfolge die Unvereinbarkeit mit der Verfassung in Betracht. Dies könnte sich zum einen aus dem Gestaltungsspielraum des tariflichen Normgebers bei der Festlegung tariflicher Regelungen ergeben. Zum anderen könnte bei Nichtigkeit der tariflichen Regelungen ein Zustand entstehen, der der verfassungsmäßigen Ordnung noch weniger entspricht.

Bei der Feststellung des Umfangs der Nichtigkeit würde auch die Frage einer Teil-Nichtigkeit des Tarifvertrages beantwortet. Dabei müßte nach den für die tariflichen Normen geltenden Grundsätzen zur Teilnichtigkeit von Gesetzen[244] darauf abgestellt werden, ob der verbleibende gültige Teil des Tarifvertrages noch eine sinnvolle, in sich geschlossene Regelung enthält.

Es müßte dann auch geprüft werden, ob und inwieweit die verfassungswidrigen Normen mit weiteren tariflichen Regelungen zusammenhängen, so daß auch diese von der Verfassungswidrigkeit gegebenenfalls erfaßt wären. Eine solche gerichtliche Prüfung und anschließende Entscheidung würde die allein den Koalitionspartnern eingeräumte Tarifautonomie verletzen. Denn der Tarifvertrag ist als Gesamtwerk ausgehandelt worden. Mithin können auch nur die Vertragspartner beurteilen, ob im Hinblick auf eine erforderliche Änderung von einem Teil des 'Gesamtkomplexes Tarifvertrag' wiederum die Änderung anderer, hiervon originär nicht betroffener Teile erforderlich wird. Allein den Koalitionspartnern steht es daher zu, auf eingetretene Schwierigkeiten bei der Umsetzung eines von ihnen abgeschlossenen Tarifvertrages zu reagieren[245].

Denkbar ist zudem, daß es verschiedene Möglichkeiten gibt, den durch die Verfassungswidrigkeit nunmehr ungeregelten Bereich neu zu regeln. Diese Abwägung und Entscheidung steht allein den Tarifpartnern zu[246]. Freilich sind die Tarifpartner dann auch verpflichtet, innerhalb einer angemessenen Frist eine verfassungskonforme Neuregelung zu treffen.

---

[243] BVerfGE 51, 166, 167; daß eine eventuelle Verfassungswidrigkeit von Normen eines Tarifvertrages vom jeweiligen Arbeitsgericht in eigener Zuständigkeit überprüft und gegebenenfalls festzustellen ist, bedarf keiner Ausführung.

[244] BAG AP Nr. 26 zu § 1 BetrAVG Gleichbehandlung, Bl. 5 m.w.N; BAG NZA 1997, 830, 833; Hagemeier, a.a.O. § 1 Rz. 246; Löwisch/Rieble, a.a.O. § 1 Rz. 251; Wiedemann in Wiedemann, a.a.O § 1 Rz. 210

[245] ebenso BAG AP Nr. 165 zu §§ 22, 23 BAT 1975; Nr. 5 zu § 1 TVG Tarifverträge: Seeschiffahrt; Nr. 12 zu § 33 BAT; Belling NZA 1996, 906, 910

[246] ebenso Baumann RdA 1994, 272, 275

Eine Feststellung der Nichtigkeit der verfassungswidrigen Regelung würde demnach einen Eingriff in die Gestaltungsfreiheit der normsetzenden Tarifpartner darstellen[247]. Hinzu kommt, daß eine Nichtigkeit beim Tarifvertrag einen Zustand herbeiführen würde, der der verfassungsmäßigen Ordnung noch weniger entsprechen würde[248]: Wird das Gesetz noch gebraucht, bleibt es für einen Übergangszeitraum anwendbar. Denn die Nichtigkeit einer tariflichen Regelung würde die Tariflosigkeit für alle Tarifgebundenen bedeuten, obgleich im Einzelfall nur wenige Tarifgebundene in rechtlich beachtlicher Weise verletzt sein können. Hinzu kommt, daß in aller Regel beim Tarifvertrag die Teilnichtigkeit die Gesamtnichtigkeit nach sich zieht.

Besondere tarifvertragsspezifische Gesichtspunkte sprechen daher für die Annahme einer bloßen Unvereinbarkeit der tariflichen Regelungen mit der Verfassung. Für die in ihren Rechten nicht verletzten Mitglieder bleiben diese Tarifnormen verbindlich. Für die in ihren Rechten verletzten Mitglieder bleiben diese Tarifnormen für einen Übergangszeitraum anwendbar, sie entfalten aber keine zwingende Wirkung mehr[249]. Damit wird dem Vertrauensschutz der Normunterworfenen Rechnung getragen und die Arbeitsverhältnisse werden nicht inhaltsleer. Denn Ziel des Koalitionswesens ist ja eine möglichst breite, einheitliche Regelung der Arbeits- und Wirtschaftsbedingungen. Tariflose Zustände sollen möglichst vermieden werden. Für die Normgeber dieser tariflichen Regelung entsteht nun die Pflicht zur Schaffung einer verfassungskonformen Regelung[250].

Zu prüfen ist, welches Inhalt einer gerichtlichen Entscheidung bei derartigen verfassungswidrigen tariflichen Regelungen ist.

Hierbei ist unerheblich, aus welchem Grund eine Anrufung des Gerichts erfolgt. Denn in jedem Fall hat das Gericht die Übereinstimmung der streitgegenständlichen Regelungen mit der Verfassung zu überprüfen. Bei den vorliegenden tariflichen Regelungen wird das Gericht die Unvereinbarkeit der Regelungen mit der Verfassung feststellen. Der Tarifvertrag enthält zumindest eine faktische Regelungslücke; denn die Normen bestehen zwar formell weiter, entfalten aber keine materielle Wirkung mehr. Das Gericht hat grundsätzlich das Verfahren auszusetzen, damit der tarifliche Normgeber eine Anpassung der

[247] Im Falle eines gerichtlichen Verfahrens ist dieses auszusetzen und den normsetzenden Tarifvertrags-Parteien eine Frist einzuräumen, innerhalb derer diese dann eine verfassungskonforme Neuregelung zu treffen haben.

[248] vgl. dazu auch BAG NZA 1993, 891, 895

[249] Maunz in Maunz/Schmidt-Bleibtreu/Klein/Ulsamer, a.a.O. § 78 Rz. 32

[250] wie vor

verfassungswidrig gewordenen Regelungen an die veränderten Umstände vornehmen kann und verfassungskonforme Regelungen schafft.

Ein Aussetzen zum Zwecke der Anpassung der Norm durch den Normgeber ist aber in den Fällen entbehrlich, in denen die entstandene Normlücke ohnehin übergangsweise nur durch eine rechtlich vertretbare Regelung gefüllt werden kann. Das sind die Fälle, in denen für eine vorübergehende Anpassung der verfassungswidrigen tariflichen Regelung entweder schon von vornherein kein Regelungsspielraum besteht oder aber ein bestehender Regelungsspielraum sich auf nur eine verfassungsgemäße Möglichkeit der Anpassung verengt. In diesen Fällen kann das Gericht ausnahmsweise diese einzig mögliche Anpassungsregelung für einen Übergangszeitraum bis zur endgültigen Regelung durch die Tarifvertrags-Partner vornehmen[251]. Denn in diesen Fällen greift das Gericht nicht unzulässig in die Entscheidungsfreiheit der normgebenden Tarifvertrags-Parteien ein. Eine gleichwohl erfolgende Aussetzung würde hier zudem zu einer unnötigen und sachwidrigen zeitlichen Verzögerung führen. Denn zwischenzeitlich bestünde für die Tarifgebundenen ein Zustand der Rechtsunsicherheit, der dem Grundziel des Tarifvertrages schlicht entgegengesetzt wäre. Etwas anderes gilt nur dann, wenn eine tarifliche Neuregelung, die auch den Streitgegenstand betrifft, ohnehin unmittelbar bevorsteht.

Angesichts der Besonderheiten des Tarifrechts könnte sich auch ein bestehender Regelungsspielraum auf nur eine Möglichkeit reduzieren. Denn bei der inhaltlichen Festlegung einer vorübergehenden Anpassungsregelung ist das Wesensmerkmal des Tarifvertrages zu berücksichtigen, daß seine Regelungen für eine Vielzahl tarifgebundener Mitgliedsunternehmen gelten. Demnach muß auch die Übergangsregelung grds. einer doppelten Anforderung genügen:

Die abändernde Regelung müßte einerseits im Hinblick auf die grundsätzlich zu gewährende Stabilität eines Tarifvertrages seine verbindliche Wirkung für diejenigen Arbeitgeber behalten, für die sich das Befolgen der tarifvertraglichen Normen nicht existenzbedrohend auswirkt. Die abändernde Regelung müßte andererseits für die in ihrer Existenz bedrohten Arbeitgeber eine Option

[251] ebenso BAG AP Nr. 28 zu § 5 BetrAVG, Bl. 3; Nr. 19 zu § 611 BGB, Lehrer, Dozenten, Bl. 3 R, 4; Nr. 1 zu § 1 BetrAVG Besitzstand, Bl. 4 R.; Nr. 26 zu § 1 BetrAVG Gleichbehandlung, Bl. 5 R.; LAGE Nr. 17 zu § 622 BGB, S. 14 f. (LAG Niedersachsen); Nr. 18 zu § 622 BGB, S. 3, arg. ex contr., LAG Baden-Württemberg); Nr. 21 zu § 622 BGB, S. 13 u. 17 (LAG Düsseldorf); noch weitergehend Gamillscheg, a.a.O.S. 710, nach dem diejenige Lösung zu wählen ist, die der tariflichen Gesamtregelung „am nächsten kommt“

zur Lösung von den jeweiligen Bestimmungen mitsamt der Möglichkeit einer individuellen „Ersatz"-Regelung auf betrieblicher Ebene enthalten.

Ein solch flexibles Reagieren je nach den Umständen des Einzelfalles gewährt nur eine entsprechende Öffnungsklausel i.S.v. § 77 Abs.3 S.2 BetrVG[252]. Dies gilt grundsätzlich für die Fälle 'mit' wie die 'ohne' Gestaltungsspielraum.

Ein abschließender Blick auf verschiedene einschlägige Stimmen in der Literatur zur Rechtsfolge von Regelungen, die die Grenzen der Tarifmacht überschritten haben, läßt eine erstaunliche Deckungsgleichheit zum hier gefundenen Ergebnis erkennen.

Gitter stellt apodiktisch fest, daß Normen, die die Grenzen der Tarifmacht überschreiten, „ungültig" sind und er folgert daraus, „daß dann auch keine Verpflichtung zur Durchführung einer solchen Norm besteht"[253].

Nach Zöllner lösen „Abmachungen, die die Zumutbarkeitsgrenze überschreiten, keine Folgepflicht für die Verbandsmitglieder aus"[254].

Für Belling/Hartmann ist für den Fall, daß der Eingriff in die Privatautonomie unverhältnismäßig ist, eine Ausnahme von der zwingenden, die individuelle Vertragsfreiheit partiell ausschließenden Tarifwirkung des § 4 Abs.1 TVG verfassungsrechtlich geboten[255].

Wiedemann schließlich fordert eine Flexibilisierung von Tarifregelungen; diese sollen prinzipiell unverändert für die Mehrzahl in Kraft bleiben. Nur dann, wenn bestimmte Personen von einer Regelung „in ihrem Kernbereich besonders betroffen" sind, „so daß ihr Selbstbestimmungsrecht, ob und inwieweit sie arbeiten bzw. unternehmerisch tätig sein wollen, im Kern gefährdet ist, verpflichtet der staatliche Schutzauftrag dazu, ihnen ein Wahlrecht einzuräumen oder Ausnahmen bzw. Übergangsregelungen vorzusehen"[256].

Zu prüfen ist, ob insoweit nun zulässige Betriebsvereinbarungen einen bestimmten Regelungsinhalt aufzuweisen haben.

Hierbei ist zu berücksichtigen, daß Betriebsrat und Arbeitgeber grundsätzlich in besonderem Maße zu gegenseitiger Rücksichtnahme und Loyalität verpflichtet sind und vertrauensvoll zum Wohl der Arbeitnehmer wie des Betrie-

[252]i.E. ebenso Baumann RdA 1994, 272, 277
[253]Gitter AuR 1970, 129, 132
[254]Zöllner, a.a.O.S. 55
[255]Belling/Hartmann NZA 1998, 57 m.w.N., 65
[256]Anton Wiedemann, a.a.O.S.182

bes zusammenzuarbeiten haben, § 2 Abs.1 BetrVG. Vorliegend verdichtet sich diese grundsätzliche Pflicht zu einer konkreten Gestaltungspflicht für Arbeitgeber wie Betriebsrat, der Existenzvernichtung des Betriebes sowie drohenden Massenentlassungen im Rahmen der jeweiligen Möglichkeiten gemeinsam entgegenzuarbeiten. Denn es liegt im beiderseitigen Interesse und ist damit gemeinsames Ziel, die gegenwärtige wirtschaftliche Krisensituation zu überstehen. Insoweit kann eine aus Betriebsrat und Arbeitgeber bestehende Interessengemeinschaft angenommen werden. Diese ist jedenfalls darauf gerichtet, die entsprechenden tariflichen Bestimmungen nicht zu adaptieren bzw. anzuwenden[257].

Es soll hier nicht der Betriebsrisikolehre das Wort geredet werden, nach der die Arbeitnehmerschaft im Falle der Existenzgefährdung des Unternehmens das Wirtschaftsrisiko derart mittragen soll, daß eine vom Arbeitgeber einseitig bestimmte Kürzung von Löhnen und Leistungen hingenommen werden müßte. Vielmehr ist das Ziel die einvernehmliche Regelung durch die Betriebspartner. Eine solche sieht auch das BetrVG grundsätzlich vor in Fragen von wirtschaftlichen Unternehmenskrisen, vgl. §§ 87 Abs.1 Nr.3, 111 ff. BetrVG.

Vorliegend ist an eine Betriebsvereinbarung mit dem Inhalt einer zeitlich befristeten Stundung[258] von bestimmten Leistungen und bestimmtem Lohn zu denken. Als 'Gegenleistung' kommt insbesondere eine ebenfalls zeitlich befristete Einräumung der Bestandsgarantie für die Arbeitsplätze in Betracht[259]. Bei verfassungswidrigen tariflichen Regelungen einen Wegfall der tariflichen Regelungssperre nach § 77 Abs.3 BetrVG anzunehmen, erscheint problematisch. § 77 Abs.3 S.1 BetrVG bestimmt, daß Arbeitsbedingungen, die durch Tarifvertrag geregelt sind oder üblicherweise geregelt werden, nicht Gegenstand einer Betriebsvereinbarung sein können.

Zwar ist festgestellt worden, daß eine verfassungswidrige tarifliche Regelung für die in ihren Rechten verletzten Mitglieder bis zur Neuschaffung keine

[257] Belling/Hartmann NZA 1998, 57, 63; anders: Käppler NZA 1991, 745, 753

[258] Ob Stundung oder Erlaß nur künftige Leistungen oder auch bereits fällige Ansprüche hierauf erfassen dürfen, kann hier offenbleiben. Nur für künftige Ansprüche: Däubler/Kittner a.a.O. § 77 Rz. 39; auch für bereits fällige Ansprüche in wirtschaftlicher Notlage: Hess/Schlochauer, a.a.O. § 77 Rz. 30; ebenso BAG AP Nr. 177 zu § 242 BGB Ruhegehalt, Bl. 3; BAG DB 1980, 1399 (U.v. 17.01.1980-3 AZR 456/78)

[259] ebenso Vollmer DB 1982, 1670, 1672 f.; nicht entgegenstehend LAG Baden-Württemberg BB 1977, 996, wonach eine Betriebsvereinbarung mit dem Inhalt der Lohnstundung ausschließlich zu Lasten bereits ausgeschiedener Arbeitnehmer unzulässig ist

zwingende Wirkung entfaltet. Damit ist der jeweilige Regelungsbereich auch zumindest faktisch nicht tariflich geregelt. Daher könnte auch die tarifliche Regelungssperre zugunsten einer entsprechenden Betriebsvereinbarung nach § 77 Abs.3 S.1 BetrVG weggefallen sein. Sinn und Zweck von § 77 Abs.3 BetrVG ist der Schutz der Tarifautonomie[260]. Es könnte daher die Regelungssperre dann keine Wirkung entfalten, wenn die streitgegenständlichen tariflichen Regelungen ohnehin nicht im Schutzbereich der Tarifautonomie sind. Jedenfalls so lange, wie die Tarifpartner noch keine verfassungsgemäße tarifliche Neuregelung getroffen haben, könnte auch kein Schutzbedürfnis für die Tarifautonomie und kein Grund für eine Regelungssperre für Betriebsvereinbarungen bestehen. Die Regelungsbefugnis und damit die Wirksamkeit entsprechender Betriebsvereinbarungen könnte enden, wenn die Tarifvertrags-Parteien eine verfassungskonforme Neuregelung geschaffen haben. Denn die verfassungskonformen tariflichen Neuregelungen sind wieder vom Schutzbereich der Tarifautonomie gedeckt, wodurch dann auch wieder das in § 77 Abs.3 BetrVG gesicherte Schutzbedürfnis entstünde.

Dies anzunehmen, würde jedoch übersehen, daß § 77 Abs.3 BetrVG die tarifliche Regelungssperre unmißverständlich auch für die Fälle bloßer tarifüblicher Regelung anordnet. Eine solche Tarifüblichkeit liegt hier vor. Die Tarifpartner haben den entsprechenden Bereich geregelt. Daran ändert auch nichts, daß diese Regelung während der Laufzeit des Tarifvertrages verfassungswidrig geworden ist.

2. Anwendbarkeit des Rechtsprinzips der außerordentlichen Kündigung trotz Unvereinbarkeit der Regelungen mit der Verfassung

Liegen die tatsächlichen Voraussetzungen für eine unmittelbar drohende Existenzvernichtung des Unternehmens bei Befolgen der betreffenden tarifvertraglichen Regelung vor, kommt das Gestaltungsmittel der außerordentlichen Kündigung in Betracht[261].

Die Möglichkeit zur außerordentlichen Kündigung ist nicht dadurch ausgeschlossen, daß die tariflichen Regelungen verfassungswidrig sind. Denn die Voraussetzungen eines 'wichtigen Grundes' entfallen nicht etwa deshalb, weil die entsprechenden Regelungen zugleich in anderer Hinsicht 'kranken'. Im Ge-

---

[260] Gamillscheg, a.a.O.S. 324 ff m.w.N.

[261] Löwisch/Rieble, a.a.O. § 1 Rz. 249; Löwisch in Mü. Hdbuch, a.a.O. § 252, Rz. 129; i.E. ebenso Baumann RdA 1994, 272, 274

genteil muß der Kündigungberechtigte von dieser Möglichkeit erst Recht Gebrauch machen können, wenn die entsprechenden Regelungen sogar verfassungswidrig sind. Folge der Verfassungswidrigkeit ist hier -wie dargelegt- ohnehin nicht die Nichtigkeit der tariflichen Regelungen, sondern lediglich deren Unvereinbarkeit mit dem Grundgesetz. Da auch nichtige Rechtsgeschäfte anfechtbar sind, muß dies mithin erst Recht gelten für mit der Verfassung unvereinbare Regelungen. Nach den Grundsätzen der Doppelwirkungen im Recht sind nichtige Rechtsgeschäfte durch Anfechtung oder Kündigung angreifbar[262]. Nichtigkeit bedeutet nur, daß die gewollte Wirkung nicht eintritt[263]. Auch im Falle einer außerordentlichen Kündigung tritt die gewollte Wirkung für die Zukunft nicht (mehr) ein. Daher ist nicht einzusehen, weshalb die außerordentliche Kündigung eines nichtigen Rechtsgeschäfts und damit auch einer mit der Verfassung unvereinbaren Regelung nicht möglich sein sollte. Mithin bleibt Raum für das Gestaltungsrecht der außerordentlichen Kündigung.

3. Kündigungsberechtigung des Arbeitgeber-Verbandes

Kündigungsberechtigter eines Vertragsverhältnisses ist grundsätzlich der Vertragspartner. Dies gilt auch für den Tarifvertrag. Die Kündigungsberechtigung des Tarifvertrages steht dem jeweiligen Koalitionspartner unstreitig dann zu, wenn der die außerordentliche Kündigung rechtfertigende 'wichtige Grund' eine Verletzung tarifvertraglicher Pflichten durch den Koalitionsgegner ist. Eine Kündigungsberechtigung der Koalition ist auch dann gegeben, wenn bei Befolgen tariflicher Regelungen durch die Mitglieder letztlich der weitere Bestand der Koalition selbst direkt und objektiv gefährdet ist. Denn bei Verlust der sozialen Mächtigkeit bzw. Durchsetzungsfähigkeit der Koalition entfällt eine Voraussetzung für die Tariffähigkeit[264]. Wesentliches Kriterium für diese soziale Mächtigkeit ist ja gerade auch die Zahl der Mitglieder[265].

Schwieriger zu beurteilen sind hingegen die Fälle, in denen der eine außerordentliche Kündigung rechtfertigende 'wichtige Grund' nicht vornehmlich beim Tarifpartner selbst vorliegt, sondern bei dessen Mitgliedern. Zwar wird dann

[262]Gilles NJW 1986, 1131, 1146; Heinrichs in Palandt, a.a.O. Übbl. v. § 104 Rz. 35 m.w.N.; BGH NJW 1992, 2483, 2484

[263]BGH JZ 1955, 500

[264]Hagemeier, a.a.O.Einl. Rz. 77; Wank in FS Schaub, a.a.O.S. 761, 769; Winter/Zekau AuR 1997, 89, 92;

[265]für die Gewerkschaft: Gamillscheg, a.a.O.S.428

für die Koalition die Pflicht zur Durchführung des Tarifvertrages unzumutbar. Primär entsteht die Kündigungsberechtigung beim Koalitionspartner in seiner Eigenschaft als Interessenvertretung für die Mitglieder. Denn der von den Koalitionen abgeschlossene Tarifvertrag begründet bestimmungsgemäß nicht nur Rechte und Pflichten im Verhältnis der Tarifvertragsparteien, sondern schafft darüber hinaus Rechtsnormen, die unmittelbar auf die tarifgebundenen Arbeitsverhältnisse einwirken. Dann muß es der Koalition auch gestattet sein, eine Kündigung zu erklären, wenn die normbetroffenen Mitglieder in ihren Rechten verletzt werden[266].

Hauptanwendungsfall für eine Kündigung durch die Koalition wegen Beeinträchtigung ihrer Mitglieder ist deren drohende Existenzvernichtung bei Befolgen der tariflichen Regelungen.

Eine Kündigungsberechtigung des Koalitionspartners könnte davon abhängen, daß die Ausübung des Gestaltungsrechts in pflichtgemäßer Erfüllung, die Interessen der Mitglieder wahrzunehmen, erfolgt. Denn von den tariflichen Regelungen betroffen sind primär die Mitglieder, nicht die Koalition. Deshalb steht auch nur dann, wenn die in ihren Rechten beeinträchtigten Mitglieder eine sofortige Lösung von den tariflichen Regelungen verlangen, dem Koalitionspartner das 'abgeleitete' Recht zur außerordentlichen Kündigung i.S. einer Kündigungsbefugnis zu. Die formale Anforderung einer Kündigungsbefugnis im Außenverhältnis zum Koalitionspartner ist mithin erfüllt, wenn die im Innenverhältnis zu den Mitgliedern (materiell) geschuldete Interessenvertretung zu einer Kündigung zwingt.

Soweit demnach die Erklärung der außerordentlichen Kündigung nicht in Ausübung der Pflichten im Innenverhältnis erfolgt, fehlt die Kündigungsbefugnis.

Eine gleichwohl erklärte Kündigung ist unwirksam nach § 180 BGB. Die Vorschriften des BGB über Willenserklärungen eines vollmachtlosen Vertreters sind im Tarifrecht nicht anwendbar, soweit es um die Schaffung tariflicher Normen geht. Der zivilrechtliche Gestaltungsakt der Kündigungserklärung zielt aber auf die Beseitigung der schuldrechtlichen Tarifvertragsbeziehung der Koalitionspartner zueinander. Die tariflichen Normativregelungen werden hierdurch nur mittelbar berührt. Im schuldrechtlichen Teil des Tarifvertrages

[266] ebenso Buchner NZA 1993, 289, 298; Löwisch/Rieble, a.a.O. § 1 Rz. 364; Oetker RdA 1995, 82, 95; Steffan JuS 1993, 1027, 1029; Wank in FS Schaub, a.a.O.S. 761, 770 f.

finden die Regeln des BGB über Willenserlärung eines vollmachtlosen Vertreters mithin Anwendung[267].

Für die organschaftliche Vertretung gelten die Vorschriften der §§ 164 ff. BGB unabhängig davon, ob das Handeln eines Koalitionspartners nach außen als organschaftliche Vertretung des Koalitionspartners selbst eingestuft wird oder als Stellvertretung des Koalitionspartners durch Dritte[268].

Hervorzuheben sind dabei die Grundprinzipien, daß das Handeln eines Organs im Namen der Koalition und im Rahmen der Organvertretungsmacht ausschließlich die Koalition verpflichtet. Bei Handeln im eigenen Namen verpflichtet das Organ nur sich selbst. Handelt das Organ zwar im Namen der Koalition, überschreitet es aber seine Vertretungsmacht, so ist das einseitige Rechtsgeschäft unzulässig, § 180 BGB (vgl. auch § 180 S.2 BGB), das zweiseitige schwebend unwirksam nach § 177 BGB[269]. Eine Genehmigung wird nicht erfolgen, da ja gerade ein Fall pflichtwidriger Interessenwahrnehmung vorliegt.

Zu prüfen ist, welche Voraussetzungen im Innenverhältnis zu den Mitgliedern vorliegen müssen, um eine Kündigungsbefugnis zu bejahen.

Die im Innenverhältnis geschuldeten Pflichten werden im Einzelfall von der jeweiligen Satzung bestimmt. Obwohl die Pflichten -abhängig von der jeweiligen Satzung- im einzelnen unterschiedlich festgesetzt sein können, müssen alle Satzungen doch bestimmte Mindestvoraussetzungen erfüllen. Nur auf diese Mindestvoraussetzungen kann bei der vorliegenden Feststellung allgemein gültiger Pflichten abgestellt werden.

Es ist ausgeführt worden, daß die Koalitionen zum einen in eine zunehmend öffentliche Aufgabe hineingewachsen sind und zum anderen eine 'soziale Macht' im Verhältnis zu ihren Mitgliedern sind. Beides fordert eine demokratische Binnenstruktur der Koalition, um den Mitgliedern angemessenen Einfluß auf die Willensbildung der Organe sowie deren Kontrolle zu sichern. Eine demokratische Struktur setzt neben der Wählbarkeit der Amtsträger und Vertreter auf Zeit auch die Pflicht zur Rechenschaftslegung gegenüber den Mitgliedern sowie ein innerverbandliches Einspruchs- und Beschwerdeverfahren bei Mißständen voraus. Die demokratische Struktur fordert weiter gleiche Mitwirkungs- und Stimmrechte für alle Mitglieder -bei angemessenem Schutz der

---

[267]Hagemeier, a.a.O. § 2 Rz. 98 a; i.E. ebenso Heß ZfA 1976, 49 ff.

[268]vgl. Die Ausführungen zur 'Organtheorie' (Gierke) und zur 'Vertretertheorie' (Savigny) in K.Schmidt, Gesellschaftsrecht, a.a.O.S. 215 ff.

[269]K.Schmidt, Gesellschaftsrecht, a.a.O.S. 219 f.

Minderheiten-[270]. Ausfluß hiervon ist das Mehrheitsprinzip. Die Koalition handelt im Außenverhältnis mithin grundsätzlich nur dann in Erfüllung ihrer -im Innenverhältnis- geschuldeten Pflichten, wenn sie dabei die Interessen der Mehrheit der Mitglieder vertritt.

Eine Kündigungsbefugnis würde demgemäß auch nur dann bestehen, wenn die Mehrheit der Mitglieder durch die tariflichen Regelungen in ihren rechtlich geschützten Interessen verletzt wird. Daß eine Kündigungsbefugnis jedenfalls dann gegeben ist, wenn die Mehrheit der Mitglieder die Lösung verlangt[271], ist unproblematisch.

Zu prüfen ist, ob eine Kündigungsbefugnis ausnahmsweise auch dann bejaht werden kann, wenn lediglich eine Minderheit entsprechend betroffen ist. Hierbei ist problematisch, daß es sich nicht lediglich um eine Vertretung der Interessen der Minderheit handelt, durch die die Interessen der Mehrheit überhaupt nicht berührt werden. Vielmehr betrifft die Rechtsfolge der außerordentlichen Kündigung nicht nur die in ihren Rechten verletzte Minderheit, sondern erfaßt alle tarifgebundenen Mitglieder (wie Dritte). Gleichwohl könnte der Minderheitenschutz dies fordern. Denn bei einer Versagung dieses Minderheitenschutzes droht die Existenzvernichtung der betroffenen Mitglieder. Ist Sinn und Zweck des Zusammenschlusses der Mitglieder zu einer Koalition, aus einer gestärkten Position heraus die Arbeits- und Wirtschaftsbedingungen auszuhandeln, entgleiten dabei Vereinbarungen, die die Existenzvernichtung der Mitglieder nach sich ziehen. Demnach hätte die Koalition die Pflicht, alles ihr Mögliche zu tun, um eine solche Folge zu vermeiden. Geeignetes Mittel könnte die außerordentliche Kündigung der tariflichen Regelung sein.

Es dürfen hierüber aber nicht Sinn und Zweck des Koalitionswesens vergessen werden, die Arbeits- und Wirtschaftsbedingungen einheitlich zu regeln; tariflose Zustände sollen im Interesse von Sicherheit und Planbarkeit möglichst vermieden werden. Würden nun im Interesse nur einiger weniger Mitglieder die tariflichen Regelungen mit Wirkung auch für die Mehrheit der nicht nachteilig betroffenenen Mitglieder aufgekündigt, würden ebendiese Ziele des Koalitionswesens in Frage gestellt. Hinzu kommt, daß die betroffenen Mit-

---

[270]Gamillscheg, a.a.O.S. 401 f. m.w.N.

[271]Beuthien/Meik DB 1993, 1518 ("nicht alle"); Buchner NZA 1993, 289. 298 und Henssler ZfA 1994, 487, 491 ("Mehrzahl der Mitglieder"); Oetker RdA 1995, 82, 95 ("überwiegende Zahl"); Wank in FS Schaub, a.a.O.S. 761, 770 ("Tendenz (...) zu verneinen", wenn „weniger als die Hälfte"); Wank in Wiedemann, a.a.O. § 4 Rz. 31 ("wesentlicher Teil der Verbandsmitglieder")

glieder aufgrund der Verfassungswidrigkeit der tariflichen Regelungen ohnehin nicht zum Befolgen verpflichtet sind. Die außerordentliche Kündigung würde insoweit nur der Klärung der Rechtslage dienen.

Die betroffenen Mitglieder sind im übrigen auch nicht auf die außerordentliche Kündigung durch die Koalition angewiesen. Denn diese ist nicht das einzige Mittel, um eine rechtsgeschäftliche Lösung von den tariflichen Regelungen zu erzielen. Unter 4. wird aufzuzeigen sein, daß die Mitglieder ein eigenes Recht zur außerordentlichen Kündigung der tariflichen Regelungen haben.

Überdies ist der Verband in den Fällen, in denen nur eine Minderheit seiner Mitglieder nachteilig betroffen ist, verpflichtet, in Verhandlung mit dem Tarifpartner zu treten, um eine Öffnungsklausel oder eine nachträgliche Sonderregelung für diese Unternehmen zu erzielen. Diese Sonderregelung kann darin bestehen, daß das betroffene Unternehmen im Wege einer Satzungsänderung für eine gewisse Zeit aus dem Bereich der Tarifzuständigkeit des Verbandes ausgenommen wird oder daß der Tarifvertrag für das gefährdete Mitgliedsunternehmen abgeändert wird (sog. „firmenbezogener Tarifvertrag“)[272].

So erfordert es der Minderheitenschutz vorliegend nicht, eine Ausnahme vom grundsätzlichen Mehrheitsprinzip zuzulassen.

4. Außerordentliche Kündigung durch den einzelnen tarifgebundenen Arbeitgeber

4.1. Kündigungsberechtigung für den Verbands-Tarifvertrag nach allgemeinen zivilrechtlichen Grundsätzen

Die außerordentliche Kündigung eines Verbands-Tarifvertrages durch einen einzelnen Arbeitgeber setzt voraus, daß dieser Kündigungsberechtigter ist. Es ist dargelegt worden, daß der nach allgemeinen zivilrechtlichen Grundsätzen zustande gekommene Vertrag 'Tarifvertrag' nach allgemeinen zivilrechtlichen Grundsätzen beendigt werden kann. Diese Möglichkeit zur Beendigung eines Vertrages steht aber nur dem jeweiligen Vertragspartner zu. Denn nur dieser ist unmittelbar schuldrechtlich an den Vertrag gebunden. Gleiches muß für den Vertrag 'Tarifvertrag' gelten. Nur die Koalitionspartner haben damit auch die Befugnis (i.S.einer materiell-rechtlichen Zuständigkeit), diese schuldrechtlichen Wirkungen zu beenden.

[272] Wank in Wiedemann, a.a.O. § 4 Rz. 39 m.w.N.

Das einzelne Mitglied ist nicht Kündigungsberechtigter für eine außerordentliche Kündigung des Verbands-Tarifvertrages nach allgemeinen zivilrechtlichen Grundsätzen.

4.2. Kündigung der Mitgliedschaft im Arbeitgeber-Verband

Die Kündigung der Mitgliedschaft im Arbeitgeber-Verband ist nicht geeignet, die Wirkungen des Tarifvertrages im Verhältnis Mitglied-Arbeitnehmer mit sofortiger Wirkung zu beenden. Denn nach § 3 Abs.3 TVG endet die Tarifbindung grds. nicht mit dem Austritt aus dem Verband, sondern besteht vielmehr so lange fort, bis der Tarifvertrag endet. Die Tarifbindung wird in diesem Fall fingiert und stellt damit eine atypische Tarifgebundenheit dar[273]. Nach dem Willen des Gesetzgebers soll diese Vorschrift die Funktionsfähigkeit der Tarifautonomie sichern. Wirtschaftliche Gründe des Arbeitgebers, die für eine Beendigung der Tarifbindung sprechen, bleiben mithin unberücksichtigt[274]. Auch eine Reduzierung der Mitgliedschaft auf die Mitgliedschaft ohne Tarifbindung (OT-Mitgliedschaft) ist abzulehnen, da dies eine Umgehung von § 3 Abs.3 TVG darstellen würde.

4.3. Außerordentliches Kündigungsrecht nach dem Rechtsprinzip der außerordentlichen Kündigung in seiner kartellrechtlichen Ausprägung

Das Recht zur außerordentlichen Kündigung der Bindungswirkung des Tarifvertrages könnte sich für den einzelnen Arbeitgeber aber aus dem Rechtsprinzip der außerordentlichen Kündigung in seiner kartellrechtlichen Ausprägung ergeben.

Die unbillige Einschränkung der wirtschaftlichen Bewegungsfreiheit durch Kartellverträge und -beschlüsse als ein die außerordentliche Kündigung rechtfertigender 'wichtiger Grund' war ehemals in § 13 Abs.1 S.1u.S.2 GWB spezialgesetzlich geregelt. Der Gesetzgeber hat die Vorschrift des bisherigen § 13 über Kündigung und Rücktritt von Kartellen mit Ablauf des 31.12.1998 abgeschafft. Damit sollte jedoch dem einzelnen Kartellmitglied nicht die Möglichkeit zur außerordentlichen Kündigung genommen werden. So wird im Gesetz-

[273]BAG AP Nr. 15 zu § 3 TVG m.w.N.; Oetker in Wiedemann, a.a.O. § 3 Rz. 51
[274]Gamillscheg, a.a.O.S. 724

entwurf der Bundesregierung zur Begründung der Streichung ausgeführt, daß die spezialgesetzliche Regelung der außerordentlichen Kündigung keine praktische Bedeutung erlangt habe. Dauerschuldverhältnisse könnten schon nach allgemeinen zivilrechtlichen Grundsätzen aus wichtigem Grund gekündigt werden. Dieses Recht könne ohnehin nicht ausgeschlossen werden. Einer entsprechenden Bestimmung im GWB speziell für Kartelle bedürfe es daher nicht[275]. Damit ist klargestellt, daß die spezialgesetzliche Regelung des bisherigen § 13 Abs.1 GWB Ausformung des allgemeinen Rechtsprinzips war, daß Dauerschuldverhältnisse außerordentlich kündbar sein müssen. Nach Wegfall der als überflüssig eingestuften Vorschrift bleibt daher die Möglichkeit zur außerordentlichen Kündigung nach dem Rechtsprinzip der außerordentlichen Kündigung in seiner kartellrechtlichen Ausprägung.

Es ist zu prüfen, ob der einzelne Arbeitgeber das Recht zur außerordentlichen Kündigung in seiner kartellrechtlichen Ausprägung bezogen auf verbandstarifliche Regelungen hat, wenn das Befolgen bestimmter tariflicher Regelungen die unmittelbar drohende Existenzvernichtung des Unternehmens zur Folge hat.

Der Wettbewerb des Koalitionsrechts ist durch eine Kartellierung auf Arbeitgeber- wie auf Arbeitnehmerseite charakterisiert[276]. Auf die Kartellwirkung von Arbeitgeber-Verband und Gewerkschaft soll jedoch in diesem Zusammenhang weniger abgestellt werden als vielmehr auf den Tarifvertrag als der vertraglichen Übereinkunft, die die sich gegenüberstehenden Kartelle getroffen haben. Denn auch der Tarifvertrag besitzt Kartellwirkung, soweit er den Mindestinhalt von konkreten Arbeits- und Wirtschaftsbedingungen festlegt. Die für den Arbeitnehmer ungünstigeren individualvertraglichen Regelungen werden verdrängt. Ein freier Wettbewerb wird insoweit verhindert[277]. Zur besseren Einordnung der Fragestellung, ob das GWB auf tarifliche Bestimmungen anwendbar ist, sollen zunächst die wesentlichen Unterschiede des allgemeinen wirtschaftlichen Wettbewerbs und des besonderen arbeitsrechtlichen Wettbewerbs des Koalitionswesens im Rahmen des Art. 9 Abs.3 GG herausgearbeitet werden. Sodann ist die Anwendbarkeit des GWB auf tarifliche Regelungen zu prüfen und dabei auch, ob das GWB auf verfassungswidrige tarifliche Rege-

[275]Gesetzentwurf der Bundesregierung zur 6.GWB-Novelle, BT-Drucksache 13/9720; zit. nach Baron, a.a.O. S.120, 121

[276]Scholz in FS Rittner, a.a.O.S. 629, 638 f.; Briefs, a.a.O.S. 39 ff.

[277]vgl. Löwisch in FS Rittner, a.a.O.S. 381 ff.; Löwisch in Mü.Hdbuch, a.a.O. § 240 Rz. 5; Richardi in Mü.Hdbuch, a.a.O. § 234 Rz. 6

lungen angewandt werden kann[278]. Zuletzt sind die Voraussetzungen für das außerordentliche Kündigungsrecht in seiner kartellrechtlichen Ausprägung zu untersuchen.

4.3.1. Verhältnis Wettbewerbsrecht/Tarifrecht

Das auf den allgemeinen wirtschaftlichen Wettbewerb ausgerichtete GWB soll der Verwirklichung eines Höchstmaßes an wettbewerblicher Pluralität i.S.von Freiheitlichkeit dienen. Der einzelne Wettbewerber bestimmt frei sowohl die individuelle Zielsetzung seiner wirtschaftlichen Tätigkeit wie auch die Art und Weise der Ausübung. Zur Sicherung der unternehmerischen Freiheit (Art. 12 Abs.1, 14 Abs.1 GG) bestimmen u.a. kartellrechtliche Vorschriften, inwieweit die Entscheidung eines Unternehmers mit den Entscheidungen anderer Unternehmer abgestimmt werden darf. Eine „wirtschaftliche Macht", die „die Wirksamkeit des Wettbewerbs und die ihm innewohnenden Tendenzen zur Leistungssteigerung beeinträchtigt und die bestmögliche Versorgung der Verbraucher in Frage stellt"[279], soll verhindert werden. Damit dient das GWB der Sicherung der Funktionsfähigkeit der Wettbewerbsordnung.

Der koalitionsrechtliche Wettbewerb des Arbeitsrechts ist durch die von vorneherein feststehenden Vertragspartner geprägt. Beim Tarifvertrag stehen sich zudem zwei vergleichbar mächtige Vertragspartner gegenüber, deren Ziele -historisch gewachsen- entgegengesetzt sind. Während im marktwirtschaftlichen Wettbewerb bei der Verfolgung von Einzelinteressen gleichzeitig die marktwirtschaftliche Ordnung gesichert wird, bündelt das Koalitionswesen die Interessen der beiden Gegenspieler. Als Machtmittel zur Durchsetzung der eigenen Gruppenziele dient der Arbeitskampf. Der Arbeitsmarkt ist heute weitgehend bilateral monopolisiert. Durch kollektives Aushandeln der Arbeitsbedingungen ist der allgemeine wirtschaftliche Wettbewerb nahezu ausgeschaltet; der Arbeitsmarkt ist kartellähnlich strukturiert. Gemäß Art.9 Abs.3 GG werden die Koalitionspartner sogar dazu angehalten, (letztlich) eine Einigung

---

[278]Bei der Beurteilung der Anwendung des GWB ist nicht darauf abzustellen, welche Rechtsform die Beteiligten zur Beschränkung des Wettbewerbs wählen; entscheidend ist allein, welche Regelungen inhaltlich getroffen sind (Scholz in FS Rittner, a.a.O.S. 629, 638 f.; Briefs, a.a.O.S.39 ff.). Mithin sind auch tarifliche Festsetzungen für eine Anwendung dann offen, wenn Art. 9 Abs. 3 GG dem nicht entgegen steht.

[279]Müller/Henneberg, 1.A., a.a.O.S. 1057

zu erzielen. Die dort garantierte Tarifautonomie umfaßt nicht nur die Befugnis, sondern formuliert auch die Aufgabe, Koalitionsvereinbarungen zu treffen[280].

Der Tarifvertrag ist kein dem Wettbewerb von Individuen dienendes Instrument der Marktwirtschaft. Er ist vielmehr durch die jeweilige Konzentration von Angebot und Nachfrage auf dem Arbeitsmarkt eine Art Antipol zum Wettbewerb[281].

Der Verfassungsgeber hat den Koalitionspartnern die Tarifautonomie zugesichert, um Arbeits- und Wirtschaftsbedingungen tarifvertraglich zu regeln. Die wirtschaftliche Wettbewerbsfreiheit, die aus Gründen des Gemeinwohls einschränkbar ist[282], wird insoweit begrenzt. Der koalitionsrechtliche Wettbewerb der Arbeitsverfassung, der Teil der allgemeinen Wirtschaftsverfassung im weiteren Sinne ist[283], unterliegt einem eigenen Regelsystem, welches seinerseits in einem Spannungsverhältnis zur allgemeinen Wirtschaftsverfassung steht.

Danach bleibt festzuhalten, daß das GWB auf den allgemeinen marktwirtschaftlichen Wettbewerb ausgerichtet ist, während das Tarifrecht auf die Bündelung der entgegengesetzten Interessen bei den beiden Tarifvertragsparteien abzielt.

4.3.2. Anwendbarkeit des GWB auf tarifliche Regelungen

Die Materialien zum GWB lassen erkennen, daß die Anwendungsproblematik bereits im Rahmen des Gesetzgebungsverfahrens erörtert wurde:

In der Begründung zum Gesetzentwurf von 1958 heißt es: "Die Fassung des Gesetzes stellt es andererseits klar, daß Abreden über den Abschluß oder Inhalt von Arbeits- oder Dienstverhältnissen nicht darunter fallen. Dies sind keine gewerblichen Leistungen. Kooperative Bindungen der Arbeitgeber oder der Arbeitnehmer über die Gestaltung der Lohn- und Arbeitsbedingungen fallen also nicht unter das Gesetz."[284]

---

[280] Scholz in Maunz/Dürig/Herzog/Scholz, a.a.O. Art. 9 Rz. 159
[281] Konzen ZfA 1991, 379, 390; Säcker ZHR 137 (1973), 455, 466
[282] BVerfGE 7, 377, 378 -LS-
[283] so auch Scholz in FS Rittner, a.a.O.S. 629, 638 ff.
[284] Müller/Henneberg, 1.A., a.a.O.S.1075

Die während des Gesetzgebungsverfahrens geltend gemachte Forderung, bestimmte Bereiche ausdrücklich aus dem Geltungsbereich des § 1 GWB herauszunehmen, hierunter

„1. Leistungen, die aufgrund eines Arbeitsverhältnisses bewirkt werden,

2. Die Tarifvertragsparteien“

sind durch den federführenden Wirtschaftsausschuß zurückgewiesen worden. Da Leistungen, die aufgrund eines Arbeitsverhältnisses bewirkt werden, schon durch die Fassung des Gesetzes aus dem Geltungsbereich fielen, würden somit „die Tarifvertragsparteien im Rahmen ihrer gesetzmäßigen Tätigkeit ebenfalls nicht unter das Gesetz fallen“[285].

Nach der Rechtsauffassung des Ausschusses war bereits dadurch eine eindeutige Antwort gegeben, daß das GWB lediglich die gewerbliche Leistung erfaßt und deren Regelung nicht im von Art.9 Abs.3 GG geschützten Bereich der Tarifautonomie liegt. Gleichzeitig brachte der Ausschuß aber auch zum Ausdruck, daß die Tarifvertragsparteien auch nur insoweit vom Geltungsbereich des § 1 GWB ausgenommen sind, wie die von ihnen getroffenen Lohn- und Arbeitsbedingungen von ihrer Tarifkompetenz gedeckt sind.

Zwar enthält § 1 GWB n.F. im Gegensatz zu § 1 GWB a.F. nicht mehr den Begriff „gewerbliche Leistungen“. Eine inhaltliche Änderung sollte nach dem Willen des Gesetzgebers mit der neuen Formulierung aber nicht verbunden sein[286].

Anknüpfend an das Erfordernis des Vertrages über Waren oder gewerbliche Leistungen wird vorgebracht, daß tarifliche Regelungen nicht in den Anwendungsbereich des GWB fallen. Nach der Auffassung des Gesetzgebers sollten die in einem Arbeitsverhältnis erbrachten Leistungen gerade von gewerblichen Leistungen i.S.des GWB zu unterscheiden sein[287].

Für die Anwendbarkeit des GWB auf tarifliche Regelungen wird von anderer Seite vorgetragen, daß bereits nach den Äußerungen des historischen Gesetzgebers nur „Lohn- und Arbeitsbedingungen“ ausgeschlossen worden seien. Keine Stellungnahme liege demnach betreffend die tariflichen „Arbeits- und Wirtschaftsbedingungen“ vor. So fehle jeder Hinweis auf betriebliche Fragen

[285] Müller/Henneberg, 1.A., a.a.O.S.1208

[286] Bechtold NJW 1998, 2769, 2770

[287] Bunte in Langen/Bunte, a.a.O. § 1 Rz. 42, 155; Löwisch in Mü. Hdbuch, a.a.O. § 240 Rz. 23; Hendriks, a.a.O.S. 26

oder solche der Unternehmensführung[288]. Hiergegen wird eingewandt, daß Regelungsgegenstand von „Lohn- und Arbeitsbedingungen" die Gesamtheit der Bedingungen ist, unter denen abhängige Beschäftigung erfolgt, dies jedoch nur bezogen auf den Arbeitsmarkt[289].

Das Bundeskartellamt äußert in seinem veröffentlichten Brief vom 31. 01. 1961[290] die Auffassung, daß das GWB generell auf Tarifverträge ebensowenig anwendbar sei wie auf Absprachen unter Arbeitgebern, die sich direkt auf das Verhältnis zur Arbeitnehmerschaft beziehen. Anders zu beurteilen seien hingegen Absprachen unter Arbeitgebern, die geeignet sind, die Marktverhältnisse für den Verkehr mit Waren durch eine Beschränkung des Wettbewerbs zu beeinflussen. Sei die mittelbare Kartellwirkung eines Tarifvertrages so beherrschend, daß das Interesse des Arbeitsmarktes an einer einheitlichen Regelung der Arbeitsbedingungen hinter dem der Wettbewerbsfreiheit auf den Gütermärkten zurücktrete, dann müsse das Kartellverbot auch einen solchen Tarifvertrag erfassen[291].

Das Bundesarbeitsgericht (1.Senat) hat die Auffassung vertreten[292], daß die Gewerkschaften beim Tarifvertragsabschluß nicht in Unternehmereigenschaft auf dem Markt für Waren oder gewerbliche Leistungen handelten, sondern vielmehr als Koalitionspartner tätig würden. Es könne zur Erfüllung der Tatbestandsvoraussetzungen des § 1 GWB auch nicht auf die einem Tarifvertragsabschluß vorhergehende Beschlußfassung im Arbeitgeber-Verband als einer Vereinigung von Unternehmen abgestellt werden: Denn es sei widersinnig, den Beschluß als unwirksam nach § 1 GWB anzusehen, wenn doch der dem folgende Tarifvertrag gerade nicht dem GWB unterfalle. Unselbständige Arbeitnehmer erbrächten auch keine gewerblichen Leistungen, da diese wiederum die Selbständigkeit der Leistungen voraussetzten. Es fehle bei tariflichen Vereinbarungen auch am gemeinsamen Zweck: Arbeitgeberverbände und Gewerkschaften seien keine Wettbewerber auf dem Güter- und Dienstleistungsmarkt, und ein Tarifvertrag beschränke nicht die wettbewerbsbeschränkende Handlungsfreiheit von den im Wettbewerb zu den Vertragsschließenden Stehenden. Auch tarifliche Regelungen mit mittelbarer oder unmittelbarer Auswirkung auf den Wettbewerb der Arbeitgeber zueinander, d.h. mit wettbe-

[288]Kulka WuW 1987, 5, 17 und RdA 1988, 336, 342

[289]Söllner NZA 1996, 897 f. und 899; Wiedemann in FS Stefan Riesenfeld, a.a.O.S. 301, 318

[290]WuW/E BKartA 339, AZ -Z 2_ 121100-465/60- („Sonnabendarbeitszeit")

[291]Stellungnahme des Präsidenten des Bundeskartellamtes nach § 90 Abs.2 GWB im Rechtsstreit LG Berlin -AZ 16 O 942/88- , EzA Nr. 45 zu Art. 9 GG

[292]BAG, U.v.27.06.1989, AP Nr. 113 zu Art. 9 GG Arbeitskampf

werbsbeschränkender Wirkung, sollten nicht dem GWB unterfallen, da es letztlich die Entscheidung der Koalitionspartner sei, die Einstufung der Interessen des Wettbewerbs bzw. des Koalitionsrechts vorzunehmen. Sei hingegen ein Tarifvertrag allein in wettbewerbsregelnder Absicht geschlossen worden, so soll im Falle eines solchen rechtsmißbräuchlichen Verhaltens der Koalitionspartner dann auch das GWB anwendbar sein.

Nach der Ansicht des BAG kommt man nie zur Anwendung des GWB auf tarifliche Regelungen. Den Tarifvertragsparteien eine uneingeschränkte Einschätzungsprärogative einzuräumen, ist m.E. nicht zu rechtfertigen. Ein Tarifvertrag wird zwangsläufig zumindest auch reine Arbeitsbedingungen regeln. Andernfalls ist nicht einsichtig, weshalb die beteiligte Gewerkschaft koalieren sollte. Der Tarifvertrag muß auch ihren Mitgliedern Vorteile bringen.

In der Fachliteratur wird gegen eine Anwendung des GWB auf tarifliche Regelungen eingewandt, daß der Koalitionspartner Gewerkschaft kein tauglicher Vertragspartner i.S.v. § 1 GWB ist. So wird der Gewerkschaft eine unternehmerische Tätigkeit, die entweder im Anbieten oder Nachfragen von Waren oder gewerblichen Leistungen, also einer Marktteilnahme, bestehe, grundsätzlich abgesprochen[293]. Dem wird entgegengehalten, daß auch eine Gewerkschaft unternehmerisch tätig sei, wenn sie auf den Abschluß marktregelnder Tarifverträge abziele. Der kartellrechtliche Unternehmensbegriff sei funktional zu definieren i.S. jedweder Tätigkeit im geschäftlichen Verkehr[294]. Denn die gesetzgeberische Absicht sei es gewesen, durch die Regeln des GWB die individuelle Wettbewerbsfreiheit des einzelnen und damit gleichzeitig den Wettbewerb an sich vor Beschränkungen zu sichern. So seien auch Idealvereine erfaßt, die nicht auf den Betrieb eines Handelsgewerbes gerichtet sind. Gewinnerzielungsabsicht sei nicht erforderlich. Entscheidend sei lediglich die Teilnahme am marktwirtschaftlichen Leistungsaustausch. Die mittelbare Einflußnahme auf die Austauschverträge Dritter reiche aus[295].

Auf die Frage, ob die Gewerkschaft tauglicher Vertragspartner ist, könnte es jedoch überhaupt nicht ankommen. Denn im Zusammenhang mit dem Zustan-

[293] Anzinger/Koberski NZA 1989, 744 f.; Bechthold RdA 1983, 99; Bunte in Langen/Bunte, a.a.O. § 1 Rz. 155; Dütz AfP 1989, 605, 610; Hendriks, a.a.O.S. 37 f., 46; Immenga in Immenga/Mestmäcker, a.a.O. § 1 Anm. 83; Köhler RdA 1987, 234; Müller-Henneberg in Müller-Henneberg/Schwartz, a.a.O. § 1 Anm. 8; Vaubel, a.a.O.S. 21 ff.

[294] Kulka RdA 1988, 336, 338

[295] Immenga in Immenga/Mestmäcker a.a.O. § 1 Rz. 333; Kulka WuW 1987, 5, 17 f. mit Verweis auf BGH GRUR 1972, 40, 41 f.; Nacken WuW 1988, 475, 484

dekommen eines Verbands-Tarifvertrages ergeht ein „Beschluß von Unternehmensvereinigungen“, und zwar dies ohne Mitwirkung der Gewerkschaft.

Unstreitig ist der Arbeitgeber-Verband eine „Unternehmensvereinigung“[296]. Innerhalb des Arbeitgeber-Verbandes geht dem Tarifvertragsabschluß eine entsprechende Abstimmungsentscheidung voraus und diese Entscheidung ist ein Beschluß im oben genannten Sinne.

Ein Abstellen auf diesen Beschluß wird wiederum unter Hinweis darauf zurückgewiesen, daß der diesem Beschluß folgende und einzig entscheidende Tarifvertrag eben ein bloßer Folgevertrag sei. Folgeverträge seien aber nur dann kartellrechtlich unwirksam, wenn sie selbst -und nicht allein der vorhergehende unwirksame Kartellvertrag- gegen das Kartellverbot verstießen[297].

Dem ist entgegenzuhalten, daß die Hinzunahme des weiteren Vertragspartners Gewerkschaft den Charakter des Beschlusses des Arbeitgeber-Verbandes und die mit ihm verbundenene Wirkung nicht verändern kann. Ein nach GWB unwirksamer Beschluß kann nicht mit „Hilfe“ der Gewerkschaft statthaft werden[298].

Ob die Gewerkschaft ihrerseits 'Unternehmen' i.S.d. GWB ist, kann dabei dahinstehen. Sinn und Zweck der kartellrechtlichen Vorschriften könnten andernfalls ad absurdum geführt werden.

Weiter wird die den Wettbewerb zwischen Unternehmen beschränkende Wirkung nach § 1 GWB für den Tarifvertrag verneint[299]. Dem Kollektiven Arbeitsrecht sei das parallele Verhalten der tarifgebundenen Unternehmen schließlich immanent. Auch seien die Gewerkschaften keine tatsächlichen oder potentiellen Konkurrenten der Arbeitgeber. Gleichgerichtete Zwecke einer Beschränkung des Wettbewerbs in Austauschverträgen seien nicht vorhanden. Die wie vertikale Wettbewerbsbeschränkungen wirkenden Tarifverträge (vgl. §§ 14 ff. GWB) beschränkten die wettbewerbliche Betätigung der Arbeitgeber im Interesse der bindenden Gewerkschaft[300].

---

[296]z.B. Rittner, a.a.O.S. 304

[297]Anzinger/Koberski NZA 1989, 744 f; Bechthold RdA 1983, 99; v.Renthe gen. Fink in Müller-Henneberg/Schwartz, a.a.O. § 2 Rz. 5 f.

[298]Nacken WuW 1988, 475, 484; Poth NZA 1989, 626, 630; Löwisch in Mü.Hdbuch, a.a.O. § 240 Rz. 11; Buchner ZHR 134 (1970), 165, 166;
i.E. auch Vaubel, a.a.O. S. 30 ff.

[299]Bunte in Langen/Bunte, a.a.O. § 1 Rz. 155; Immenga, a.a.O. § 1 Rz. 325

[300]Kulka WuW 1987, 5, 19

Teilweise wird auch bei Unterstellung eines Verstoßes gegen § 1 GWB angenommen, daß dies für den Tarifvertrag keine Folgen habe: Es könne eine Interessenabwägung[301] der sozialpolitischen Belange mit den Wettbewerbsbeschränkungen bzw. das Eingreifen eines entsprechenden außergesetzlichen Rechtfertigungstatbestandes[302] die Zulässigkeit des Tarifvertrages auch nach der Vorschrift des § 1 GWB bedeuten. Nach anderer Meinung ist das grundsätzliche Kartellverbot des § 1 GWB allein schon nach der Logik der §§ 2 ff. GWB nur nach den dort festgelegten Maßstäben zu überprüfen[303].

Unstreitig wirken sich tarifliche Lohn- und Gehaltsregelungen letztlich auch auf die Stellung des tarifunterworfenen Unternehmens im Markt aus. Eine Wettbewerbsbeschränkung i.S.des GWB ist dann gegeben, wenn die Wettbewerber in ihrer aktuellen oder potentiellen Dispositionsfreiheit, rechtlich zulässige wettbewerbsrelevante Handlungen im Markt vorzunehmen, eingeschränkt sind[304]. Hierunter fällt auch eine Begrenzung in der Wahl der Mittel für ein Agieren am Markt[305]. Unternehmen, die einem Tarifvertrag unterliegen, sind tatsächliche oder potentielle Konkurrenten und damit Wettbewerber. Tarifliche Regelungen, die ein bestimmtes Verhalten auf Arbeitgeber-Seite mit Gesetzeswirkung vorgeben, schränken den Arbeitgeber in seiner freien Festsetzung der entsprechenden Inhalte ein. Ziel dieser insoweit gleichgerichteten Verhaltensweise der tarifgebundenen Arbeitgeber ist zumindest auch[306] die Ausschaltung des freien Wettbewerbs im Interesse der schutzbedürftigen Arbeitnehmer.

Diese wettbewerbsbeschränkende Seite des Tarifvertrages wird nicht dadurch, daß der Tarifvertrag gleichzeitig eine wettbewerbsfördernde Kehrseite aufweisen kann, entkräftet. Der Zweck des GWB verbietet es, nur den 'Saldo' kartellrechtlich zu werten[307].

---

[301] Hendriks, a.a.O.S. 86 f.; Müller/Henneberg in Müller-Henneberg/Schwartz, a.a.O. § 1 Rz. 107; Nacken WuW 1988, 475, 486; dagegen: Bunte in Langen/Bunte, a.a.O., § 1 Rz. 87; Rittner, a.a.O.S. 349; im Ansatz so auch Scholz in FS Rittner, a.a.O.S. 629, 644 ("Gemeinwohlgründe")

[302] Müller-Henneberg in Müller-Henneberg/Schwartz, a.a.O. § 1 Rz. 107

[303] Immenga in Immenga/Mestmäcker, a.a.O. § 1 Rz. 387; Möschel a.a.O. Rz. 212; Poth NZA 1989, 626, 631; Säcker ZHR 137 (1973), 455, 472 ff.

[304] v.Gamm, a.a.O. § 1 Rz. 42

[305] BGH NJW 1975, 788, 790

[306] und damit ausreichend: BGH GRUR 1972, 40, 42 m.V.a.BGHZ 19, 299, 303 m.w.N.; ebenso v.Gamm NJW 1988, 1245, 1247; Köhler RdA 1987, 234

[307] v.Gamm, a.a.O. § 1 Rz. 44; und eingehend Köhler, a.a.O. S. 61 ff.

Bei für den Arbeitgeber günstigen Bedingungen kann das tarifgebundene Unternehmen mit höherer Kapitaldecke agieren, bei für den Arbeitgeber ungünstigen Bedingungen ist die Finanzkraft des Unternehmens und mithin auch seine Stellung am Markt eingeschränkt. Es darf nicht außer Acht gelassen werden, daß fast jedes Unternehmen im Zeitalter der Globalisierung auch mit nicht tarifgebundenen Unternehmen konkurriert.

Würden aber Lohn- und Gehaltsregelungen, die eine letztlich immer irgendwie geartete zwangsläufige mittelbare Folge für die Wettbewerbsstellung des Unternehmens im Markt haben, nur dann kartellrechtlich Bestand haben, wenn eine auch nur mittelbare Wettbewerbsbeschränkung auszuschließen ist, so würde der in Art.9 Abs.3 GG verfassungsrechtlich gesicherte Bereich der Tarifautonomie sinnentleert[308]. Den Tarifvertrags-Parteien muß folglich der für die Festsetzung der Arbeits- und Wirtschaftsbedingungen nötige Gestaltungsspielraum gesichert werden. Denn von diesen Regelungen geht gewissermaßen eine notwendige Wettbewerbsbeschränkung aus[309]. Tarifliche Regelungen mit einer lediglich mittelbaren Folge für die Wettbewerbsstellung des Unternehmens am Markt sind zumindest dann vom Anwendungsbereich des GWB nicht erfaßt, wenn diese Regelungen im Schutzbereich des Art. 9 Abs. 3 GG liegen.

Im vorliegenden Fall verfassungswidriger tariflicher Regelungen bedarf es einer besonderen Prüfung einer „Beschränkung des Wettbewerbs". Die „normale" im Tarifvertrag enthaltene Beschränkung des Wettbewerbs ist von dem Tarifvertrag gewollt und von der Tarifautonomie gedeckt (s.o.). Hier kommt es demgegenüber darauf an, inwieweit durch das Hinzutreten äußerer Umstände eine zusätzliche wettbewerbsbeschränkende Situation eintritt.

Fraglich ist, ob auch für die vorliegende Untersuchung wesentlich ist, daß grundsätzlich zwischen solchen tariflichen Regelungen zu unterscheiden ist, die im Interesse der Arbeitnehmer beschränkende Folgen auch für den Wettbewerb haben, vom GWB aber nicht erfaßt sind [310], und denen, die in den Wettbewerb unmittelbar regelnd eingreifen und dann auch dem GWB unter-

[308]ebenso Anzinger/Koberski NZA 1989, 745; Löwisch in MüHdbuch, a.a.O. § 240 Rz. 16; Wiedemann in FS Riesenfeld, a.a.O.S. 301, 319; KG Berlin AP Nr. 60 zu Art. 9 GG, Bl. 9 R.

[309]Kartellsenat KG Berlin AP Nr. 60 zu Art.9 GG (U.v.21.02.1990)

[310]Anzinger/Koberski NZA 1989, 745 f.; Buchner ZHR 134 (1970), 165, 166; Bunte in Langen/Bunte, a.a.O. § 1 Rz. 157; Hendriks, a.a.O.S. 61; Kulka RdA 1988, 336, 337; und sich widersprechend 336, 342;Löwisch in Mü.Hdbuch, a.a.O. § 240 Rz. 14 ff.; Poth NZA 1989, 626, 630; Säcker ZHR 137 (1973), 455, 467; Scholz in FS Rittner, a.a.O.S. 629, 646, 648; Vaubel, a.a.O.S. 73; BKartA BB 1962, 978

liegen (s.o.). Es wurde aufgezeigt, daß diese Differenzierung zur Abgrenzung der Anwendungsbereiche von GWB und (geschützter) Tarifautonomie dient. Vorliegend sind die streitigen Regelungen aber ohnehin nicht mehr im Schutzbereich der Tarifautonomie.

Den vorliegenden tariflichen Regelungen ist nicht etwa unter Hinweis auf ihre Verfassungswidrigkeit die wettbewerbsbeschränkende Wirkung von vorneherein abzusprechen. Zum einen besteht eine erhebliche faktische Bindungskraft auch von verfassungswidrigen Tarifnormen. Zum anderen ist zu erinnern, daß die zu beurteilenden tariflichen Regelungen verfassungswidrig, nicht jedoch nichtig sind, sondern lediglich mit der Verfassung unvereinbar.

Im vorliegenden Fall hat nun die tarifliche Regelung erst durch das Hinzutreten äußerer Umstände eine wettbewerbsbeschränkende Wirkung. Daher ist eher zu bezweifeln, daß eine unmittelbare wettbewerbsbeschränkende Wirkung durch den Tarifvertrag eintritt. Eine solche Differenzierung ist ohnehin in den Fällen sinnwidrig, in denen die tariflichen Regelungen eine Wettbewerbsbeschränkung zwar nicht unmittelbar zum Gegenstand haben, diese Beschränkung aber zwangsläufige Folge der Vereinbarung ist[311], etwa im Sinne einer nahegelegten rationalen Verhaltensweise[312]. Zu denken ist an die Aufgabe des Unternehmens.

Die Unterscheidung zwischen unerheblicher mittelbarer und relevanter unmittelbarer Wettbewerbsbeschränkung verliert ihre Berechtigung ohnehin dann, wenn die nur mittelbare Wettbewerbsbeschränkung sogar zur Existenzvernichtung der Unternehmen führen kann. Die Unterscheidung mag generell eine sinnvolle Orientierungshilfe sein, relevante von irrelevanten Wettbewerbsbeschränkungen zu unterscheiden. Inhaltliche Unterscheidungskriterien dürfen jedoch nicht außer Acht bleiben. Hier sind die tariflichen Regelungen zur Beeinflussung der Marktverhältnisse durch eine Beschränkung des Wettbewerbs geeignet.

Bedeutet ein Befolgen tariflicher Regelungen durch ein Unternehmen, daß dadurch seine Existenz am Markt unmittelbar gefährdet ist, so wird dem Unternehmen die Entscheidung darüber, ob es überhaupt am Marktgeschehen teilnehmen will, abgenommen. Wird das Marktgeschehen insoweit außer Kraft

---

[311] Immenga in Immenga/Mestmäcker, a.a.O. § 1 Rz. 303 ff.; Nacken WuW 1988, 475, 485 f.

[312] v.Gamm NJW 1988, 1245, 1246 und v.Gamm, a.a.O. § 1 Rz. 31; Kulka RdA 1988, 336, 338

gesetzt[313], so liegt eine mögliche Beeinflussung der Marktverhältnisse vor. § 1 GWB n.F. enthält diese Regelung über die Außenwirkung des Kartells zwar nicht mehr; diese ist aber weiterhin in § 1 GWB hineinzulesen, da eine sachliche Änderung der Voraussetzungen mit der Neufassung nicht verbunden sein sollte[314].

Zusammenfassend kann festgehalten werden, daß das GWB auf den Tarifvertrag grundsätzlich keine Anwendung findet. Eine Ausnahme sind jedoch tarifliche Regelungen, die von der Tarifautonomie nach Art.9 Abs.3 GG nicht gedeckt sind. In diesem Falle steht der Überprüfung tariflicher Regelungen am Maßstab des GWB grundsätzlich nichts entgegen[315]. Die Voraussetzungen des § 1 GWB liegen vor.

4.3.3. Das außerordentliche Kündigungsrecht in seiner kartellrechtlichen Ausprägung

Nach § 1 GWB i.V.m. § 134 BGB sind die entsprechenden tariflichen Regelungen nichtig. Die Möglichkeit zur außerordentlichen Kündigung dieser Regelungen nach dem Rechtsprinzip der außerordentlichen Kündigung in seiner kartellrechtlichen Ausprägung bleibt davon gleichwohl unberührt. Denn die Voraussetzungen eines 'wichtigen Grundes' für eine außerordentliche Kündigung entfallen nicht etwa deshalb, weil die entsprechenden Regelungen auch in anderer Hinsicht 'kranken'. Im Gegenteil muß der Kündigungsberechtigte von dieser Möglichkeit dann „erst Recht" Gebrauch machen können, wenn der Inhalt der entsprechenden Regelungen sogar verboten ist. Nach den Grundsätzen der Doppelwirkungen im Recht sind nichtige Rechtsgeschäfte durch Anfechtung oder Kündigung angreifbar[316]. Nichtigkeit bedeutet nur, daß die ge-

---

[313]vgl. ebenso z.B. Nacken WuW 1988, 475, 485

[314]Bechtold NJW 1998, 2769, 2770

[315]ebenso h.M. in Lit. u.Rspr.: Anzinger/Koberski NZA 1989, 745 f.; Bechthold RdA 1983, 99, 100; Bunte in Langen/Bunte, a.a.O. § 1 Rz. 157; Hendriks, a.a.O.S. 94 ff.; Löwisch in Mü. Hd.buch, a.a.O. § 240 Rz. 5 ff., 23, 28; Poth NZA 1989, 626, 631; Richardi in Mü.Hdbuch, a.a.O. § 234 Rz. 6; Säcker ZHR 137 (1973), 455, 466 f.; Schoch BB 1965, 477, 478; Söllner NZA 1996, 897, 899; Vaubel, a.a.O.S. 30, 71 ff., 97 ff., 99 ff.; Wiedemann, Anm. zu BAG AP Nr. 113 zu Art. 9 GG Arbeitskampf; darüber hinausgehend Kulka RdA 1988, 336, 343; arg. ex contrario BAG LS Ziff. 1 AP Nr. 113 zu Art 9 GG Arbeitskampf; KG Berlin AP Nr. 60 zu Art. 9 GG; federführender Wirtschaftsausschuß, zit.nach Müller/Henneberg, a.a.O.S. 1208

[316]Gilles NJW 1986, 1131, 1146; Heinrichs in Palandt, a.a.O. Übbl. v. § 104 Rz. 35

wollte Wirkung nicht eintritt[317]. Auch im Falle einer außerordentlichen Kündigung tritt die gewollte Wirkung für die Zukunft nicht (mehr) ein. Es ist nicht einzusehen, weshalb die außerordentliche Kündigung eines nichtigen Rechtsgeschäftes nicht möglich sein sollte. Dieser Grundsatz der Meistbegünstigung war auch für die ehemals in § 13 Abs.1 GWB a.F. geregelte Möglichkeit der außerordentlichen Kündigung anerkannt[318].

Es ist dargestellt worden, daß die Voraussetzungen des § 1 GWB vorliegen, wenn bei Befolgen der tariflichen Regelungen die Existenz des tarifgebundenen Unternehmens bedroht ist. Eine unbillige Einschränkung der wirtschaftlichen Bewegungsfreiheit i.S.v. § 13 Abs.1 GWB a.F. ist damit gegeben[319].

Die außerordentliche Kündigung der tariflichen Regelungen durch den Einzelarbeitgeber muß das mildeste, ihm zur Verfügung stehende Mitttel sein. Vor Ausspruch der außerordentlichen Kündigung sind daher alle milderen und zum gleichen Ergebnis führenden Mittel auszuschöpfen. Hierzu gehört neben der reinen Information seines Verbandes über die existenzbedrohende Lage auch, daß der Arbeitgeber den Verband auffordert, in Verhandlungen mit dem Tarifpartner zu treten. Denn es ist grundsätzlich möglich, daß im Einvernehmen mit der Gewerkschaft nachträglich eine Sonderregelung in den Tarifvertrag aufgenommen wird, durch die das betroffene Unternehmen von den tariflichen Regelungen befreit wird, oder daß ein firmenbezogener Tarifvertrag abgeschlossen wird.

Die Kündigungserklärung ist an die unmittelbaren Vertragspartner des Tarifvertrages zu richten, d.h. sowohl an den Arbeitgeber-Verband wie an die Gewerkschaft. Dies versteht sich von selbst, da die Kündigungserklärung alle an dem aufzukündigenden Kartell Beteiligten berührt[320].

Mit der Erklärung der außerordentlichen Kündigung der tariflichen Regelungen durch das einzelne Mitglied wird lediglich der Kartellvertag in seiner normativen Wirkung für und gegen ebendieses Mitglied beendigt[321].

---

[317]BGH JZ 1955, 500

[318]Immenga in Immenga/Mestmäcker, a.a.O. § 13 Rz. 7; OLG Stgt. WuW/E OLG 2790 „Ziegelvertrieb"

[319]Immenga in Immenga/Mestmäcker, a.a.O. § 13 Rz. 13

[320]so auch der BGH (BGHZ 96, 302, 310) selbst für den Fall der Anfechtung der Zustimmungserklärung bei Vertragsübernahme

[321]zu § 13 Abs. 1 GWB a.F.: Kiecker in Langen/Bunte, a.a.O. § 13 Rz. 9; Immenga in Immenga/Mestmäcker, a.a.O. § 13 Rz. 18

Nach der Wertung des § 13 Abs.1 GWB a.F. sollte die das Mitglied in seinen Rechten beeinträchtigende Wirkung des Kartells beendigbar sein. Im vorliegenden Fall ergibt sich die verbotene kartellierende Wirkung des Verbandstarifvertrages im Verhältnis zum betroffenen Mitglied erst über dessen Mitgliedschaft im Verband. Danach muß die außerordentliche Kündigungserklärung gegenüber dem Arbeitgeber-Verband als Vertragspartner des Kartells 'Tarifvertrag' auch die Aufkündigung der Mitgliedschaft im Verband enthalten.

Dieser Aufkündigung der Mitgliedschaft steht im Zweifel nicht der Grundsatz der 'ultima ratio' entgegen: Zwar können nur einzelne tarifliche Regelungen verboten i.S.v. § 1 GWB n.F. sein. Beim Tarifvertrag ergibt sich jedoch bei Teil-Unwirksamkeit eines Vertrages im Zweifel dessen Gesamtnichtigkeit.

Der beabsichtigten Beendigung der Wirkung der tariflichen Regelungen durch Aufkündigung der Mitgliedschaft steht auch nicht § 3 Abs.3 TVG entgegen. Denn es ist dargelegt worden, daß die entsprechenden tariflichen Regelungen von der Tarifautonomie nach Art. 9 Abs.3 GG nicht mehr gedeckt sind.

Die Regelung des § 3 Abs.3 TVG verliert damit ihre vorrangige spezialgesetzliche Wirkung. Sie tritt in Konkurrenz zu den Regelungen und Grundsätzen des GWB. Der allgemein anerkannte und im früheren § 13 Abs.1 GWB geregelte Grundsatz, daß jedes Dauerschuldverhältnis außerordentlich kündbar sein muß, und die Vorschrift des § 3 Abs.3 TVG widersprechen sich diametral. Erfordert die mangels Schutzbereiches von Art. 9 Abs.3 GG anwendbare Möglichkeit der außerordentlichen Kündigung in ihrer kartellrechtlichen Ausprägung, daß zur Beseitigung der kartellrechtlich verbotenen Wirkung tariflicher Regelungen die Verbandsmitgliedschaft tatsächlich endigt, so muß diesem allgemeinen Rechtsgrundsatz der Vorrang vor dem Ausnahmetatbestand des § 3 Abs.3 TVG zukommen. § 3 Abs.3 TVG wird insoweit verdrängt[322].

[322] i.E. ebenso Rieble RdA 1996, 151, 155

Damit steht als Ergebnis fest, daß der einzelne Arbeitgeber ein außerordentliches Kündigungsrecht nach dem allgemeinen Rechtsprinzip in seiner kartellrechtlichen Ausprägung hat.[323]

5. Die tatsächlichen Voraussetzungen einer das Unternehmen in seiner Existenz bedrohenden Lage

Im Rahmen der Prüfung der Anforderungen an eine die Existenz des Unternehmens bedrohende Lage in tatsächlicher Hinsicht ist zunächst festzustellen, auf welches Rechtssubjekt hierbei abzustellen ist und wie sich dessen Einbindung in einen Konzern möglicherweise auswirkt. Erst anschließend können die erforderlichen tatsächlichen Voraussetzungen für eine existenzbedrohende Lage im einzelnen dargestellt werden.

5.1. Die Abhängigkeit vom konkreten Rechtssubjekt und dessen Einbindung in einen Konzern

Betrieb - Unternehmen

Rechtsträger eines Betriebes ist das dahinterstehende Unternehmen. Handelt es sich um einen von mehreren Unternehmen geleiteten Gemeinschaftsbetrieb, so ist entsprechend auf alle an diesem beteiligten Unternehmen abzustellen.

---

[323] Bislang ist für tarifliche Regelungen allenfalls die entsprechende Anwendbarkeit der außerordentlichen Kündigung nach § 13 Abs.1 GWB a.F. vertreten worden (Löwisch, NJW 1997, 905, 906 und ZfA 1996, 293, 313 und Rieble, Arbeitsmarkt und Wettbewerb, a.a.O.Rz. 1297 f., 1566 ff: für den Fall der drohenden Existenzvernichtung eines Unternehmens). Ohne Angabe einer rechtlichen Begründung bejaht Däubler die Möglichkeit der außerordentlichen Kündigung des Verbandstarifvertrages mit Wirkung nur für das in seiner wirtschaftlichen Existenz bedrohte Mitgliedsunternehmen, ZTR 1996, 244. Otto in FS Kissel, a.a.O.S. 787, 797 f. hingegen lehnt ein Recht des in seinen Rechten aus Art. 14 Abs.1 GG verletzten Mitgliedsunternehmens, die Bindung des Verbandstarifvertrages abzustreifen, ohne Angabe von Gründen ab. Wank in Wiedemann, a.a.O. § 4 Rz. 32, 39 f. verweist auf die Verhandlungspflicht des Verbandes mit dem Ziel der nachträglichen Aufnahme einer Öffnungsklausel oder einer Möglichkeit zur „personellen Teilkündigung".

"Betriebs"vermögen - Privatvermögen

Je nach Rechtsform des Unternehmens kann neben dem eigentlichen Betriebsvermögen auch das Privatvermögen zu berücksichtigen sein. Es handelt sich hierbei insbesondere um die Fälle des Einzelkaufmanns sowie der (persönlich haftenden Gesellschafter einer) OHG bzw. KG [324].

Unternehmen - Konzern

Bei der Beurteilung der wirtschaftlichen Situation des Unternehmens ist auch dessen eventuelle Einbindung in einen Konzern zu berücksichtigen. Im Rahmen der Darstellung der wesentlichen Erscheinungsformen möglicher Einbindung in den Konzern wird dann jeweils deren eventuelle Auswirkung auf die Voraussetzungen einer außerordentlichen Kündigung beschrieben.

Ein Konzern ist ein unter einheitlicher Leitung stehender Zusammenschluß rechtlich selbständig bleibender Unernehmen, § 18 AktG. Eine einheitliche Leitung wird dann angenommen, wenn ein herrschendes Unternehmen für die zentralen unternehmerischen Belange eine Planung entwirft, die sich am Gesamtverbund orientiert und die durch die Gliedgesellschaften realisiert werden soll. Der Konzern selbst ist keine juristische Person.

Folge der Einbeziehung eines Unternehmens in einen solchen Konzernverbund ist, daß sowohl die Leitungsmacht wie auch die Zielbestimmung einem anderen, herrschenden Unternehmen unterstellt werden, § 17 Abs.1 AktG.

Wichtigster Anwendungsfall einer solchen Abhängigkeit ist die Mehrheitsbeteiligung. Das abhängige Unternehmen ist zwangsläufig nicht mehr primär auf eigenen Bestand bzw. Fortentwicklung ausgerichtet.

Der Konzern als Unternehmensverbund entsteht sowohl durch tatsächliche Verbindungen -etwa durch Beteiligung eines Unternehmens an einem anderen oder durch personelle Verflechtungen- wie auch durch Vertrag. Hierbei sind jeweils die Formen von Unterordnungs- und Gleichordnungskonzern zu unterscheiden, § 18 Abs.1 und Abs.2 AktG.

Erfolgt ein Zusammenschluß von Unternehmen unter einer einheitlichen Leitung so, daß eine Abhängigkeit der beteiligten Unternehmen untereinander hierbei nicht entsteht, handelt es sich um einen Gleichordnungskonzern.

---

[324]z.B. BAG AP Nr. 157 zu § 242 BGB Ruhegehalt

Beim Unterordnungskonzern hingegen übernimmt das herrschende Unternehmen die Leitungsmacht. Anwendungsfälle sind die sog. faktischen Konzerne, §§ 311 ff. AktG und die sog. Vertragskonzerne, §§ 291 ff. AktG.

Vertragskonzerne entstehen durch Abschluß eines sog. Beherrschungsvertrages, §§ 291, 308 AktG bzw. durch Eingliederung, §§ 319, 320 AktG.

Ein faktischer Konzern besteht ohne Beherrschungsvertrag bzw. Eingliederung anderer Unternehmen durch die allein faktische Leitung zusammengefaßter Unternehmen durch ein herrschendes Unternehmen.

Ein qualifiziert faktischer Konzern setzt eine Leitung voraus, die das abhängige Unternehmen umfassend und nicht nur gelegentlich führt - vergleichbar etwa der Führung einer bloßen Abteilung innerhalb eines Betriebes[325]. Haftungsrechtliche Konsequenzen aus einer solchen qualifiziert faktischen Leitung entstehen dann, wenn das Eigeninteresse des abhängigen Unternehmens hierdurch stark beeinträchtigt wird, vgl. § 302 AktG analog.

Es kann bei keiner der möglichen Erscheinungsformen eines Konzerns darauf ankommen, welche Rechtsform das Hauptunternehmen hat. Auch eine natürliche Person als Träger des herrschenden Unternehmens ist demgemäß in gleicher, folgend zu beschreibender Weise verpflichtet[326].

Der Vertragskonzern nach Aktienrecht

Grundlage für den Vertragskonzern ist der Beherrschungsvertrag, durch den die Leitung einer AG oder KGaA der Leitung einer anderen Gesellschaft unterstellt wird, § 291 Abs.1 S.1 AktG. Das herrschende Unternehmen ist berechtigt, Weisungen hinsichtlich der Leitung der Gesellschaft zu erteilen, § 308 Abs.1 AktG; der Vorstand des beherrschten Unternehmens ist zum Befolgen der Weisungen verpflichtet, Abs.2. Der Beherrschungs- oder Gewinnabführungsvertrag bedarf zur Wirksamkeit der Eintragung in das Handelsregister, § 294 Abs.1 AktG. Eine Umsetzung des Vertrages ohne erfolgte Eintragung ist entsprechend den Grundsätzen über die fehlerhafte Gesellschaft als wirksam zu behandeln.

[325]so BGH NJW 1986, 188, 190 (Autokran)

[326]BGH NJW 1986, 188, 190 (Autokran); BGH DB 1993, 825 (TBB-Urteil); BAG DB 1994, 1780; BGH NJW 1978, 104

Das herrschende Unternehmen hat entstehende Fehlbeträge auszugleichen, § 302 AktG. Ist mithin das beherrschte Unternehmen in einer entsprechenden existenzbedrohenden Lage, so ergibt sich allein hieraus noch kein außerordentliches Kündigungsrecht. Denn durch den vorzunehmenden Ausgleich von Fehlbeträgen durch das herrschende Unternehmen entfallen grundsätzlich die tatsächlichen Voraussetzugen für eine existenzbedrohende Lage. Anders freilich ist es zu beurteilen, wenn ein derartiger Ausgleich auch dem herrschenden Unternehmen nicht (mehr) möglich ist[327].

Das Vorstehende gilt entsprechend im Falle eines Betriebspacht- oder Betriebsüberlassungsvertrages, §§ 292 Abs.1 Nr.3, 302 Abs.1 AktG sowie des nicht geregelten Betriebsführungsvertrages.

Ist eine bestehende AG in eine andere AG eingegliedert worden, §§ 319-327 AktG, so bedeutet dies zum einen eine Zugriffsmöglichkeit auf das Vermögen der eingerichteten Gesellschaft, §§ 323 Abs.2 i.V.m. 291 Abs.3 AktG. Dies bedeutet aber auch, daß die Hauptgesellschaft für sämtliche Verbindlichkeiten der eingegliederten Gesellschaft als Gesamtschuldnerin mithaftet, § 322 AktG. Bezogen auf die Voraussetzungen für eine außerordentliche Kündigung durch die eingegliederte Gesellschaft heißt dies, daß die wirtschaftliche Lage beider Gesamtschuldner, mithin auch die der Hauptgesellschaft zu prüfen ist.

Der GmbH - Vertragskonzern

Ist das beherrschte Unternehmen eine GmbH, besteht ein sog. GmbH-Konzern. In der Praxis handelt es sich hierbei zumeist um einen faktischen Konzern. Denn bei der GmbH kann die Gesellschafterversammlung direkte Weisungen an die Geschäftsführung erteilen, § 37 Abs.1 GmbHG (anders die Hauptversammlung der AG, § 119 Abs.2 AktG). Mithin ist die faktische Beherrschung der GmbH durch eine entsprechende Mehrheit auch unabhängig von einem Beherrschungsvertrag möglich.

Ansprüche der GmbH als abhängiger Gesellschaft gegen das Hauptunternehmen sind gesetzlich nicht geregelt. Angesichts der speziellen Einwirkungsmöglichkeiten des Mehrheitsgesellschafters und der gegenüber dem Aktien-

[327] Es soll vorliegend nicht näher darauf eingegangen werden, ob dem herrschenden Unternehmen das Überschreiten einer bestimmten Opfergrenze durch auszugleichende Fehlbeträge beim beherrschten Unternehmen dann nicht mehr zugemutet werden kann, wenn durch das Erfüllen der Ausgleichspflicht eine eigene existenzbedrohende Lage herbeigeführt werden würde (hierzu Lutter/Timm ZGR 1983, 269, 291 ff.).

recht schwächeren Kapitalschutzvorschriften besteht aber ein Regelungsbedarf.

Liegt ein Beherrschungs- oder Gewinnabführungsvertrag vor, so ist das Hauptunternehmen zur Übernahme von Verlusten beim beherrschten Unternehmen gemäß § 302 AktG ensprechend verpflichtet[328]. Darüber hinaus haftet das herrschende Unternehmen unter den Voraussetzungen des § 303 AktG entsprechend den Gesellschaftsgläubigern unmittelbar, wenn die abhängige Gesellschaft wegen Vermögenslosigkeit selbst nicht mehr erfüllen kann[329]. Bei der Prüfung einer Möglichkeit zur außerordentlichen Kündigung durch das beherrschte Unternehmen ist dies zu berücksichtigen.

Möglicher Anwendungsfall eines GmbH-Vertragskonzernes ist die abhängige GmbH-Produktionsgesellschaft, die letztlich von der dahinter stehenden Besitzgesellschaft gesteuert wird. Letztere behält Grundbesitz wie Anlagevermögen und überläßt der Produktionsgesellschaft im Wege von Pachtverträgen das Betriebsgrundstück sowie die technische Ausrüstung des Betriebes[330]. Freilich kann auch die GmbH als Untergesellschaft ihrerseits einen Beherrschungs- oder Gewinnabführungsvertrag schließen. Der Beherrschungsvertrag ist dann Grundlage für eine mit Weisungen an die Geschäftsführung einhergehende Leitung der abhängigen Gesellschaft.

Der faktische Konzern im Aktienrecht

Besteht zwischen Unternehmen ein Abhängigkeitsverhältnis, ohne daß hierfür ein Beherrschungsvertrag oder eine Eingliederung die Grundlage bilden, so sind für diese faktisch beherrschte Aktiengesellschaft die §§ 311 ff. AktG einschlägig.

Grundsätzlich ist in diesen Fällen nur auf die wirtschaftliche Ertragslage der Untergesellschaft abzustellen. Lediglich dann, wenn das herrschende Unternehmen in nachteiliger Weise Einfluß genommen hat, ergibt sich etwas anderes.

Das herrschende Unternehmen muß das (auch vermögensmäßige) Eigeninteresse der beherrschten Aktiengesellschaft achten. In wirtschaftlicher Hinsicht

[328] BGH NJW 1986, 188 (Autokran); LAG Fra./M. DB 1988, 2568; Lutter/Timm ZGR 1983, 269, 280 Fußnote 35

[329] wie vor

[330] hierzu Schaub NZA 1989, 5, 8; Emmerich-Sonnenschein, a.a.O.S. 217 ff.

ist das beherrschte Unternehmen letztlich so zu stellen, wie es bei Unabhängigkeit stünde. Zwingt das herrschende Unternehmen das beherrschte Unternehmen, seinem Eigeninteresse (im Interesse des Konzerns) zuwiderzuhandeln, so besteht ein Anspruch auf Nachteilsausgleich durch das herrschende Unternehmen nach § 311 AktG bzw. bei dessen pflichtwidrigem Unterlassen ein entsprechender Schadensersatzanspruch der Gesellschaft, § 317 Abs.1 AktG. Daneben besteht eine gesamtschuldnerische Haftung der gesetzlichen Vertreter des herrschenden Unternehmens.

Derartige Ansprüche der Untergesellschaft sind im Rahmen der Prüfung von Voraussetzungen der außerordentlichen Kündigung ebenso zu prüfen wie die Möglichkeit einer direkten Inanspruchnahme des Hauptunternehmens durch die Gläubiger der Untergesellschaft unter den Voraussetzungen der §§ 302, 303 AktG i.V.m. § 242 BGB[331], soweit die Forderungen gegen die Untergesellschaft nicht realisierbar sind. Gehen die Gläubiger gegen die Untergesellschaft vor, besteht die Möglichkeit, deren Anspruch gegen die Hauptgesellschaft pfänden und sich zur Einziehung überweisen zu lassen, § 835 ZPO.

Im Falle des qualifizierten (faktischen) Konzerns ist § 302 AktG entsprechend anwendbar, soweit die laufende und breitflächige Einflußnahme auf die Geschäftsführung der Tochtergesellschaft mit einer breitflächigen Schädigung von deren Interessen verbunden ist[332]. Der vorzunehmende Ausgleich von Fehlbeträgen ist demgemäß bei der Prüfung der Voraussetzungen für eine außerordentliche Kündigung zu berücksichtigen.

Der faktische GmbH - Konzern

Aufgrund der strukturellen Unterschiede von GmbH und AG sind die aktienrechtlichen Bestimmungen des faktischen Konzerns nach §§ 311 ff. AktG auf den faktischen GmbH-Konzern nicht anzuwenden. Das Konzernrecht der faktisch konzernierten GmbH ist vielmehr entwickelt worden aus der allgemeinen gesellschaftsrechtlichen Treuepflicht[333]. Hiernach ist eine Schädigung der beherrschten GmbH durch Mißachtung von deren Eigeninteresse unzulässig, es sei denn, die Mitgesellschafter haben ihre entsprechende Zustimmung erteilt. Liegt eine Treuepflichtverletzung vor, so ist das herrschende Unternehmen zum Schadensersatz verpflichtet.

[331] BAG DB 1994, 1147; DB 1991, 1472

[332] Lutter/Timm ZGR 1983, 269, 280 f. m.w.N.

[333] BGH NJW 1976, 191; BGH NJW 1986, 188, 190 (Autokran)

Im Falle eines qualifiziert faktischen Konzerns, bei dem die GmbH die abhängige Gesellschaft ist, gebietet das vergleichbare Schutzinteresse der GmbH, dem herrschenden Unternehmen die Pflicht zum Verlustausgleich nach § 302 AktG analog aufzuerlegen, soweit die dort beschriebenen Voraussetzungen vorliegen[334]. Ebenso besteht für die Gläubiger der beherrschten GmbH die Möglichkeit des Zugriffs auf das Vermögen des herrschenden Unternehmens, soweit Forderungen gegen erstere nicht realisierbar sind, § 303 AktG analog[335]. Bei Prüfung der Voraussetzungen für eine außerordentliche Kündigung sind mithin zunächst die Pflichten des herrschenden Unternehmens zu berücksichtigen.

Annex: Konzernrecht der Personengesellschaften

Ob überhaupt und wenn ja, inwieweit die für die Kapitalgesellschaften dargestellten Konzernierungen (einfacher faktischer Konzern und Vertragskonzern) auch auf die Personengesellschaften übertragbar sind, ist überaus streitig.

Dies beginnt bereits mit einer eventuellen Sittenwidrigkeit eines Beherrschungsvertrages mit einer Personengesellschaft als abhängiger Gesellschaft. Denn der Beherrschungsvertrag räumt dem herrschenden Unternehmen die Befugnis zur Weisungserteilung ein; letztlich müßte danach eine natürliche Person für die Verbindlichkeiten einstehen, die aufgrund solcher Weisung durch einen Dritten eingegangen wurden. Wird ein Beherrschungsvertrag angenommen, besteht die Verpflichtung zur Verlustübernahme nach § 302 AktG analog[336].

Bei einer faktischen Beherrschung einer Personengesellschaft sind die dargelegten Grundsätze für die GmbH entsprechend anwendbar. Das Schutzbedürfnis der Gläubiger der Personengesellschaft wie auch der Personengesellschaft selbst ist vergleichbar dem der Gläubiger einer GmbH wie der GmbH selbst[337]. Bei treuwidrigen Maßnahmen der Konzernleitung ist demnach das herrschende Unternehmen zum Schadensersatz verpflichtet.

Liegt ein vertragsloser qualifizierter Konzernverbund mit einer konzernierten Personengesellschaft vor, so besteht für das herrschende Unternehmen die

[334] BGH NJW 1986, 188, 191; Konzen RdA 1984, 65, 67 f.; Lutter ZGR 82, 244, 266 f.; Ulmer ZHR 148 (1984), 391, 422, 424
[335] BGH NJW 1986, 188, 192
[336] BGH NJW 1980, 231, 232 f.
[337] BAG DB 1991, 1472

Pflicht zum Verlustausgleich nach § 302 AktG analog[338]. Soweit das beherrschte Unternehmen vermögenslos ist, haben dessen Gläubiger einen unmittelbaren Anspruch gegen das herrschende Unternehmen nach § 303 AktG entsprechend i.V.m. § 242 BGB[339]. Die jeweiligen Ansprüche sind im Rahmen der Prüfung der Voraussetzungen für eine außerordentliche Kündigung zu berücksichtigen.

5.2. Die tatsächlichen Voraussetzungen einer existenzbedrohenden Lage

Zur Feststellung der tatsächlichen Voraussetzungen einer existenzbedrohenden Notlage eines Unternehmens kann es nicht genügen, daß der Unternehmer ein derartiges Ergebnis aufgrund subjektiver Selbsteinschätzung fällt.

Vielmehr ist es erforderlich, die wirtschaftliche Lage des Unternehmens unter Zuhilfenahme objektiver Prüfungskriterien und der allgemein angewandten betriebswirtschaftlichen Rechnungslegungs- und Prognosemethoden zu untersuchen[340]. Erst die Gesamtschau der einzelnen Bilanzpositionen ermöglicht dann ein entsprechendes, möglichst objektives Ergebnis[341]. So kann beispielsweise ein zu verzeichnender Umsatzrückgang erst in Kombination mit steigendem oder rückläufigem Gewinn einen Eindruck von der wirtschaftlichen Lage vermitteln[342].

Der sich auf das Vorliegen einer existenzbedrohenden wirtschaftlichen Lage seines Unternehmens berufende Unternehmer hat dies nach den allgemeinen Grundsätzen der Darlegungs- und Beweislast zu beweisen. Es entspricht allgemeinen Grundsätzen, daß jede Partei für die ihr günstigen Tatsachen die Darlegungs- und Beweislast trägt. Bei der außerordentlichen Kündigung eines Tarifvertrages muß demnach der Kündigende die Voraussetzungen darlegen und beweisen.

Eine lediglich pauschale Behauptung der Unzumutbarkeit einer Vertragsfortsetzung genügt dabei nicht. Vielmehr bedarf es eines substantiierten Vortrages, woraus sich im Einzelfall die Unzumutbarkeit ergibt. So müssen bei einer

338 Emmerich-Sonnenschein, a.a.O.S. 218 ff., 221

339 BAG DB 1991, 1472

340 BAG AP Nr. 16 zu § 16 BetrAVG; Nr. 17 zu § 16 BetrAVG Bl. 5 R.; LAG Berlin NZA 1986, 525; Höfer/Reiners/Wüst, Bd. I, § 16 BetrAVG, a.a.O. Rz. 3546

341 Heubeck/Rössler/Sauerberg BB 1980, Beil. 13, 3

342 Höfer/Reiners/Wüst, Bd. I, § 16 BetrAVG, a.a.O. Rz. 3560 f.

außerordentlichen Kündigung wegen drohender Existenzvernichtung bei Befolgen tariflicher Regelungen die konkreten Umstände vorgetragen werden, aus denen sich die Erforderlichkeit und Geeignetheit der außerordentlichen Kündigung ergibt, um die Existenzbedrohung tatsächlich abzuwehren.

Neben den konkreten wirtschaftlichen Verhältnissen des Unternehmens bedarf es einer Darlegung der zugrunde gelegten maßgeblichen Wirtschaftsdaten, die zu einer derartigen Einschätzung einer Existenzbedrohung führen[343].

Bei einer Kündigung durch den Verband sind bei Bestreiten der Voraussetzungen durch die Gewerkschaft konkrete, in ihrer Existenz bedrohte Betriebe zu benennen[344]. Als Beweismittel bieten sich insbesondere die von Sachverständigen (Wirtschaftsprüfer, vereidigter Buchprüfer und Steuerberater) erstellten bzw. geprüften Bilanzen an. Daß eine derartige Offenlegung der wirtschaftlichen Verhältnisse freilich mit der Gefahr des Verlustes von Ansehen und Kreditwürdigkeit des Unternehmens verbunden ist, bedarf wohl keiner Ausführung. Die prozessualen Möglichkeiten von Ausschluß der Öffentlichkeit im gerichtlichen Verfahren (§ 52 ArbGG; § 172 Nr.2 GVG) wie gerichtlicher Auferlegung eines strafbewehrten Schweigegebotes (§ 174 Abs.3 GVG) vermögen dies faktisch nicht zu verhindern[345]. Gleichwohl ist die mit der Offenlegung verbundene Gefahr aber hinzunehmen, da die Gegenseite in die Lage versetzt werden muß, die Angaben auf Richtigkeit und Vollständigkeit zu überprüfen[346].

Im folgenden werden die für die Beurteilung der wirtschaftlichen Lage eines Unternehmens erforderlichen Bilanzpositionen kurz dargestellt.

Die Bilanzpositionen im einzelnen

Der Gewinn

Wesentliches Kriterium für die Beurteilung der wirtschaftlichen Lage eines Unternehmens ist der Gewinn. Dieser errechnet sich aus der (positiven) Differenz von Erträgen und Aufwendungen. Bei dauerhaft zu verzeichnendem Gewinn entsteht die Möglichkeit eines Wertzuwachses des Unternehmens.

[343] BAG NZA 1998, 1008, 1010; und AP Nr. 14 zu § 2 KSchG 1969, Bl. 5 R.
[344] Wank in FS Schaub, a.a.O.S. 761, 774 f., derselbe in Wiedemann, a.a.O. § 4 Rz. 42
[345] BAG AP Nr. 16 zu § 16 BetrAVG, Bl. 2 R. f.; Dieterich NZA 1986, 41, 43 f.
[346] BGHZ 126, 109, 116

Entscheidend ist sowohl bei Kapitalgesellschaften wie auch bei Personengesellschaften der Handelsbilanzgewinn, nicht der Steuerbilanzgewinn[347]. Er ergibt sich als Nettogewinn nach Erstellung der handelsrechtlichen Gewinn- und Verlustrechnung gemäß § 275 Abs.2 Nr.20, Abs.3 Nr.19 HGB (Jahresüberschuß bzw. Jahresfehlbetrag).

Im Interesse der Substanzerhaltung sind dabei gegebenenfalls noch Korrekturen bei einzelnen Bilanzansätzen erforderlich[348]. So ergibt sich zum einen dadurch ein verzerrtes Bild, daß der Handelsbilanz das Nominalwertprinzip zugrunde liegt. Danach werden bei Abschreibungen die ursprünglichen Anschaffungs- und Wiederherstellungskosten angesetzt, ohne daß eine im Einzelfall erforderliche Anpassung an gegenwärtige Werte erfolgt, § 253 HGB. Gleiches gilt für die Wertigkeit von sog. 'stillen Reserven'. Zum anderen können sich Ungenaugkeiten in den handelsbilanziellen Aussagen zum Gewinn durch eine extreme Inflationsentwicklung ergeben (so sind beispielsweise in Zeiten höherer Inflation die Aussagen zu positiv).

Derartige Verzerrungen werden bei der sog. Substanzerhaltungsrechnung berücksichtigt und entstandene Scheingewinne korrigiert[349]. Zuletzt ist der errechnete Jahresüberschuß um eine angemessene Eigenkapitalverzinsung[350] zu kürzen, die sich mindestens in Höhe des Inflationsausgleichs beläuft[351].

Obwohl der Gewinn erst im Zusammenspiel mit anderen Kriterien eine Aussage zur wirtschaftlichen Lage des Unternehmens ermöglicht, hat er doch Indizwirkung. Die faktischen Auswirkungen von zu verzeichnendem (Gewinn oder) Verlust sind jedenfalls unbestreitbar. Deren Bandbreite reicht hierbei von rückläufigem Einsatz weiterer Mittel -durch Eigen- oder Fremdkapitalgeber- bis hin zum Entzug von Mitteln[352].

---

[347]Blomeyer/Otto, a.a.O. § 16 BetrAVG Rz. 177; Höfer/Reiners/Wüst, Bd. I, § 16 BetrAVG, a.a.O. Rz. 3553; Sieben/Becker RdA 1986, 85, 89; Hinweise des BundesAGVerbandes Chemie RdA 1987, 348, 349

[348]Höfer/Reiners/Wüst, wie vor, a.a.O. Rz. 3554

[349]Blomeyer RdA 1983, 152, 153; Förster BB 1985, 2051, 2053; Götz NZA 1986, 351, 353

[350]Blomeyer Anm. Zu BAG AP Nr. 17 zu § 16 BetrAVG, Bl. 10 R. f.; Heubeck/Rössler/Sauerberg BB 1980, Beil. 13, 1, 5 ff.

[351]Förster BB 1985, 2051, 2053

[352]Höfer/Reiners/Wüst, wie vor, a.a.O. Rz. 3551

Die Bildung von Pensionsrückstellungen zu Lasten des Gewinns

Für bis zum 31.12.1986 erteilte unmittelbare Versorgungszusagen (Direktzusagen) hat das Unternehmen auch weiterhin ein Wahlrecht, ob es den Bilanzposten der Bildung von Pensionsrückstellungen nutzt oder nicht. Hieraus können Rückschlüsse darauf gezogen werden, ob ein entsprechender Abzug vom Gewinn für das Unternehmen möglich ist oder nicht[353]. Der Verzicht auf mit Rückstellungen grundsätzlich verbundene steuerliche Vorteile[354] kann ein Indiz für wirtschaftliche Schwierigkeiten sein. Sind umgekehrt Rückstellungen gebildet worden, so finden sich die hierdurch nicht gezahlten Steuern im Gewinn, eventuell über den Ertrag aus investierten Steuereinbehalten wieder[355]. Eine klare Abgrenzung vom übrigen Unternehmensgewinn ist allerdings betriebswirtschaftlich kaum möglich[356].

Für unmittelbare Versorgungszusagen, die nach dem 31.12.1986 erteilt worden sind (sog. Neuzusagen) besteht ein solches Wahlrecht hingegen nicht mehr. Nach § 249 Abs.1 S.1 HGB i.V.m. dem Umkehrschluß aus (dem mittlerweile gegenstandslosen) Art. 28 Abs.1S.1 EGHGB besteht für diese Neuzusagen -im Interesse klarer Rechnungslegung- generell die Pflicht zur Passivierung. Daher kann die vorgenommene Passivierung in diesen Fällen auch nicht mehr als Gradmesser für die wirtschaftliche Lage des Unternehmens herangezogen werden[357].

Der Umsatz

Die Summe sämtlicher geschäftstypischer Verkaufserlöse des Unternehmens während eines Wirtschaftsjahres wird als Umsatz definiert[358]. Es ist bereits darauf hingewiesen worden, daß die Entwicklung des Umsatzes erst in Kombination insbesondere mit der Gewinnentwicklung einen Aussagewert zur wirtschaftlichen Lage des Unternehmens hat[359].

---

[353] BAG AP Nr. 17 zu § 16 BetrAVG Bl. 5 R.; Nr. 16 zu § 16 BetrAVG, Bl. 3 R.
[354] Förster BB 1985, 2051, 2054
[355] Höfer/Reiners/Wüst, wie vor, a.a.O. Rz. 3557
[356] Götz NZA 1986, 351, 354
[357] Höfer/Reiners/Wüst, wie vor, a.a.O. Rz. 3556
[358] Höfer/Reiners/Wüst, wie vor, a.a.O. Rz. 3559
[359] Höfer/Reiners/Wüst, wie vor, a.a.O. Rz. 3560 f.

Die Rentabilität

Die Rentabilität beschreibt das konkrete Verhältnis von eingesetztem Kapital zu Gewinn und kann dementsprechend zur Beurteilung der wirtschaftlichen Lage eines Unternehmens mit herangezogen werden. Dabei ist zu beachten, daß die Rentabilität bereits dann als 'gut' bewertet wird, wenn mit geringem Kapitaleinsatz ein kleiner Gewinn erzielt wird. Eine Aussage darüber, ob ein Unternehmen mit einer solchen Rentabilität auch zusätzliche finanzielle Belastungen tragen könnte, kann nicht getroffen werden[360].

Die Liquidität

Unter Liquidität ist die jederzeitige Zahlungsfähigkeit zu verstehen. Bei Zahlungsunfähigkeit ist der Insolvenztatbestand des § 17 InsO erfüllt. Freilich ist auch eine „schlechte" Liquidität nicht isoliert zu würdigen. Schließlich könnte sie auch auf die vollständige Entnahme von zufriedenstellenden Gewinnen zurückzuführen sein.

Investitionsbedarf und Arbeitsplatzsicherung

Neben der Befriedigung des erforderlichen Investitionsbedarfs ist auch die Sicherung der Arbeitsplätze Gradmesser für die wirtschaftliche Lage des Unternehmens[361]. Umgekehrt wird jedoch allein durch den Abbau von Arbeitsplätzen eine angespannte wirtschaftliche Lage noch nicht angezeigt. Möglich ist etwa, daß im Zusammenhang mit getätigten Erneuerungsinvestitionen Arbeitsplätze überflüssig wurden und das Unternehmen anschließend floriert. Mit zu berücksichtigen sind stets die dargelegten (Bilanz-) Positionen von Gewinn, Umsatz, Rentabilität und Liquidität[362].

---

[360] Höfer/Reiners/Wüst, wie vor, a.a.O. Rz. 3563

[361] Götz NZA 1986, 351, 353

[362] Höfers/Reiners/Wüst, wie vor, Rz. 3567; BAG AP Nr. 17 zu § 16 BetrAVG, Bl. 5 R.; Nr. 16 zu § 16 BetrAVG, Bl. 3 f.; Förster BB 1985, 2051, 2054 f.

Prognose

Aufgrund der im Zusammenklang der verschiedenen Positionen zu ermittelnden derzeitigen wirtschaftlichen Lage des Unternehmens ist eine Prognose -als zukunftsbezogene Beurteilung der Lage unter der Prämisse des Befolgens der streitgegenständlichen tariflichen Regelung- zu erstellen. Ergibt diese eine durch Tatsachen gestützte relevante Wahrscheinlichkeit[363] für die Existenzvernichtung des Unternehmens, liegen die Voraussetzungen für eine existenzbedrohende Lage vor.

[363]BAG AP Nr. 17 zu § 16 BetrAVG, Bl. 3 R.

VIII. Ultima ratio

Die außerordentliche Kündigung eines Dauerrechtsverhältnisses ist geprägt vom Grundsatz der 'ultima ratio'. Danach ist eine außerordentliche Kündigung nur dann wirksam, wenn keine andere Möglichkeit besteht, die Unzumutbarkeit zu beseitigen. Die unzumutbar belastete Partei muß zunächst alle milderen Mittel erfolglos ausgeschöpft haben, bevor sie die außerordentliche Kündigung wirksam erklären kann. Die außerordentliche Kündigung muß geeignet und erforderlich sein, die Unzumutbarkeit zu beenden.

Vorrang der Anpassung vor der außerordentlichen Kündigung

Ist die außerordentliche Kündigung nach dem Grundsatz der 'ultima ratio' erst dann begründet, wenn die unzumutbar belastete Partei zuvor alle milderen und zum gleichen Erfolg führenden Mittel erfolglos ausgeschöpft hat, so könnte eine Anpassung der tariflichen Regelungen Vorrang vor der außerordentlichen Kündigung haben.

Ziel der außerordentlichen Kündigung ist die Beendigung tariflicher Pflichten, sei es, daß diese unmittelbare Vertragspflichten aus dem Verhältnis der Koalitionspartner sind, sei es, daß diese als normative Regelungen auf das Arbeitsverhältnis zwischen den Tarifgebundenen einwirken. Während die außerordentliche Kündigung den Tarifvertrag einseitig beendigt, erfolgt eine Abänderung einvernehmlich. Es ist bereits dargelegt worden, daß sich aus der tariflichen Dauerrechtsbeziehung[364] der Koalitionspartner eine Vielzahl gegenseitiger Verhaltenspflichten in der Form von gegenseitigen Schutz- und Rücksichtnahmepflichten ergeben, darunter auch die Pflicht zur Nachverhandlung mit dem Ziel einer einvernehmlichen Abänderung. Dies gilt unabhängig davon, ob im Einzelfall eine tarifliche Nachverhandlungspflicht vereinbart worden ist oder nicht.

Die Nachverhandlungspflicht richtet sich an beide Vertragspartner. Die kündigende Seite muß der Gegenseite vor Ausspruch der außerordentlichen Kündigung ein zumutbares Änderungsangebot unterbreitet haben[365]. Dessen konkreter Inhalt richtet sich freilich nach den Umständen des Einzelfalles. In jedem

---

[364] hierzu eingehend Seiter ZfA 1989, 283 ff.; Arnold, a.a.O.S. 171; anerkannt in BAG AP Nr. 29 zu Internat. Privatrecht ArbR

[365] Belling NZA 1996, 906, 909; Oetker RdA 1995, 82, 96; Wank in FS Schaub, a.a.O.S. 761, 780; BAG NZA 1997, 830, 834; nach Wank in Wiedemann, a.a.O. § 4 Rz. 38 ist lediglich die „Zielrichtung" des Änderungsvorschlages anzugeben

Fall muß das Änderungsangebot aber verhältnismäßig sein. Danach muß die Änderung des Vertrages erforderlich und das Angebot geeignet sein, das individuell verfolgte Ziel zu erreichen. Dabei ist das schonendste der zur Wahl stehenden Mittel zu wählen. Wird das mildere Mittel der Anpassung von der kündigenden Seite nicht oder nur unzureichend genutzt, begeht diese eine Pflichtverletzung aus dem Dauerrechtsverhältnis sowie eine Obliegenheitsverletzung aus dem konkreten Tarifvertrags-Verhältnis.

Dieses Änderungsangebot ist nach Feststellung der kündigungsrelevanten Tatsachen zu unterbreiten. Eine fixe Frist kann hierfür nicht bestimmt werden, entscheidend sind die Umstände des Einzelfalles.

Der Koalitionsgegner hat die Pflicht, das Anpassungsangebot ernsthaft zu prüfen und sich auf Neuverhandlungen einzulassen. Dabei reichen die Unterstützungs- und Mitwirkungspflichten freilich nicht so weit, daß der Vertragspartner seine eigenen Interessen aufgeben müßte[366].

Ist ein den beschriebenen Anforderungen gerecht werdender Versuch der einvernehmlichen Anpassung des Vertragsverhältnisses nicht zu erzielen, scheidet die Anpassung als geeignetes, milderes Mittel aus. Die Anpassungsverhandlungen können entsprechend § 113 Abs.3 S.2 BetrVG auch dann als gescheitert angesehen werden, wenn diese bereits länger als zwei Monate dauern. Die außerordentliche Kündigung ist insoweit verhältnismäßig. Die Ursachen für das Scheitern der Verhandlungen sind mit Rücksicht auf die Tarifautonomie gerichtlich nur eingeschränkt überprüfbar. Die Nachprüfung beschränkt sich auf die Evidenz- und Mißbrauchskontrolle[367].

Ist jedoch von kündigender Seite die Möglichkeit einer Anpassung als gegenüber der außerordentlichen Kündigung milderes Mittel nicht ausgeschöpft worden, so ist die Voraussetzung der 'ultima ratio' nicht erfüllt und ein die außerordentliche Kündigung rechtfertigender wichtiger Grund liegt nicht vor.

---

[366]Arnold, a.a.O.S. 162 f.

[367]Belling NZA 1996, 906, 911

Vorrang der außerordentlichen Änderungskündigung vor der außerordentlichen Beendigungskündigung

Als milderes Mittel gegenüber der außerordentlichen Beendigungskündigung kommt die außerordentliche Änderungskündigung in Betracht. Diese zielt im Gegensatz zur Beendigungskündigung darauf ab, den Vertrag unter veränderten Bedingungen fortzusetzen. Im Gegensatz zur einseitigen Änderung von Vertragsbestimmungen hat die Gegenseite bei der Änderungskündigung Wahlmöglichkeiten. Das Änderungsangebot muß jedenfalls die wesentlichen Teile des Tarifvertrages regeln.

Sie kann das Änderungsangebot annehmen. Dann wird der Vertrag fortgesetzt, jedoch unter einvernehmlich veränderten Bedingungen. Zwar werden bei der Änderungskündigung nur Teile des ursprünglichen Tarifvertrages verändert. Dabei ist unerheblich, ob und inwieweit ein Zusammenhang des ursprünglichen, nun geänderten Teiles mit anderen Teilen bestanden hat. Denn die Normgeber selbst können auch einen gegebenenfalls bestehenden Zusammenhang trennen. Sie allein sind mit der Tarifhoheit ausgestattet. Diese beinhaltet auch die Befugnis zur einvernehmlichen Änderung von Teilen eines Tarifvertrages.

Die Gegenseite kann das Änderungsangebot in Ausübung ihrer Tarifautonomie auch ablehnen. Dann wirkt die Änderungskündigung wie eine Beendigungskündigung. Die im Individualarbeitsrecht nach § 2 KSchG geregelte weitere Möglichkeit, nur unter dem Vorbehalt gerichtlicher Kontrolle des Änderungsangebotes dieses anzunehmen, ist für das Tarifrecht abzulehnen. Denn eine danach erforderliche gerichtliche Überprüfung des Änderungsangebotes hin auf Billigkeit und Zweckmäßigkeit würde einen unzulässigen Eingriff in die verfassungsrechtlich geschützte Tarifautonomie darstellen[368]. Auf dieses Problem ist bereits im Rahmen der Abgrenzung von WGG und außerordentlicher Kündigung im Tarifrecht eingegangen worden.

Die außerordentliche Änderungskündigung ist gegenüber der außerordentlichen Beendigungskündigung das weniger einschneidende Mittel. Zwar führt auch sie bei Ablehnung des Änderungsangebots durch die Gegenseite ebenso zur außerordentlichen Beendigung wie die außerordentliche Beendigungskündigung (diese aber von vornherein). Unterschied dabei ist jedoch, daß bei der außerordentlichen Änderungskündigung zumindest die Möglichkeit besteht,

---

[368] z.B. BAG AP Nr.1 zu §1 TVG Süßwarenindustrie: Billigkeitskontrolle widerspricht der Tarifautonomie nach Art.9 Abs.3 GG

den Vertrag zu „retten“ und einen 'tariflosen Zustand' zu vermeiden[369]. Dies geschieht zudem im Wege einer für das Vertragsrecht stets vorzuziehenden einvernehmlichen Abänderung des Tarifvertrages.

Die vorrangige Einstufung der außerordentlichen Änderungskündigung vor der außerordentlichen Beendigungskündigung ist gerechtfertigt.

Vorrang der Teilkündigung vor der vollumfänglichen Kündigung

Die Teilkündigung könnte gegenüber der vollumfänglichen Kündigung vorrangig sein, da sie sich dann, wenn die Unzumutbarkeit nur Teile des Vertrages erfaßt, auch auf diese Teile beschränken würde.

Eine Teilkündigung des Tarifvertrages würde bedeuten, daß Teile des Tarifvertrages unverändert weiterbestehen, während andere beendigt werden. Im Unterschied zur vorbeschriebenen Änderungskündigung, bei der das Änderungsangebot angenommen werden kann und damit die Neuregelung einvernehmlich erfolgt, bestimmt der Kündigende bei der Teilkündigung einseitig, welche Vertragsteile aufgehoben werden.

Eine Teilkündigung ist beim Tarifvertrag jedenfalls dann zulässig, wenn die Parteien diese in den Tarifvertrag aufgenommen haben. Insoweit gilt der Parteiwille[370]. Dieser Parteiwille liegt bei eindeutiger Regelung offen. Ist eine solche Regelung nicht getroffen worden, so ist der Parteiwille im Wege der Auslegung zu ermitteln. Auf die Auslegungsmaßstäbe beim Tarifvertrag ist bereits eingegangen worden.

Besteht eine vertragliche Regelung hingegen nicht, ist die Anwendbarkeit problematisch. Denn der aus vielen Einzelteilen bestehende Tarifvertrag ist als Gesamtwerk ausgehandelt worden. Ob und inwieweit die Einzelteile mithin in einem inneren Zusammenhang stehen, ist dabei schwierig zu beurteilen. So kann eine Vertagspartei in einem Teil Zugeständnisse an die andere Partei gemacht haben, um von dieser in einem anderen Teil deren Entgegenkommen zu

---

[369]Oetker RdA 1995, 82, 96; Wank in FS Schaub, a.a.O.S. 761, 780

[370]Däubler/Hege, a.a.O. Rz. 660; Hagemeier, a.a.O. § 4 Rz. 44; Löwisch/Rieble, a.a.O. § 1 Rz. 362; Hueck-Nipperdey, a.a.O. S. 469, FN 30; Oetker RdA 1995, 82, 98; Wank in Wiedemann, a.a.O. § 4 Rz. 24; Worzalla NZA 1994, 145, 150; Zachert AuR 1993, 294 f.; BAG AP Nr. 1, 2 zu § 74 BAT, Nr. 19 zu § 4 TVG Nachwirkung

ernten. Auch wenn diese Teile jeweils in sich selbständig und sinnvoll sind[371], so kann gleichwohl das Gesamtgefüge des Tarifvertrages gestört sein, wenn nun der eine Teil wegfallen würde[372]. Die Tarifvertrags-Parteien können daher allenfalls im Einvernehmen regeln, ob und wie der Tarifvertrag inhaltlich abgeändert werden soll. Die einseitige Bestimmung einer Inhaltsänderung ist hingegen mit der Tarifautonomie des Art.9 Abs.3 GG nicht vereinbar. Denn danach sollen die tarifvertraglichen Regelungen ausgehandelt werden.

Die Teilkündigung ist als Form einseitiger Inhaltbestimmung des Tarifvertrages kein 'minus' zur vollumfänglichen Beendigungskündigung, sondern ein 'aliud'[373].

Ein Vorrangverhältnis kann daher überhaupt nicht gegeben sein. Eine Teilkündigung kommt beim Tarifvertrag nicht in Betracht[374].

Auswirkung der der außerordentlichen Kündigung nachfolgenden individualrechtlichen Abbedingung auf die Unzumutbarkeit

Die aufgekündigten tariflichen Regelungen wirken im Nachwirkungszeitraum schuldrechtlich auf das Individualarbeitsverhältnis zwischen den Tarifgebundenen ein. Die Aufkündigung der tariflichen Regelungen hat die Grundlage geschaffen für eine nachgeschaltete individual-arbeitsrechtliche Abbedingung. Erst durch diese erfolgt die tatsächliche Beendigung der Wirkung der tariflichen Regelungen.

Nutzen die Mitgliedsunternehmen diese durch die außerordentlich gekündigten tariflichen Regelungen geschaffene Möglichkeit nicht, so könnte hierdurch die 'ultima ratio' als Voraussetzung für die außerordentliche Kündigung der tariflichen Regelungen in Frage gestellt werden. Denn es liegt nahe anzunehmen, daß dann die tatsächlichen Voraussetzungen für eine Unzumutbarkeit

---

[371] in diesem Fall die Teilkündigung zulassend: Belling NZA 1996, 906, 911; Otto in FS Kissel, a.a.O.A. 787, 794; Steffan JUS 1993, 1027, 1029; Worzalla NZA 1994, 145, 150; Löwisch in MüHdbuch, a.a.O. § 249 Rz. 27

[372] ebenso: Hueck-Nipperdey, a.a.O.S. 469 FN 30; Löwisch/Rieble, a.a.O. § 1 Rz. 362; Oetker RdA 1995, 82, 99; Wank in Wiedemann, a.a.O. § 4 Rz. 24; die Teilkündigung eines Vertrages lehnt Herschel schon grundsätzlich ab, BB 1958, 160 ff.

[373] Herschel BB 1958, 160 ff.; Oetker RdA 1995, 82, 99

[374] ebenso Wank in FS Schaub, a.a.O.S. 761, 778; Winter/Zekau AuR 1997, 89, 92; Zachert AuR 1993, 294 f.

und damit für die außerordentliche Kündigung auch nicht derart gravierend gewesen sein können.

Eine Berücksichtigung der zeitlich nachfolgenden individualrechtlichen Abbedingung im Rahmen der Prüfung der Voraussetzungen für eine außerordentliche Kündigung kommt nicht in Betracht. Sie widerspräche dem Grundsatz, daß maßgeblicher Zeitpunkt für die Prüfung der Voraussetzungen einer außerordentlichen Kündigung der Ausspruch der Kündigungserklärung ist. Es handelt sich bei der Frage der Berücksichtigung der Reaktionen der Mitglieder auf die außerordentliche Kündigung damit auch nicht um einen etwa nachgeschobenen Kündigungsgrund.

Eine Auswirkung der individualrechtlichen Abbedingung auf die Voraussetzungen der außerordentlichen Kündigung ist abzulehnen.

Erforderlichkeit der außerordentlichen Kündigung und Zeitpunkt der Kündigungserklärung

Darf erst dann zum Mittel der außerordentlichen Kündigung gegriffen werden, wenn eine Abwendung des unzumutbaren Zustandes anders nicht mehr zu erreichen ist, so hat dies auch Bedeutung für den Zeitpunkt der Kündigungserklärung. Denn soweit die Unzumutbarkeit im Einzelfall zeitlich bestimmt werden kann, wird damit auch der Zeitpunkt der Kündigungserklärung vorgegeben. Eine Kündigung vor Eintritt der Unzumutbarkeit ist nicht erforderlich, die außerordentliche Kündigung mithin unwirksam.

Diese zeitlich definierte 'Unzumutbarkeit' betrifft insbesondere die Fälle der Kündigung zur Abwendung der drohenden Existenzvernichtung der Mitgliedsunternehmen. Denn Grund für die unmittelbar drohende Existenzvernichtung der tarifgebundenen Mitgliedsunternehmen ist in der Regel deren tarifliche Pflicht zur Erbringung einer bestimmten (Geld-)Leistung. Der Zeitpunkt dieser Leistungspflicht ist regelmäßig kalendermäßig bestimmt. Entsprechend kann die Kündigungserklärung in diesen Fällen erst dann erfolgen, wenn voraussehbar ist, daß die wirtschaftlichen Verhältnisse der Mitgliedsunternehmen zum Zeitpunkt der Fälligkeit der Leistung die Zahlung ohne Existenzbedrohung nicht zulassen.

Dies kann aber grundsätzlich erst dann beurteilt werden, wenn die Fälligkeit nahe bevorsteht. Eine außerordentliche Kündigung bereits zu einem Zeitpunkt, der weit vor dem Fälligkeitstermin liegt, ist nur dann zulässig, wenn schon zu diesem Zeitpunkt ausgeschlossen werden kann, daß sich die für die Kündigung maßgeblichen Wirtschaftsdaten bessern werden. Dies muß regelmäßig mittels einer auf Tatsachen beruhenden Prognose ermittelt werden[375].

Geeignetheit der außerordentlichen Kündigung und Zeitpunkt der Kündigungserklärung

Das Prinzip der 'ultima ratio' beinhaltet auch das Erfordernis, daß das Mittel der außerordentlichen Kündigung geeignet ist, die Unzumutbarkeit zu beenden.

Für die außerordentliche Kündigung besteht auch insoweit eine 'Zeitgrenze', als die mit der außerordentlichen Kündigung bezweckte Lösung von den vertraglichen Pflichten bzw. tariflichen Regelungen noch geeignetes Mittel sein muß, um eine weitere Beeinträchtigung rechtlich geschützter Interessen zu verhindern. So kann gerade im Falle der durch das Befolgen tariflicher Regelungen in ihrer Existenz bedrohten Mitglieder eine außerordentliche Kündigung schlicht 'zu spät' sein.

Die außerordentliche Kündigung wegen drohender Existenzvernichtung der Mitgliedsunternehmen muß geeignet sein, die Existenzvernichtung abzuwenden. Die Geeignetheit der außerordentlichen Kündigung setzt voraus, daß die mit ihr bezweckten Rechtsfolgen ein notwendiger Zwischenschritt sind, um die Notlage zu beheben. Daher müssen nach vernünftiger Beurteilung einer dafür sachkundigen Stelle begründete Aussichten auf eine Sanierung bestehen. Soweit eine solche begründete Aussicht auf Rettung oder Sanierung der Unternehmen unabhängig vom Bestehen einer tariflichen Pflicht aber ohnehin nicht (mehr) besteht, ändert an der Existenzvernichtung auch das Bestehen oder Nichtbestehen der tariflichen Pflicht nichts mehr.

Die außerordentliche Kündigung ist dann unwirksam, wenn sie ungeeignet ist, den mit ihr verbundenen Zweck zu erreichen[376].

[375]zum Zeitpunkt der außerordentlichen Kündigungserklärung BAG NZA 1998, 1008
[376]so in BAG NZA 1998, 1008

Geeignetheit der außerordentlichen Kündigung und Nachwirkung

Die außerordentliche Kündigung könnte ungeeignet sein, die Unzumutbarkeit zu beheben, da die aufgekündigten tariflichen Regelungen ohnehin gemäß § 4 Abs.5 TVG nachwirken. Die Nachwirkung besteht unabhängig vom Grund der Beendigung tariflicher Regelungen, worauf in Abschnitt XI) noch einzugehen sein wird. Soll die im Nachwirkungszeitraum bestehende schuldrechtliche Fortwirkung außerordentlich aufgekündigter tariflicher Regelungen beendigt werden, bedarf es einer entsprechenden einvernehmlichen Änderung durch die Arbeitsvertragsparteien bzw. einer Änderungskündigung oder Beendigungskündigung.

Das Prinzip der 'ultima ratio' für die außerordentliche Kündigung wird hierdurch grundsätzlich nicht in Frage gestellt. Es ist anerkannt, daß das Rechtsprinzip der außerordentlichen Kündigbarkeit eines Dauerschuldverhältnisses auch für den Tarifvertrag gilt. Die gesetzlich angeordnete Nachwirkung ist eine spezifische Eigenart für den Tarifvertrag; die Regelung ist als Übergangsregelung während eines gesetzeslosen Zustandes erforderlich, indem sie dem Vertrauensschutz der Tarifgebundenen Rechnung trägt.

Das Ziel der außerordentlichen Kündigung tariflicher Regelungen kann sich nur auf die rechtsgeschäftlich beeinflußbaren Wirkungen beschränken. Dieses Ziel wird durch die außerordentliche Kündigung auch erreicht. Auf die Beseitigung einer gesetzlich angeordneten Nachwirkung haben die Tarifvertrags-Partner keinen Einfluß, sie untersteht nicht ihrer Dispositionsfreiheit. Wird das Rechtsprinzip der außerordentlichen Kündigbarkeit für den Tarifvertrag anerkannt und vermag die außerordentliche Kündigung die Wirkungen zu erreichen, die rechtsgeschäftlich möglich sind, so ist die außerordentliche Kündigung auch nicht durch die gesetzlich angeordnete Nachwirkung wegen Ungeeignetheit unwirksam.

IX. Ausschlußfrist

Zu prüfen ist, ob bei der außerordentlichen Kündigung eines Tarifvertrages eine Ausschlußfrist zu wahren ist[377]. Dann würde die Versäumung der Frist zur Unwirksamkeit der außerordentlichen Kündigung führen[378].

Die Frist beginnt grundsätzlich zu laufen ab dem Zeitpunkt positiver Kenntnis der für die Kündigung erforderlichen Tatsachen. Dabei müssen die zur Aufklärung des Sachverhalts nach pflichtgemäßem Ermessen notwendigen Maßnahmen zügig durchgeführt werden[379].

Beim Tarifvertrag ergibt sich insoweit eine Abweichung, als zunächst der Versuch einer einvernehmlichen Regelung im Rahmen der Nachverhandlungen zu unternehmen ist (vgl. ultima ratio). Erst wenn die Nachverhandlungen gescheitert sind, kann der Lauf der Frist beginnen. In Fällen drohender Existenzvernichtung der Mitglieder bei Befolgen der tariflichen Regelungen handelt es sich um einen sog. 'Dauerstörtatbestand'. Je länger das Vertragsverhältnis besteht, desto unzumutbarer wird seine Fortsetzung[380]; denn es entstehen fortlaufend neue kündigungsrelevante Sachverhalte[381].

Anspruchsgrundlage für die hier erörterten Möglichkeiten außerordentlicher Kündigung ist jeweils das allgemeine Rechtsprinzip der Möglichkeit zur außerordentlichen Kündigung eines Dauerschuldverhältnisses[382]. Dieses wird abgeleitet aus der ratio legis der §§ 554, 626, 723 BGB, §§ 89 a (n.F.), 133, 140 HGB.

Eine Ausschlußfrist wäre mithin dann anzunehmen, wenn eine entsprechende ratio legis des Gesetzgebers in den Einzelvorschriften ihren Niederschlag gefunden hätte. Dann würde die Ausschlußfrist ein Characteristikum des allgemeinen Rechtsprinzips der Möglichkeit zur außerordentlichen Kündigung eines Dauerschuldverhältnisses sein.

---

[377] Inzwischen regelt §314 Abs.3 BGB, daß nur binnen "angemessener Frist" gekündigt werden kann.

[378] Schwerdtner in MüKo, a.a.O. § 626 Rz. 189

[379] Schwerdtner in MüKo, a.a.O. § 626 Rz. 205 m.w.N.; BAG AP Nr. 27 und 32 zu § 626 BGB Ausschlußfrist

[380] BAG NZA 1998, 771, 774 f. mit Verweis auf Schwerdtner in FS Kissel, a.a.O.S. 1077, 1088

[381] BAG NZA 1998, 708, 709

[382] inzwischen in § 314 BGB normiert

Eine Ausschlußfrist regelt allein § 626 Abs.2 S.1 BGB. Danach ist die Kündigung nur innerhalb von zwei Wochen, beginnend ab dem Zeitpunkt positiver Kenntnis der kündigungsrelevanten Tatsachen möglich. Weder § 554 noch § 723 BGB oder §§ 89 a, 133, 140 HGB sehen eine Ausschlußfrist vor. Ein gleichgerichteter Inhalt in Bezug auf eine Ausschlußfrist läßt sich den Vorschriften mithin nicht entnehmen. So kann auch nicht angenommen werden, daß eine kündigungsspezifische Ausschlußfrist Voraussetzung des allgemeinen Rechtsprinzips der Möglichkeit zur außerordentlichen Kündigung eines Dauerschuldverhältnisses ist[383]. Auch wenn eine besondere zeitliche Grenze nach dem allgemeinen Rechtsprinzip nicht besteht, könnte die Möglichkeit zur außerordentlichen Kündigung aus anderen Gründen zeitlich eingeschränkt sein.

In Betracht kommt, einen Wegfall des Kündigungsgrundes dann zu vermuten, wenn die Kündigung nicht in der hierfür zumutbaren Zeit ausgesprochen wird. Voraussetzung für eine außerordentliche Kündigung ist, daß die Fortsetzung des Vertragsverhältnisses auch nur bis zum Ablauf einer ordentlichen Kündigungsfrist unzumutbar ist. Hierbei handelt es sich um die Respektierung der subjektiven Lage und Einstellung des Kündigenden. Dieser soll, soweit sein Vertrauen in eine ordnungsgemäße Vertragserfüllung durch den Vertragspartner erschüttert oder eine weitere gedeihliche Zusammenarbeit nicht zu erwarten ist, nicht gezwungen sein, am Vertrag weiter festgehalten zu werden.

Ist nun aber eine außerordentliche Kündigung in der hierfür angemessenen Zeitspanne nicht erklärt worden, so erscheint doch zweifelhaft, ob tatsächlich ein derart gravierender Grund für eine sofortige Vertragsauflösung vorgelegen hat bzw. jetzt noch vorliegt[384]. Denn immerhin wurde vom Kündigenden der Fortbestand der Rechtsbeziehung länger als nötig hingenommen.

Da gleichwohl nicht ausgeschlossen werden kann, daß die Voraussetzungen eines wichtigen Grundes in objektiver wie in subjektiver Hinsicht nach wie vor gegeben sind, ist ein der Interessenlage beider Beteiligten entsprechender Ausgleich zu schaffen. Daher wird die widerlegbare tatsächliche Vermutung aufgestellt, daß bei Überschreiten der zumutbaren Frist der Kündigungsgrund weggefallen ist[385].

---

[383]a.A. Hagemeier, a.a.O. § 4 Rz. 39: Zweiwochenfrist (ohne Angabe von Gründen)

[384]Schwerdtner in MüKo, a.a.O.§ 626 Rz. 108; für § 89a n.F. HGB: BGH NJW 1994, 722

[385]allgemein für § 723 BGB: Thomas in Palandt, a.a.O. § 723 Rz.5; und Heinrichs in Palandt, a.a.O. § 242 Rz. 102 „ in angemessener Frist“; BGH NJW 1966, 2160

Die Beweislast dafür, daß der Kündigungsgrund nicht weggefallen ist, liegt beim Kündigenden. Dieser genügt er, wenn er Tatsachen dafür vorträgt, daß die Fortsetzung des Tarifvertrages nicht gleichzusetzen ist mit der Wiederherstellung des Vertrauensverhältnisses bzw. zumutbaren Umständen, sondern daß anzuerkennende Gründe entscheidend für die verspätete Kündigung waren.

Als weitere mögliche zeitliche Grenze scheidet in den vorliegenden Fällen die Verwirkung aus. Denn diese setzt neben einem sog. Zeitmoment, d.h. dem Verstreichen eines längeren Zeitraumes ohne Geltendmachung eines Rechts, auch das sog. Umstandsmoment voraus. Danach wäre erforderlich, daß der Koalitionspartner sich darauf einrichten durfte und auch eingerichtet hat, daß die Gegenseite von ihren Rechten keinen Gebrauch mehr machen wird. Die verspätete Geltendmachung müßte eine mit Treu und Glauben unvereinbare Härte sein[386].

Es ist nicht erkennbar, worin die unzumutbare Härte bei einer außerordentlichen Kündigung des Tarifvertrages zu einem späteren Zeitpunkt für die Gegenseite und deren Mitglieder liegen sollte. Im Gegenteil entspricht es ja gerade deren Interesse, am für sie günstigen Tarifvertrag möglichst lange festzuhalten. Das Kriterium, im Vertrauen auf die Nichtausübung des Kündigungsrechts Vermögensdispositionen getroffen zu haben, scheidet im Hinblick auf den Koalitionspartner Gewerkschaft aus. Diese trifft insoweit keine Vermögensdispositionen.

[386]Heinrichs in Palandt, a.a.O. § 242 Rz. 95

X. Formerfordernis und Begründungszwang der außerordentlichen Kündigung

Zu prüfen ist, ob die Erklärung der außerordentlichen Kündigung einem Formerfordernis unterliegt.

Ein Formerfordernis besteht jedenfalls dann, wenn die Tarifvertrags-Partner eine bestimmte Form für die Erklärung der außerordentlichen Kündigung des Tarifvertrages vertraglich festgelegt haben. Denn die Tarifautonomie der Koalitionspartner umfaßt auch deren Gestaltungsfreiheit in der Festsetzung von Formvorschriften[387].

Soweit eine derartige Vereinbarung nicht getroffen worden ist, besteht mangels gesetzlicher Anordnung kein Schriftformerfordernis für die Kündigungserklärung[388]. § 1 Abs.2 TVG ordnet ausdrücklich die Schriftform nur für Tarifverträge an. Dies entspricht auch Sinn und Zweck der Vorschrift, den Inhalt eines Tarifvertrages klarzustellen und durch das Tarifregister die jederzeitige Möglichkeit zur Einsichtnahme für die Normadressaten sicherzustellen. Eine Kündigung betrifft hingegen die Dauer des Tarifvertrages und nicht seinen Inhalt. Der Geltungsbereich der Vorschrift erstreckt sich mithin nicht auf die Kündigung[389].

Der zivilrechtliche Grundsatz der allgemeinen Formfreiheit, soweit nicht eine Norm ausdrücklich eine bestimmte Form anordnet, gilt auch im Arbeitsrecht. Ein Schriftformerfordernis für die Kündigung eines Tarifvertrages, der Arbeits- und Wirtschaftsbedingungen festlegt, hätte als Ausnahme von diesem Grundsatz mithin ausdrücklich angeordnet werden müssen[390].

Demnach ist die formlose Erklärung der außerordentlichen Kündigung eines Tarifvertrages wirksam[391].

Trotz der Formfreiheit der außerordentlichen Kündigung ist sie in das Tarifregister einzutragen, § 6 TVG. Nach Sinn und Zweck der Vorschrift sind nicht

---

[387] Oetker RdA 1995, 82, 99; Wank in FS Schaub, a.a.O.S.761, 775; Wank in Wiedemann, a.a.O. § 4 Rz. 21

[388] Auch § 323 BGB (neu), Rücktritt, schreibt kein Schriftformerfordernis vor.

[389] Oetker RdA 1995, 82, 100; Mangen RdA 1982, 229, 331; Wiedemann Anm. zu AP Nr. 5 zu § 1 TVG Form und derselbe in Wiedemann, a.a.O. § 1 Rz. 236

[390] ebenso Oetker RdA 1995, 82, 100

[391] Däubler/Hege, a.a.O. Rz. 660; Nikisch, a.a.O.S. 350; Oetker RdA 1995, 82, 99; Wank in FS Schaub, a.a.O. S.761, 775; Wank in Wiedemann, a.a.O.§ 4 Rz. 21
a.A. Löwisch in MüHdbuch, a.a.O. § 249 Rz. 44 f.; Löwisch/Rieble, a.a.O. § 1 Rz. 479

nur einverständliche „Aufhebungen“ einzutragen, sondern jedewede Art der Beendigung. Nur so kann der Überblick über Tarifverträge und ihre Rechtswirkung sichergestellt werden. Die Eintragung ist aber nicht konstitutiv[392].

Auch die außerordentliche Kündigungserklärung des Tarifvertrages bedarf nach allgemeinen Grundsätzen keiner Begründung[393], so lange der Kündigungsempfänger eine solche nicht verlangt. Etwas anderes ergibt sich auch hier dann, wenn tarifvertraglich ein Begründungszwang festgelegt worden ist.

Ob ein wichtiger Grund tatsächlich gegeben ist, ist grundsätzlich objektiv zu bestimmen. Liegen zum Zeitpunkt der Ausübung des Gestaltungsrechts -der Kündigungserklärung- Tatsachen vor, die objektiv einen wichtigen Grund darstellen, so ist die außerordentliche Kündigung insoweit begründet. Umstände, die eine Kündigung rechtfertigen, aber erst nach Zugang der Kündigungserklärung entstehen, bleiben unberücksichtigt[394]. Sie können allenfalls die Grundlage für eine weitere Kündigung bilden.

Die Kenntnis des Erklärenden von den die Kündigung rechtfertigenden Umständen i.S. einer subjektiven Determinierung ist nicht erforderlich. Etwas anderes ergibt sich auch nicht aus § 626 Abs.2 S.1 BGB. Die Vorschrift regelt nur, daß die Ausschlußfrist ab dem Zeitpunkt zu laufen beginnt, in dem der Kündigungsberechtigte von den für die Kündigung für ihn maßgebenden Tatsachen Kenntnis erlangt. Damit trifft der Gesetzgeber lediglich eine Wertung über die konkrete subjektive Zumutbarkeit einer Vertragfortsetzung. Andernfalls würde die subjektive Begründung[395] mitsamt einer objektiv-richtigen Rechtseinschätzung durch den Kündigenden zur Wirksamkeitsvoraussetzung.

---

[392]Hagemeier, a.a.O. § 6 Rz. 4; Löwisch/Rieble, a.a.O. § 6 Rz. 8; Oetker in Wiedemann, a.a.O. § 6 Rz. 14, 19

[393] Auch nach §314 BGB (neu) ist die Begründung der Kündigung gerade nicht Wirksamkeitsvoraussetzung.

[394]Schwerdtner in MüKo, a.a.O. § 626 Rz. 249; BAG AP Nr. 1 zu § 67 HGB; BAG AP Nr. 1 zu § 133 b GewO

[395]Schwerdtner in MüKo, a.a.O. § 626 Rz. 250

XI. Rechtsfolge der außerordentlichen Kündigung

Im allgemeinen Zivilrecht wie auch im Individualarbeitsrecht ist Rechtsfolge einer außerordentlichen Kündigungserklärung die sofortige Beendigung der Vertragsbeziehung.

Ob dies auch im Falle der außerordentlichen Kündigung eines Tarifvertrages gilt, ist insbesondere im Hinblick auf die gesetzliche Regelung des § 4 Abs.5 TVG zu überprüfen. § 4 Abs.5 TVG bestimmt, daß nach Ablauf des Tarifvertrages seine Rechtsnormen weiter gelten, bis sie durch eine andere Abmachung ersetzt werden.

Im Rahmen der Untersuchung des Spannungsverhältnisses zwischen dem Rechtsprinzip der außerordentlichen Kündigung und § 4 Abs.5 TVG sind zunächst Sinn und Zweck der jeweiligen Vorschrift darzustellen. Anschließend ist zu klären, ob § 4 Abs.5 TVG für den Fall der Beendigung des Tarifvertrages durch außerordentliche Kündigung teleologisch zu reduzieren ist. Sodann ist zu prüfen, ob im Gegenteil vielmehr ein Fall teleologischer Extension vorliegt. Zuletzt ist noch das Problem einer eventuellen Kollisionslücke betreffend die Rechtsfolge einer außerordentlichen Kündigung zu erörtern.

1. Die Nachwirkung unter der Tarifvertragsverordnung (1918) und die Entstehung der Regelung des § 4 Abs.5 TVG

Anknüpfungspunkt der kontroversen Diskussion über die Nachwirkung tariflicher Regelungen im Zeitraum der Geltung der Tarifvertragsverordnung (1918) war die Regelung im damaligen § 1. Danach waren Arbeitsverhältnisse insoweit unwirksam, wie sie von der tariflichen Regelung abwichen. An die Stelle der unwirksamen Vereinbarungen sollten die entsprechenden Bestimmungen des Tarifvertrages treten. Es wurde vertreten, daß demgemäß tarifliche Normen unmittelbar inhaltlicher Bestandteil des Arbeitsvertrages wurden und mithin nach Ablauf des Tarifvertrages das tariflich bestimmte Beschäftigungsverhältnis unverändert fortbestand[396].

Zwar waren die Tarifvertragsnormen nach Ablauf des Tarifvertrages als solche nicht mehr vorhanden. Im Stadium der Nachwirkung konnten mithin auch diese Tarifnormen nicht mehr abgeändert werden, sehr wohl aber der einzelne

---

[396] Sinzheimer, Grundzüge des Arbeitsrechts, a.a.O.S. 260, 261 m.w.N.; Jacobi, a.a.O.S. 221 ff., Fn.3 Abs.1

Arbeitsvertrag, der durch den entsprechenden Tarifvertrag erst seinen Inhalt erfahren hatte.

Nach einer Minderansicht knüpften tarifliche Bestimmungen quasi als Rechtsfolge lediglich an ein bestehendes Arbeitsverhältnis als Tatbestand an, ohne dabei Inhalt desselben zu werden[397].

Je nachdem konnte von einer Weiter-[398]bzw. Nachwirkung der Bestimmungen nach Ablauf des Tarifvertrages ausgegangen werden oder nicht[399].

Der Gesetzgeber des TVG 1949 entschied sich letztlich dazu, diese dogmatische Einordnung der Rechtswirkung tariflicher Normen in Bezug auf das Individualarbeitsverhältnis bewußt nicht zu regeln. Er sah sich dem Problem gegenüber, daß zwingende (materielle) gesetzliche Vertragsregelungen i.S. einer Vertragskorrektur wirksam werden würden, vorliegend also ein tarifgemäßer Arbeitsvertrag entstünde, obwohl dies nicht der grundsätzlichen Wirkung von Normen entspricht. Denn gesetzliche Normen knüpfen grundsätzlich als Rechtsfolgen an den Tatbestand eines Vertrages an. So entschied sich der Gesetzgeber, die wissenschaftliche Frage der dogmatischen Einordnung von Tarifnormen Wissenschaft und Rechtsprechung zur Beantwortung zu überlassen[400]. Damit wurde aber gleichzeitig -im Interesse der Rechtssicherheit- eine gesetzgeberische Aussage zur Nachwirkung erforderlich. In § 4 Abs.5 TVG wurde daher die Nachwirkung positiviert.

Im Rahmen der Zweiten und Dritten Lesung des Gesetzes über Tarifverträge (34.Vollversammlung des Wirtschaftsrates des Vereinigten Wirtschaftsgebie-

---

[397] Hueck, Deutsches Arbeitsrecht, a.a.O.S. 159
vgl. insoweit die Begründung zum Entwurf einer TVVO zu § 4 Abs.2, Lemgoer Entwurf, Referentenentwurf des Zentralamtes für Arbeit der britischen Zone, März 1948 ("Nach Ablauf des Tarifvertrages gelten seine Normen weiter, bis sie durch Einzelvereinbarungen, Betriebsvereinbarungen oder einen neuen Tarifvertrag ersetzt werden."): „Die neuere Rechtsprechung des Reichsarbeitsgerichts hat unter Preisgabe der früheren Judikatur die Nachwirkung der Tarifnormen verneint. Es erübrigt sich, hierzu Stellung zu nehmen. Jedenfalls hat sich diese Auffassung in der Praxis als wenig sachdienlich erwiesen. Der Entwurf sucht hier zu helfen, indem er die Nachwirkung sicherstellt, ohne der wissenschaftlichen Streitfrage vorzugreifen, ob die Tarifnormen korrektorisch in den Inhalt der Arbeitsverhältnisse eingehen oder ob sie sich darauf beschränken, sogenanntes zwingend ergänzendes Recht darzustellen." abgedruckt in ZfA 1973, 129, 130, 134

[398] Sinzheimer, Grundzüge des Arbeitsrechts, a.a.O.S.261

[399] Hueck, Deutsches Arbeitsrecht, a.a.O.S.159 f. allerdings mit der Anerkennung einer faktischen Nachwirkung der Tarifvertrags-Regelungen als das „Tarifübliche"

[400] Herschel ZfA 1973, 183, 192 f.; derselbe ZfA 1976, 89, 94 f.

tes) ist darauf hingewiesen worden, daß die in § 4 Abs.5 TVG festgelegte Nachwirkung Unzulänglichkeiten aufweist: "Ein Punkt, der auch zu den Unzulänglichkeiten gehört, die aber mindestens vorläufig in Kauf genommen werden müssen, ist der Abs.5 in § 4, die sogenannte Nachwirkung des Tarifvertrages. Sie hat viel für und viel gegen sich. Aber es ist uns nicht gelungen, einen Passus zu finden, der diese Nachwirkung ersetzen würde." (Abg. Dr. Wellhausen, FDP)[401]

Grund für die Festsetzung einer Nachwirkung war zum einen, daß das TVG auch die normative Bestimmung von betrieblichen und betriebsverfassungsrechtlichen Fragen regelte (§ 1 Abs.1 TVG). Diese tariflichen Regelungen, die nicht das Arbeitsverhältnis betreffen und mithin ohnehin nicht Inhalt eines solchen werden konnten, sollten auch nach Ablauf eines Tarifvertrages nachwirken.

Grund für die Festsetzung einer Nachwirkung war zum anderen, daß zum Zeitpunkt der Beratung und Verabschiedung des Tarifvertragsgesetzes (1948/49) im Hinblick auf die damalige wirtschaftliche und allgemein krisenhafte Lage verhindert werden sollte, daß ein regelungsloser Zustand während einer (tariflosen) Übergangszeit herrschte. Im Interesse einer allgemeinen Stabilität sollten Reaktionen, die in den Betrieben bei einer fehlenden Regelung absehbar gewesen wären, verhindert werden[402].

2. Inhalt sowie Sinn und Zweck des § 4 Abs.5 TVG

Nach der nunmehr angeordneten Nachwirkung gemäß § 4 Abs.5 TVG kommt es „zu einer Umwandlung der zwingenden Tarifvertragsnormen bei Beendigung des Tarifvertrages in eine besondere Art dispositiven Rechts"[403]. Die bisher zwingenden gesetzlichen Tarifregelungen verlieren diese zwingende Wirkung und sind nunmehr dispositive Regeln, die auf individualvertraglicher Ebene oder auch betrieblicher Ebene abdingbar sind. Die Tarifregelungen bleiben mithin objektives Recht und sind lediglich in ihrer qualitativen Wirkungskraft abgeschwächt[404]. Die Nachwirkung der tariflichen Regelungen steht einem Wiederaufleben des vorangegangenen Tarifvertrages entgegen, für den im

[401] ZfA 1973, 129, 167, 168
[402] Herschel ZfA 1976, 89, 95
[403] Herschel ZfA 1973, 183, 193
[404] Herschel ZfA 1976, 89, 96; Wiedemann, Anm. zu BAG AP Nr. 6 zu § 4 TVG Nachwirkung Nr.1 Abs.2

Zweifel ohnehin gilt, daß er nach dem Willen der Tarifvertrags-Partner durch den neuen (nun nachwirkenden) Tarifvertrag endgültig abgelöst worden sein sollte. Die einschlägigen subsidiären Gesetzesvorschriften (§§ 612 Abs.2 BGB, BUrlG usw.) bleiben durch die noch nachwirkende tarifliche Regelung verdrängt.

Die tarifliche Nachwirkung ermöglicht es den Tarifvertrags-Partnern, eine Neuregelung ohne unnötige Eile treffen zu können. Insgesamt hat die in § 4 Abs.5 TVG festgelegte Nachwirkung eine Art Überbrückungsfunktion. Da die qualitativ gleichrangigen normativen tariflichen Regelwerke mit zwingender Wirkung regelmäßig nicht unmittelbar aufeinander folgen, sondern vielmehr ein zeitlicher Zwischenraum, in dem Verhandlungen für den neuen Tarifvertrag geführt werden müssen, besteht, existiert für dieses Zwischenstadium ein Regelungsbedarf. Dieses „normative Vakuum“[405] füllt die in § 4 Abs.5 TVG angeordnete Nachwirkung aus[406]. Sie sichert nicht zuletzt für das tarifgebundene Arbeitsverhältnis Kontinuität zu. Diese Überbrückungsregelung ist letztlich Folge aus der weiten tariflichen Friedenspflicht[407].

3. Sinn und Zweck des Rechtsprinzips der außerordentlichen Kündigung

Es ist ausgeführt worden, daß auch für den Tarifvertrag die Möglichkeit zur außerordentlichen Kündigung gemäß dem entsprechenden allgemeinen Rechtsprinzip besteht.

Die außerordentliche Kündigung ist danach nur in besonderen Ausnahmefällen zulässig. Liegt jedoch ein solcher Ausnahmefall vor, in dem unter Berücksichtigung aller Umstände des Einzelfalles und unter Abwägung der Interessen beider Vertragsteile eine Fortsetzung des Vertragsverhältnisses -auch nur bis zum Ablauf der ordentlichen Kündigungsfrist- einer Vertragspartei nicht zugemutet werden kann, so ist diese berechtigt, die sofortige Beendigung des Vertragsverhältnisses zu erklären.

Folge dieser inhaltlich begründeten und formgerechten Kündigung ist die Beendigung des Vertragsverhältnisses ab Zugang der Erklärung beim Vertrags-

[405] Oetker in FS Schaub, a.a.O.S.535, 540 f.

[406] Oetker in FS Schaub, a.a.O.S.535, 540 f.; Löwisch/Rieble, a.a.O. § 4 Rz. 222; Wank in Wiedemann, a.a.O. § 4 Rz. 327

[407] Löwisch/Rieble, a.a.O. § 4 Rz. 222

gegner. Das Vertragsverhältnis hört auf zu bestehen, aus ihm erwachsen für die nun ehemaligen Vertragspartner grundsätzlich keine Rechte und Pflichten mehr.

4. Verhältnis von § 4 Abs.5 TVG und dem Rechtsprinzip der außerordentlichen Kündigung zueinander

4.1. Meinungsstand

Nach gefestigter Rechtsprechung des BAG und einem Teil der Literatur wirkt auch ein außerordentlich gekündigter Tarifvertrag gemäß § 4 Abs.5 TVG nach. § 4 Abs.5 TVG sei im Wege der Analogie auf alle Fallgestaltungen anwendbar, in denen die Tarifbindung entfallen ist[408]. Zur Begründung wird ausgeführt, daß nach Sinn und Zweck der Regelung der bisherige Rechtszustand zu erhalten sei. Dies fordere das tarifliche Ordnungsprinzip. § 4 Abs.5 TVG stelle eine dispositive Übergangsregelung zur Verfügung, von der ja dann vertraglich abgewichen werden könne[409]. Im übrigen sehe § 4 Abs.5 TVG keine Sonderregelung im Falle des Ablaufs eines Tarifvertrages durch außerordentliche Kündigung vor[410].

Andernfalls entstünden auch Unklarheiten über den Inhalt des Arbeitsverhältnisses. Würde beispielsweise die tarifliche Vergütungsregelung ersatzlos entfallen, so würde die Höhe der Vergütung nach § 612 Abs.2 BGB zu bestimmen sein. Die danach geschuldete übliche Vergütung für Arbeitnehmer ist jedoch wiederum regelmäßig nichts anderes als der Tariflohn. Das Wiederaufleben des vorangegangenen Tarifvertrages, welcher durch den nun außerordentlich gekündigten Tarifvertrag abgelöst worden ist, entspreche nicht dem Willen der Tarifvertrags-Partner, diesen vorangegangenen Tarifvertrag endgültig ersetzt zu haben[411]. Gegebenenfalls müßte ansonsten auch dieser vorangegangene Tarifvertrag im Falle seines Wiederauflebens außerordentlich gekündigt werden. Dieses ließe sich beliebig fortsetzen[412].

---

[408]BAG NZA 1998, Heft 2, VII, VIII
[409]BAG AP Nr. 8 zu § 1 TVG Form, Bl.6 f.; Gamillscheg, a.a.O.S.772; Löwisch NJW 1997, 905, 908; Wank in Wiedemann, a.a.O. § 4 Rz. 46
[410]Buchner NZA 1993, 289, 299
[411]Wank in FS Schaub, a.a.O.S. 761, 777
[412]Winter/Zekau AuR 1997, 89, 94

In den Neuen Bundesländern würde zudem das Problem auftreten, daß dann die ursprünglichen Rahmenkollektivverträge wieder aufleben würden[413]: Nach Anlage I Kap.VIII Sachgebiet A Abschn.III Nr.14 des Einigungsvertrages sollten diese aber nur noch bis zum Abschluß eines Tarifvertrages anwendbar sein.

Nach anderer Ansicht muß Folge der außerordentlichen Kündigung eines Tarifvertrages sein, daß die Wirkungen des Tarifvertrages ab dem Zeitpunkt der außerordentlichen Kündigung entfallen. Hierzu wird vorgebracht, daß die Nachwirkung eines außerordentlich gekündigten Tarifvertrages mit Sinn und Zweck der außerordentlichen Kündigung nicht zu vereinbaren[414] und demgemäß eine teleologische Reduktion der Nachwirkungsnorm geboten sei[415]. Da die außerordentliche Kündigung des Tarifvertrages bereits die Unzumutbarkeit der normativen Tarifregelungen voraussetze, gelte die Unzumutbarkeit dann gleichermaßen in Bezug auf die nun dispositiven tariflichen Regelungen. Ziel der außerordentlichen Kündigung sei schließlich die „reale Beendigung" des unzumutbaren Zustandes. Nicht zuletzt auch im Interesse der Rechtssicherheit stünde dem eine Nachwirkung entgegen[416]. Nur so könne schließlich dem Grundsatz Rechnung getragen werden, nach dem jedes Dauerschuldverhältnis außerordentlich kündbar sein muß. Es könne nicht darauf abgestellt werden, daß eine vertragliche Abweichung von den nachwirkenden Tarifnormen möglich sei. Deren praktische Durchsetzung scheitere meist an der Zustimmung des Arbeitnehmers. Eine Massenänderungskündigung sei kein taugliches Gestaltungsmittel[417]. (Andere hingegen sehen den oben bezeichneten Grundsatz durch ebendiese Möglichkeit der vertraglichen Änderung von nachwirkenden Tarifnormen gewahrt[418].)

Im übrigen sei es ja auch im staatlichen Recht ansonsten durchaus anerkannt, daß bei gegebener Unwirksamkeit von Normen die entsprechenden vorhergehenden Regelungen (lex prior) wieder Geltung erlangen. Entsprechend drohe auch beim materiellen Gesetz 'Tarifvertrag' kein „tarifloser Zustand" nach erfolgter außerordentlicher Kündigung[419].

---

[413]Winter/Zekau AuR 1997, 89, 94

[414]Bauer/Diller DB 1993, 1085, 1090; Otto in FS Kissel, a.a.O.S.787, 794

[415]Bauer in FS Schaub, a.a.O.S. 19, 43; Oetker RdA 1995, 82, 95; Steffan JUS 1993, 1027, 1030; Thiele RdA 1968, 424, 426 FN 11

[416]Belling NZA 1996, 906, 911; entspr. für die außerordentliche Kündigung der Betriebsvereinbarung: Fitting/Kaiser/Heither/Engels, a.a.O. § 77 Rz. 153

[417]Bauer/Diller DB 1993, 1085, 1090

[418]Buchner NZA 1993, 289, 299

[419]Belling NZA 1996, 906, 911 m.w.N.

4.2. Eigene Stellungnahme

Nach kurzer Feststellung des alle außerordentlichen Kündigungsgründe umfassenden Geltungsbereiches der Problematik ist zu untersuchen, ob § 4 Abs.5 TVG eine teleologische Reduktion zu erfahren hat für den Fall der Beendigung des Tarifvertrages durch außerordentliche Kündigung. Anschließend sind die Voraussetzungen der teleologischen Extension der Vorschrift zu prüfen. Zuletzt ist zu klären, ob hinsichtlich der Rechtsfolge einer außerordentlichen Kündigung eventuell eine Kollisionslücke vorliegt.

4.2.1. Geltungsbereich der Problematik

Die Problematik des Verhältnisses von Nachwirkung und außerordentlicher Kündigung gilt auch für die außerordentliche Kündigung wegen Vorliegens einer verfassungswidrigen Tarifregelung. Es wurde dargestellt, daß diese verfassungswidrige Regelung vorliegend nicht die Rechtsfolge der Nichtigkeit nach sich zieht, sondern lediglich unvereinbar mit der Verfassung ist. Mithin ist die betreffende Regelung mangels Nichtigkeit kein juristisches nullum. Sie besteht als Tarifregelung weiter, die aber unanwendbar ist. In diesem Fall bezieht sich die Problematik des Verhältnisses von Nachwirkung und außerordentlicher Kündigung auf das bloße 'Kastrat' einer Norm.

4.2.2. Teleologische Reduktion des § 4 Abs.5 TVG für den Fall der Beendigung des Tarifvertrages durch außerordentliche Kündigung

Unter teleologischer Reduktion ist zu verstehen, wenn eine im Gesetz enthaltene und gemäß ihrem Wortsinn zu weit gefaßte Regel auf den Anwendungsbereich zurückgeführt wird, der ihr nach Regelungszweck oder Sinnzusammenhang des Gesetzes zukommt[420]. Diese erforderliche und sinngemäße Einschränkung des Gesetzes füllt eine vorhandene gesetzliche Lücke durch entsprechende Hinzufügung aus[421].

Im Rahmen der Prüfung einer eventuellen teleologischen Reduktion des § 4 Abs.5 TVG ist demnach zunächst festzustellen, welches der Wortsinn der Re-

[420] Larenz, Methodenlehre a.a.O.S. 391
[421] Larenz, Methodenlehre a.a.O.S. 391

gelung ist, ob eventuell dem Bedeutungszusammenhang etwas zu entnehmen ist, welches Regelungsabsicht, Zwecke und Normvorstellungen des historischen Gesetzgebers waren, ob objektiv-teleologische Kriterien mitspielen oder welche Auswirkung etwa das Rechtsprinzip der außerordentlichen Kündigung hat.

Die Ermittlung des Wortsinns hat zum Ziel die Feststellung der Bedeutung eines Ausdrucks oder einer Wortverbindung. Hierbei ist zunächst der allgemeine Sprachgebrauch zugrunde zu legen, dessen sich auch der Gesetzgeber bedient und zu bedienen hat, um so eine möglichst breite Allgemeinverständlichkeit seiner an den Bürger gerichteten Regelungen zu erreichen. Darüber hinaus sind die Besonderheiten der Rechtssprache zu berücksichtigen[422].

Oftmals ist die Feststellung eines eindeutigen Wortsinns gleichwohl schwierig, da vom Wortsinn mehrere Bedeutungen bzw. Varianten derselben gedeckt sind.

§ 4 Abs.5 TVG ordnet die Weitergeltung der Rechtsnormen „nach Ablauf des Tarifvertrages“ an. Als Ablauf einer Vertragsbeziehung ist deren Beendigung zu einem in Aussicht genommenen Zeitpunkt, d.h. nach Verstreichen der vereinbarten Frist zu verstehen.

Von diesem Wortsinn nicht erfaßt ist mithin die außerplanmäßige, vorzeitige Beendigung eines Vertragsverhältnisses, wie etwa im Falle der außerordentlichen Kündigung.

Etwas anderes könnte sich nur dann ergeben, wenn der besondere Sprachgebrauch der gesetzlichen Regelung einen anderen Wortsinn beinhalten würde und gleichzeitig dieser besondere Sprachgebrauch sich noch innerhalb der vom allgemeinen Sprachgebrauch gesetzten Regeln befinden würde[423].

Dies jedoch liegt hier gerade nicht vor: Bestimmt § 4 Abs.5 TVG, daß die Nachwirkung im Falle des „Ablaufs“ eines Tarifvertrages eintreten soll, so kann der Wortsinn nicht eine über den o.g. Sprachgebrauch von „Ablauf“ hinausgehende oder andere Form der Beendigung des Tarifvertrages erfassen als die des planmäßigen Zeitablaufs.

Mithin läßt bereits der Wortsinn von „Ablauf“ nicht zu, hierunter auch die Fälle der unvorhergesehenen Beendigung eines Tarifvertrages zu fassen.

---

[422]Larenz, Methodenlehre a.a.O.S. 320
[423]Larenz, Methodenlehre a.a.O.S. 321 ff.

Es liegt damit auch kein Fall einer teleologischen Reduktion vor, in dem eine gesetzliche Regelung entgegen ihrem zu weit gefaßten Wortsinn, jedoch nach der immanenten Teleologie des Gesetzes in gesetzlich nicht geregelter Weise einzuschränken wäre[424].

4.2.3. Teleologische Extension des § 4 Abs.5 TVG

Ein Fall teleologischer Extension ist dann anzunehmen, wenn nach dem eindeutigen Wortsinn des Gesetzes der Gesetzgeber eine bestimmte Fallgestaltung offensichtlich nicht bedacht hat, diese aber in die Regelung hätte einbezogen werden müssen, um den Zweck der Regelung auch in diesem Fall zu erreichen und um einen letztlich nicht zu rechtfertigenden Wertungswiderspruch des Gesetzes zu vermeiden[425].

Auch bei der teleologischen Extension ist auszugehen vom Wortsinn nach dem allgemeinen Sprachgebrauch unter Einbeziehung der Rechtssprache, und zwar beides im Lichte des jeweiligen Funktions- und Bedeutungszusammenhangs.

Es ist bereits dargestellt worden, daß die Nachwirkung im Falle einer außerplanmäßigen Beendigung wie etwa durch außerordentliche Kündigung eines Tarifvertrages vom Wortsinn des TVG nicht erfaßt ist.

Die Regelung des § 4 Abs.5 TVG würde aber insoweit eine „Lücke" aufweisen, wenn diese Unvollständigkeit nach dem Maßstab geltenden Rechts planwidrig wäre[426]. Einen solchen Maßstab liefert insbesondere die immanente Teleologie des Gesetzes[427]. Es dürfte also aus der Nicht-Regelung in § 4 Abs.5 TVG nicht geschlossen werden, daß die Lücke nach dem Willen des Gesetzgebers sehr wohl 'planmäßig' ist.

Aus der vorliegenden Nicht-Anordnung der Nachwirkung kann nicht geschlossen werden, daß sie für den hier interessierenden Fall nicht gelten sollte. Zwar könnte aus der Verschiedenheit der Voraussetzungen auch vorliegend auf die Verschiedenheit der Rechtsfolgen geschlossen werden. Dann jedoch

---

[424] Larenz, Methodenlehre a.a.O.S. 391

[425] Larenz, Methodenlehre a.a.O.S. 398 ff.

[426] Canaris, Die Feststellung von Lücken im Gesetz, a.a.O.S. 31 ff.; der Begriff der Lücke als „planwidriger Unvollständigkeit" taucht zuvor bereits bei Engisch, Einführung in das juristische Denken, a.a.O. S. 137 f. auf.

[427] Canaris, Die Feststellung von Lücken im Gesetz, a.a.O.S. 34 ff.; Karl Engisch, wie vor, S. 70; Larenz, Methodenlehre a.a.O.S. 282 f., 303

müßte sich die Rechtsfolge für die außerordentliche Kündigung des Tarifvertrages ohne weiteres aus der bloßen Umkehrung des Rechtssatzes des § 4 Abs.5 TVG ergeben[428]. Die Annahme eines eindeutigen Falles des argumentum ex contrario scheidet aber aus: Ebenso nahe liegt nämlich, daß der Gesetzgeber versehentlich nur die Beendigung des Tarifvertrages durch Ablauf desselben geregelt hat, gleichermaßen aber auch die Nachwirkung im Schutzinteresse der Tarifgebundenen, insbesondere der Arbeitnehmer, in allen anderen denkbaren Fällen der Beendigung eines Tarifvertrages angeordnet haben wollte.

Eine 'Planmäßigkeit' der Lücke ist mithin nicht anzunehmen.

Die Planwidrigkeit könnte sich vorliegend aus der Wertung des § 4 Abs.5 TVG i.V.m. dem allgemeinen Gleichheitssatz[429] ergeben. Für den Fall einer Rechtsähnlichkeit der geregelten und der nicht geregelten Fälle würde die Lücke dann im Wege eines Analogieschlusses festgestellt und gefüllt werden[430]. Hierbei ist entscheidend, daß die Ähnlichkeit der geregelten und der nicht geregelten Fälle in einer Gleichheit der Interessenlage besteht. Diese müßte dann eine gleiche Bewertung beider Fallgruppen fordern[431].

Die der Anordnung der Nachwirkung immanente Teleologie besteht in der Regelung des Übergangszeitraumes, d.h. der Zeitspanne zwischen dem alten, bereits abgelaufenen Tarifvertrag und dem neuen, noch abzuschließenden Tarifvertrag. Die Tarifvertrags-Partner sollen so in die Lage versetzt werden, einen neuen Tarifvertrag unter Inanspruchnahme der für ein sorgfältiges Vertragswerk erforderlichen Zeit auszuhandeln. Die Tarifgebundenen, Arbeitgeber und Arbeitnehmer, haben so die Gewähr, auf die Fortgeltung der tariflichen Regelung vertrauen zu dürfen. Die konkrete Ausgestaltung des Arbeitsverhältnisses hängt damit nicht von der 'zufälligen' Beendigung des Tarifvertrages ab. Dem jeweiligen Arbeitsverhältnis in seiner konkreten Ausgestaltung wird Kontinuität garantiert. Es besteht zwischen den Arbeitsvertrags-Parteien im Nachwirkungszeitraum auch keine Unsicherheit über die inhaltliche Ausgestaltung des Arbeitsverhältnisses (d.h. ob etwa der vorhergehende Tarifvertrag oder aber gesetzliche Regelungen gelten).

Diese vielschichtige Interessenlage während eines 'tariflosen' Übergangszeitraumes besteht unabhängig vom jeweiligen Grund der Beendigung eines Ta-

[428]Canaris, Die Feststellung von Lücken im Gesetz, a.a.O.S. 45 ff.
[429]Canaris, Die Feststellung von Lücken im Gesetz, a.a.O.S. 56 f., 71 ff.
[430]Canaris, Die Feststellung von Lücken im Gesetz, a.a.O.S. 72 ff.
[431]Heck, a.a.O.S. 117

rifvertrages: Sie ist mindestens gleichermaßen im Falle der Beendigung eines Tarifvertrages durch Zeitablauf wie in den Fällen unvorhergesehener, außerplanmäßiger Beendigung gegeben. Das Fehlen der Anordnung der Nachwirkung auch in den letztgenannten, rechtsähnlichen Fällen der Beendigung des Tarifvertrages ist nach der der Vorschrift immanenten Teleologie i.V.m. dem allgemeinen Gleichheitssatz eine planwidrige Unvollständigkeit.

Der Gleichheitssatz fordert folglich eine Gleichstellung beider Fallgruppen. Mithin ist die Anordnung der Nachwirkung allgemein auch auf die Fälle der außerplanmäßigen Beendigung eines Tarifvertrages zu erstrecken.

Die im Wege des Analogieschlusses dargestellte Lückenfüllung könnte sich gleichermaßen im Wege des sog. argumentum a fortiori bzw. argumentum a maiore ad minus ergeben.

Dieses ist mit der vorbenannten Analogie insoweit verwandt, als es ebenfalls Bezug nimmt auf den allgemeinen Gleichheitssatz und es auch mit der dem Gesetz immanenten Teleologie arbeitet[432]. Die Lückenfeststellung mit Hilfe des argumentum a fortiori bzw. argumentum a maiore findet dann Anwendung, wenn Sinn und Zweck einer Regelung im Hinblick auf die geregelten Fälle in verstärktem Maße für die nicht geregelten Fälle zutreffen (sog. 'erst-Recht-Schluß').

Im Falle einer außerplanmäßigen Beendigung eines Tarifvertrages bestehen die oben aufgeführten Gründe für eine Weitergeltung der Tarifnormen noch verstärkt: Im Interesse der Vermeidung eines unklaren und unsicheren Rechtszustandes für die jeweiligen Arbeitsverhältnisse und im Interesse des Vertrauensschutzes der Arbeitnehmer in die Kontinuität der Tarifregeln sowie im Hinblick auf die unerwartete Situation für die Tarifvertrags-Partner, einen neuen Tarifvertrag aushandeln zu müssen, gebietet es die Wertung des § 4 Abs.5 TVG i.V.m. dem allgemeinen Gleichheitssatz und dem argumentum a fortiori, die Anordnung der Nachwirkung allgemein auch auf die Fälle einer außerplanmäßigen Beendigung des Tarifvertrages zu erstrecken.

---

[432] Canaris, Die Feststellung von Lücken im Gesetz, a.a.O.S. 79; Larenz, Methodenlehre, a.a.O.S. 294 f.

4.2.4. 'Kollisionslücke' in der Anwendung von § 4 Abs.5 TVG im oben bezeichneten Anwendungsbereich der Vorschrift und dem Rechtsprinzip der außerordentlichen Kündigung bei der außerordentlichen Kündigung eines Tarifvertrages

Da sich der Anwendungsbereich des § 4 Abs.5 TVG auf alle Fälle möglicher Beendigung eines Tarifvertrages erstreckt, ist hiervon auch der Fall der Beendigung durch außerordentliche Kündigung erfaßt. Nach dem anerkannten Rechtsprinzip, daß jedes Dauerschuldverhältnis außerordentlich kündbar sein muß, ergäbe sich bei entsprechender Anwendung auf den Tarifvertrag hingegen die sofortige Beendigung jeglicher Wirkung des Tarifvertrages.

Demnach könnte für den Fall der außerordentlichen Kündigung eines Tarifvertrages eine sog. Kollisionslücke vorliegen. Diese wird dann angenommen, wenn auf einen Lebenssachverhalt die Tatbestände zweier Normen anzuwenden sind, sich die Rechtsfolgen dieser Normen jedoch widersprechen. Ist dabei nicht festzustellen, daß eine Norm Vorrang gegenüber der anderen hat, so ergäbe die Anwendung beider Normen jeweils unterschiedliche Rechtsfolgen. Ebensowenig kann nur eine Norm Geltung beanspruchen, da deren vorrangige Behandlung sachlich nicht gerechtfertigt und mithin willkürlich wäre.

Folge einer solchen Kollision kann demnach nur sein, daß die Rechtsfolge keiner der Normen anzuwenden ist. Damit entsteht jedoch wiederum eine Regelungslücke, die ausfüllungsbedürftig ist[433].

Vorliegend ist auf den Lebenssachverhalt der außerordentlichen Kündigung eines Tarifvertrages sowohl § 4 Abs.5 TVG wie auch das Rechtsprinzip der außerordentlichen Kündigung anwendbar.

Die Nachwirkung der Tarifregelungen nach § 4 Abs.5 TVG und die sofortige Beendigung jeglicher Wirkung von Tarifregeln nach dem Rechtsprinzip der außerordentlichen Kündigung würden sich dann bereits denknotwendig ausschließen[434], wenn zwischen beiden Normen eine Gleichrangigkeit anzunehmen wäre.

Eine solche Gleichrangigkeit könnte vorliegend aber dann zu verneinen sein, wenn in Bezug auf die Nachwirkung öffentlich-rechtlicher Regelungen die Geltung des privatrechtlichen Prinzips, daß jedes Dauerschuldverhältnis au-

[433]Canaris, Die Feststellung von Lücken im Gesetz, a.a.O.S. 65 ff.

[434]Canaris, Die Feststellung von Lücken im Gesetz, a.a.O.S. 66 spricht von einer sog. „logischen Kollision“

ßerordentlich kündbar sein muß, eingeschränkt wäre. Eine unbesehene Erstreckung privatrechtlicher Prinzipien auf offene öffentlich-rechtliche Fragen im Wege der Analogie kommt nicht in Betracht[435]. Im Hinblick auf die Doppelnatur tariflicher Regelungen könnte die Nachwirkungsanordnung für aufgekündigte, auch öffentlich-rechtliche Normen die erforderliche öffentlich-rechtliche Antwort auf die mit der Aufkündigung entstehenden Fragen sein.

Vertrauensschutz bei Gesetzesänderung

§ 4 Abs.5 TVG könnte eine Überleitungsregelung sein, die dem Vertrauensschutz angesichts einer Gesetzesänderung, welche bestehende Sachverhalte und Rechtsbeziehungen erfaßt, Rechnung trägt.

§ 4 Abs.5 TVG ordnet die Nachwirkung der tariflichen Regelungen an. Diese tariflichen Regelungen sind Gesetze im materiellen Sinne. Sie sind mithin auch den allgemeinen Grundsätzen im Hinblick auf die Änderung von Gesetzen und den hierbei zu beachtenden Vertrauensschutz zugunsten der Normgebundenen unterworfen.

Der Grundsatz des Vertrauensschutzes zugunsten der Normgebundenen fordert allgemein einen Fortbestand staatlicher Regelungen sowie die Konsequenz staatlichen Handelns. Besondere Beachtung hat der Vertrauensschutz dann zu erfahren, wenn Gesetze geändert werden. Hierbei können einander widerstreitende Interessenlagen auftreten:

Der Gesetzgeber muß auf u.U. rasche Veränderungen im gesellschaftlichen, wirtschaftlichen und technischen Bereich reagieren und entsprechende Neuregelungen treffen können. Umgekehrt orientiert sich der Adressat der gesetzlichen Regelungen sowohl bei seiner persönlichen Lebensführung wie auch bei seiner wirtschaftlichen Betätigung an den jeweiligen gesetzlichen Regelungen. Sein Interesse zielt darauf, daß die von ihm auf der Grundlage der bestehenden Regelungen vorgenommenen Dispositionen nicht kurzfristig überraschend oder gar rückwirkend in Frage gestellt werden[436].

Bei Abwägung der einander widerstreitenden Interessen ergibt sich, daß der Gesetzgeber ein gewisses Maß an Vertrauensschutz i.S. einer Stabilität gesetzlicher Regelungen bei der Änderung von Gesetzen grundsätzlich zu wahren hat.

---

[435] Engisch, Einführung in das juristische Denken, a.a.O.S. 77

[436] Maurer in Isensee/Kirchhof, a.a.O. § 60 Rz.5

Rechtsstaatsprinzip wie Rechtssicherheit und der Grundsatz des Vertrauensschutzes sind bei der Änderung von Gesetzen vom Gesetzgeber grundsätzlich zu beachten. Ob und wenn ja, wie eine Gesetzesänderung zulässig ist, richtet sich im Einzelfall danach, ob die neuen gesetzlichen Regelungen rückwirkend gelten sollen oder ob sie zwar für die Zukunft gelten, aber auch bestehende Sachverhalte oder Rechtsbeziehungen erfassen oder aber, ob sie ausschließlich auf die Zukunft gerichtet sind. Der Vertrauensschutz der Regelungsadressaten besteht in diesen drei Fällen in jeweils unterschiedlichem Maße. Dabei wird immer vorausgesetzt, daß das Interesse des Normgebundenen überhaupt schutzwürdig ist[437].

Einen Sonderfall der Gesetzesänderung und mithin der Anforderungen an sie im Hinblick auf den Vertrauensschutz der Normadressaten stellt die vorzeitige Beendigung eines befristeten Gesetzes dar. Eine vorzeitige Aufhebung bzw. Änderung befristeter Gesetze ist grundsätzlich abzulehnen[438]. Sie ist nur dann ausnahmsweise zulässig, wenn sich die tatsächlichen Voraussetzungen derart verändert haben, daß ein Festhalten an den ursprünglichen Regelungen im Hinblick auf das öffentliche Interesse nicht zu rechtfertigen wäre. Auch der auf eine bestimmte Laufzeit abgeschlossene Tarifvertrag ist ein solches befristetes Gesetz. Dessen Gesetzgeber, hier die Tarifvertrags-Partner, hat den Fortbestand des (materiellen) Gesetzes für die in Aussicht genommene Zeit zugesichert.

Es kann dahingestellt bleiben, ob die vorzeitige Änderung eines befristeten Gesetzes ein Fall der echten Rückwirkung ist[439]. Denn bereits im Falle des Vorliegens einer unechten Rückwirkung, d.h. bei einer Gesetzesänderung im Hinblick auf gegenwärtige, noch nicht abgeschlossene Rechtsbeziehungen -wie vorliegend das Arbeitsverhältnis- ist dem Vertrauensschutz durch eine Überleitungsregelung Rechnung zu tragen[440].

Mithin steht fest, daß für den Fall einer vorzeitigen Beendigung eines Tarifvertrages im Hinblick auf den Vertrauensschutz der Tarifgebundenen eine Überleitungsregelung erforderlich ist.

[437]Das BVerfG hat für die jeweiligen Varianten der Gesetzesänderung strenge Anforderungen aufgestellt, die jeweils das schützenswerte Vertrauen des Normgebundenen beachten, vgl. BAG NZA 1997, 495, 497 m.w.N.
[438]Maurer in Isensee/Kirchhof, a.a.O. § 60 Rz. 59
[439]Maurer in Isensee/Kirchhof, a.a.O. § 60 Rz. 59
[440]Maurer in Isensee/Kirchhof, a.a.O. § 60 Rz. 44

§ 4 Abs.5 TVG als erforderliche Überleitungsregelung bei einer Gesetzesänderung

Es ist ausgeführt worden, daß die Vorschrift des § 4 Abs.5 TVG grundsätzlich alle Fälle möglicher Beendigung eines Tarifvertrages erfaßt und insoweit eine Übergangsregelung ist, als sie die (abgeschwächte) Nachwirkung der Tarifnormen anordnet.

Die Nachwirkungsanordnung genügt dabei den Anforderungen an eine Übergangsregelung. Die Tarifgebundenen werden im Nachwirkungsstadium so gestellt, wie wenn die ursprünglichen Tarifnormen des Tarifvertrages überhaupt nicht beendigt worden wären. Lediglich deren qualitative Wirkungskraft ist abgeschwächt. Es ist den Tarifgebundenen unstreitig zuzumuten, sich bei ihren eigenen Dispositionen an die Normen eines neu abzuschließenden Tarifvertrages anzupassen. Ihr schützenswertes Vertrauen beinhaltet nicht, daß jedwede Gesetzesänderung auszuschließen ist. Vielmehr ist eine gesetzliche Anpassung an veränderte Umstände immer grundsätzlich hinzunehmen. Für einen Übergangszeitraum trägt die Weitergeltung der bisherigen Regelungen bis zur Neufestsetzung dem schützenswerten Vertrauen hinreichend Rechnung.

Der Vertrauensschutz der Tarifgebundenen wird auch nicht dadurch unangemessen eingeschränkt, daß die nachwirkenden Tarifnormen individualvertraglich abgelöst werden können, § 4 Abs.5 TVG. Soweit eine einvernehmliche Abänderung erfolgt, ist dies ohnehin unproblematisch. Aber auch bei der einseitigen Gestaltungserklärung seitens des Mitgliedsunternehmens im Wege der Änderungskündigung wird der Vertrauensschutz nicht verletzt. Denn ein tarifloser Zustand und ein teilweise ungeregeltes Arbeitsverhältnis werden so vermieden.

Es entspricht im übrigen auch der im Übergangszeitraum wiedererlangten Souveränität der Arbeitsvertrags-Parteien, die Arbeitsbedingungen selbst festlegen zu können. Durch Beitritt zur Koalition beauftragen die tarifgebundenen Mitglieder diese, ihre Interessen durch entsprechenden Tarifvertrag-Abschluß wahrzunehmen. Mit dessen Ende bekommen die Mitglieder ihre zum Teil suspendierte Befugnis zur Festlegung der Arbeitsbedingungen zurück.

§ 4 Abs.5 TVG als erforderliche Überleitungsregelung nach außerordentlicher Kündigung eines Tarifvertrages

Ist vorstehend die Funktion des § 4 Abs.5 TVG als erforderlicher Überleitungsregelung bei Gesetzesänderungen dargestellt worden, so kommt der Vorschrift als Überleitungsregelung im Falle einer außerordentlichen Kündigung des Tarifvertrages besondere Bedeutung zu. Denn gerade in diesem Fall der unvorhergesehenen und sofortigen Lösung vom Tarifvertrag besteht ein besonderes Bedürfnis, dem Vertrauen der Tarifgebundenen in den Fortbestand der Regelungen angemessen Rechnung zu tragen.

Während die Tarifgebundenen bei ihren Dispositionen eine voraussehbare Beendigung des Tarifvertrages infolge Zeitablaufes ebenso berücksichtigen können, wie sie sich während einer ordentlichen Kündigungsfrist im Falle der ordentlichen Kündigung des Tarifvertrages auf geänderte Verhältnisse einstellen können, trifft sie eine außerordentliche Kündigung immer unvorbereitet und überraschend. Die Beachtung des Vertrauensschutzes in den Fortbestand der Regelungen durch eine Übergangsregelung ist insoweit 'erst Recht' angebracht.

Keine Gleichrangigkeit der Rechtsfolgen von § 4 Abs.5 TVG und dem Rechtsprinzip der außerordentlichen Kündigung

War im Ausgangspunkt die Frage gestellt worden, ob das Rechtsprinzip der außerordentlichen Kündigung und § 4 Abs.5 TVG sich bereits denknotwendig wegen Gleichrangigkeit ausschließen und so eine Regelungslücke hinsichtlich der Rechtsfolge einer außerordentlichen Kündigung eines Tarifvertrages existiert, so ist nunmehr festzuhalten:

§ 4 Abs.5 TVG beinhaltet die für den Fall der Beendigung des befristeten Gesetzes 'Tarifvertrag' erforderliche Überleitungsregelung, die dem zu gewährenden Vertrauensschutz der Tarifgebundenen Genüge leistet. Die Vorschrift ist mithin eine Sonderregelung über die Rechtsfolge u.a. der außerordentlichen Kündigung des Tarifvertrages und geht insoweit dem Rechtsprinzip der außerordentlichen Kündigung vor.

4.2.5. Sonderfall: Rechtsfolge der außerordentlichen Kündigung eines Tarifvertrages bei Ausschluß der Nachwirkung nach § 4 Abs.5 TVG durch Tarifvertrag

Die Nachwirkung gemäß § 4 Abs.5 TVG kann von den Tarifvertrags-Parteien durch tarifliche Festsetzung ausgeschlossen werden[441].

Als mögliche Gründe kommen beispielsweise in Betracht, daß nach Ablauf des Tarifvertrages bestimmte Bereiche tariflich überhaupt nicht mehr geregelt werden sollen, ein sofortiger Übergang zur gesetzlichen Regelung oder aber auch zum vorangegangenen, grundsätzlich abgelösten Tarifvertrag stattfinden soll.

Sind die Tarifvertrags-Partner bei der Festlegung des Inhalts eines abzuschließenden Tarifvertrages aufgrund der in Art. 9 Abs.3 GG garantierten Tarifautonomie grundsätzlich frei (dies innerhalb der verfassungsrechtlichen Grenzen), so unterfällt dieser Dispositionsmaxime auch die Festlegung der Dauer i.S. einer tatsächlichen Beendigung der Wirkung der tariflichen Regelungen.

Dieser Möglichkeit tariflichen Ausschlusses der Nachwirkung nach Ablauf des Tarifvertrages steht auch nicht etwa der Grundsatz des Vertrauensschutzes zugunsten der Tarifgebundenen entgegen: Schützenswertes Vertrauen setzt unstreitig einen Vertrauenstatbestand voraus. Im Falle der ausdrücklichen Abbedingung der Nachwirkung tariflicher Regelungen im Tarifvertrag ist jedoch ein Vertrauenstatbestand des Inhalts, daß die tariflichen Regelungen nach Ablauf des Tarifvertrages weitergelten, ja gerade nicht gegeben. Mithin besteht auch kein daran anknüpfendes schützenswertes Vertrauensverhalten der Tarifgebundenen[442].

Etwas anderes könnte sich allerdings ergeben bei der Beendigung des Tarifvertrages durch außerplanmäßige, vorzeitige Beendigung wie etwa durch außerordentliche Kündigung.

Zwar haben die Tarifvertrags-Partner festgelegt, daß eine Nachwirkung der tariflichen Regelungen nicht eintreten soll. Sie haben aber für die Tarifgebundenen einen Vertrauenstatbestand des Inhalts geschaffen, daß die Regelungen für die in Aussicht genommene Laufzeit des Tarifvertrages Geltung haben. Insoweit konnten und durften die Tarifgebundenen im Vertrauen auf diese befristete Gültigkeit ihre eigenen Dispositionen treffen. Bei vorzeitiger, d.h. früherer

[441] Gamillscheg, a.a.O.S. 876 m.w.N.; BAG NZA 1998, 492 f.

[442] hierzu allgemein Maurer in Isensee/Kirchhof, a.a.O. § 60 Rz. 7

als tarifvertraglich vorgesehener Beendigung des Tarifvertrages wäre das schützenswerte Vertrauen der Tarifgebundenen mithin verletzt, wenn die tariflichen Regelungen nicht nachwirken würden. Für diesen Fall ist dem Vertrauensschutz daher dadurch Rechnung zu tragen, daß die tariflichen Regelungen Nachwirkung haben müssen bis zum Ablauf der in Aussicht genommenen Laufzeit des Tarifvertrages.

Für die Zeitspanne von Beendigung des Tarifvertrages durch die außerordentliche Kündigung bis zum ursprünglich vorgesehenen Zeitpunkt des Ablaufs des Tarifvertrages muß § 4 Abs.5 TVG mithin Wirkung entfalten. Anschließend jedoch steht die tarifliche Festsetzung der Abbedingung des § 4 Abs.5 TVG einer Nachwirkung entgegen.

XII. Ausschluß des Rechts zur außerordentlichen Kündigung eines Verbandstarifvertrages wegen unzulässiger Rechtsausübung

1. Ausschluß der außerordentlichen Kündigung bei Verletzung der Prüfungspflicht

Ein an sich bestehendes Recht zur außerordentlichen Kündigung könnte ausgeschlossen sein, wenn die Ausübung des Gestaltungsrechts eine unzulässige Rechtsausübung darstellen würde.

Die Tarifvertrags-Partei befindet sich in einem Spannungsverhältnis. Einerseits hat der Tarifvertrags-Partner einen schuldrechtlichen Anspruch auf Durchführung des abgeschlossenen Tarifvertrages -hierzu gehört auch die Pflicht, auf die Mitglieder mit den Mitteln der Verbandsgewalt einzuwirken, die Tarifnormen zu beachten-, auf der anderen Seite begehren diese Mitglieder -von den Nachteilen der eingetretenen Änderung unmittelbar betroffen- die sofortige Lösung vom Tarifvertrag durch ihren Verband, der ja auch die Wahrnehmung ihrer Interessen schuldet.

Zu prüfen ist, ob das im Interesse der Mitglieder wahrzunehmende Gestaltungsrecht der außerordentlichen Kündigung ausgeschlossen sein kann, weil dem Koalitionsgegner ein Gegenrecht zustehen könnte. Dieses Gegenrecht könnte aus einer Pflichtverletzung der anderen Tarifpartei herrühren, die zwar zunächst im Verhältnis zu deren Mitgliedern begangen wurde, aber auf das Außenverhältnis der Tarifparteien durchschlägt.

Die Tarifvertrags-Parteien schulden im Innenverhältnis zu ihren Mitgliedern die Wahrnehmung von deren Interessen. Diese Verpflichtung im Innenverhältnis verlangt von den Tarifvertrags-Parteien, im Vorfeld eines Tarifabschlusses eine Überprüfung der in Aussicht genommenen tariflichen Regelungen auf ihre Erfüllbarkeit während der in Aussicht genommenen Laufzeit des Vertrages vorzunehmen. Hierzu gehört auch eine Prüfung, ob und inwieweit die für den Tarifvertrag maßgeblichen äußeren Umstände sich vorhersehbar ändern könnten.

Diese Prüfungspflicht könnte auf das Außenverhältnis durchschlagen. Jeder Vertragspartner schuldet zwar primär nur die Erfüllung der vertraglich übernommenen Pflichten. Beim Verbands-Tarifvertrag erfolgt die 'Umsetzung' aber durch die jeweiligen Mitglieder. Der Koalitionspartner kann gegenüber dem

Vertragspartner insoweit nur die Erfüllbarkeit i.S. einer Durchführbarkeit des Tarifvertrages durch seine Mitglieder übernehmen. Im Rahmen der Erfüllung der tarifvertraglichen Pflicht, alles seinerseits Erforderliche zu tun, um eine Erfüllbarkeit des Tarifvertrages durch die Mitglieder sicherzustellen, obliegt dem Koalitionspartner in Vorbereitung des Tarifvertrags-Abschlusses eine Prüfungspflicht. Diese beinhaltet, vor Tarifvertragsabschluß den maßgeblichen Markt auf solche vorhersehbaren Veränderungen äußerer Umstände zu beobachten, die einen Einfluß auf tarifliche Regelungen nehmen könnten. Soweit derartige vorhersehbare Änderungen ein Risiko für die Erfüllbarkeit der in Aussicht genommenen tariflichen Regelungen darstellen, sind damit verbundene Unsicherheiten im Interesse aller Beteiligten zu vermeiden.

Hat mithin ein Koalitionspartner die ihm im Verhältnis zu seinen Mitgliedern obliegenden Pflichten einer Prüfung des Tarifvertrages auf seine Erfüllbarkeit verletzt und demzufolge einen entsprechend riskanten Tarifvertrag abgeschlossen, so verletzt er damit nicht nur seine Pflicht gegenüber seinen Mitgliedern, sondern gleichzeitig ihm obliegende Sorgfaltspflichten gegenüber dem Tarifvertragspartner.

Wird nun diese tarifliche Pflicht verletzt und nach Eintritt der veränderten äußeren Umstände der Tarifvertrag aufgekündigt, so hat der Koalitionspartner einen Anspruch aus dem Rechtsinstitut der culpa in contrahendo (cic)[443], da es sich um eine Verletzung der bezeichneten Pflichten im Vorfeld des Tarifvertrags-Abschlusses handelt. Anerkannte Rechtsfolge der cic sind die Vertragsanpassung und die Vertragsauflösung.[444] Vorliegend begehrt aber gerade der Verletzer die Vertragsauflösung, während das Interesse des Verletzten auf ein Festhalten beziehungsweise ein Wiederherstellen des Vertrages abzielt. Dies ist das Interesse, auf das vorliegend sein Anspruch aus cic gerichtet ist. Rechtsfolge muß folglich hier die Vertragsfortsetzung sein.

Es ist daher zu prüfen, ob die Ausübung der außerordentlichen Kündigung durch den Einwand der unzulässigen Rechtsausübung, § 242 BGB, ausgeschlossen ist.

Treu und Glauben üben eine Schranken- und Kontrollfunktion gegenüber dem Rechtsinhaber aus, dessen Ausübung von Rechten einer Kontrolle am Maßstab von Treu und Glauben unterworfen wird. Danach ist die Ausübung eines „an sich“ bestehenden Rechtes im Widerspruch zu Treu und Glauben eine Rechtsüberschreitung und daher rechtsmißbräuchlich. Ein jeder hat in der Ausübung

[443] inzwischen in § 311 Abs.2 BGB geregelt

[444] Heinrichs in Palandt, a.a.O. § 276, Rz. 100, 102 m.w.N.

seiner Rechte und in der Erfüllung seiner Pflichten nach Treu und Glauben zu handeln. Der offenbare Mißbrauch eines Rechtes findet keinen Rechtsschutz[445].

Die Ausübung eines (Gestaltungs-) Rechts ist dann unzulässig, wenn die verändert gestaltete Rechtslage alsbald wieder in ihre Ausgangslage zurückzubringen ist („dolo agit, qui petit, quod statim redditurus est").

Wenn der Arbeitgeber-Verband das Gestaltungsrecht der Kündigung ausüben würde, so würde die Gewerkschaft ihrerseits den oben bezeichneten Anspruch aus cic geltend machen können. Dieser wäre aber auf nichts anderes als auf die unveränderte Fortsetzung des Vertrages gerichtet. Dann aber würde das außerordentliche Kündigungsrecht in gegenüber dem Koalitionspartner mißbilligenswerter Weise ausgeübt werden. Das an sich bestehende Recht zur außerordentlichen Kündigung muß daher in dem aufgezeigten Kollisionsfall ausgeschlossen, d.h. als nicht ausübbar erkannt werden.

Hierbei ist unerheblich, ob die Gewerkschaft diesen Anspruch auch tatsächlich geltend macht. Denn die Berücksichtigung eines Verstoßes gegen die Grundsätze von Treu und Glauben, hier die unzulässige Rechtsausübung, ist ein Einwand, dessen Prüfung von Amts wegen erfolgt[446].

Ein Kündigungsrecht des Arbeitgeber-Verbandes wegen veränderter äußerer Umstände ist mithin in dem Umfange ausgeschlossen, wie der Arbeitgeber-Verband im Verhältnis zu seinen Mitgliedern zu einer entsprechenden Prüfung der Vorhersehbarkeit der Änderung äußerer Umstände verpflichtet war und diese Pflicht verletzt hat.

Demnach ist zunächst zu definieren, welches die Prüfungspflichten im Innenverhältnis sind.

2. Maßstab und Inhalt der Prüfungspflichten

Ausgangspunkt ist dabei die Hauptpflicht, die darin besteht, die Interessen der Mitglieder wahrzunehmen. Im Hinblick auf die Pflicht zur Beobachtung des maßgeblichen Marktes bietet sich eine Wertungsparallele zur Produkthaftung nach § 823 BGB an. Diese regelt eine Marktbeobachtungspflicht für den Her-

[445] Dieser allgemeine, aus dem Römischen Recht stammende Rechtsgrundsatz hat in § 2 SchwZGB eine besonders zutreffende Formulierung gefunden.

[446] Heinrichs in Palandt, a.a.O. § 242 Rz.15

steller eines Produktes, zu deren Erfüllung dieser aufgrund von Größe, Sachnähe, personellen wie fachlichen Prüfungsmöglichkeiten in der Lage ist. Auch der Verband hat die notwendige Sachnähe sowie die fachlichen und personellen Prüfungsmöglichkeiten.

Untersuchungsthema sind die Prüfungspflichten des Arbeitgeber-Verbandes und nicht der Gewerkschaft. Denn es entspricht der derzeitigen Lebenswirklichkeit, daß die Gewerkschaft i.d.R. keine Veranlassung haben wird, einen Tarifvertrag wegen negativ veränderter wirtschaftlicher Verhältnisse zu kündigen, um etwa niedrigere Löhne anzustreben. Relevant aus Gewerkschaftssicht ist der derzeit nicht aktuelle Fall einer dramatischen Beschleunigung der Inflation bei einer vergleichsweise langen tarifvertraglichen Bindung. Auf die Situation der Gewerkschaftsseite wird im folgenden daher nur am Rande eingegangen.

Satzungsmäßige Hauptaufgabe des Arbeitgeber-Verbandes ist es, die Interessen seiner Verbandsmitglieder, d.h. der Mitgliedsunternehmen wahrzunehmen. Diese Interessenwahrnehmung beinhaltet die Pflicht, Umstände, die den Tarifvertrag beeinflussen -wie die wirtschaftlichen Rahmendaten- daraufhin zu überprüfen, ob diese sich während der in Aussicht genommenen Laufzeit des Tarifvertrages vorhersehbar verändern werden oder nicht. Dabei geht es -im Rahmen der möglichen Vorhersehbarkeit- um eine vorausschauende Beobachtung des beabsichtigten Regelwerks im Hinblick auf seine günstigen oder weniger günstigen Folgen für die Mitgliedsunternehmen bei einer Veränderung der äußeren Umstände des maßgeblichen Marktes.

Hierbei sind im Verhältnis zu den Mitgliedern zwei Pflichtenkreise zu trennen. Dies ist zum einen die aus der Mitgliedschaft an sich erwachsende und unabhängig von einem Tarifvertrag bestehende ständige Beobachtungspflicht des maßgeblichen Marktes auf Veränderungen bzw. erste Anzeichen für Veränderungen. Zum anderen ist dies die vor Abschluß eines konkreten Tarifvertrages bestehende Pflicht konkreter Überprüfung der Vorschriften im Hinblick auf die Durchführbarkeit des Tarifvertrages.

Es ist zu prüfen, welchen Inhalt die Prüfungspflicht hat und nach welchem Maßstab sich diese Pflichten richten müssen. Hierbei ist entscheidend, ob die Vorhersehbarkeit abstrakt oder individuell zu bestimmen ist.

Unmittelbar aus dem Tarifvertrag läßt sich eine inhaltliche Konkretisierung der Prüfungspflicht i.d.R. nicht ableiten. Daher soll im folgenden darauf eingegangen werden, ob sich im Wege einer Wertungsparallele aus den

Grundsätzen für die Produkthaftung nach § 823 BGB ein Maßstab für die Inhaltsbestimmung der bestehenden Prüfungspflichten ableiten läßt.
Den Hersteller, der sein Produkt in Verkehr bringt, trifft die Pflicht, sich bei Konstruktion, Produktion und Instruktion nach dem erkennbaren und ermittelbaren Stand von Wissenschaft und Technik zu richten. Die Beobachtungspflicht des Marktes besteht auch im Hinblick auf mögliche Schäden durch ein Zusammentreffen des eigenen Produktes mit den Produkten anderer Hersteller.

Die Beobachtungspflicht umfaßt dabei anerkanntermaßen die Pflicht, auch bislang unerkannt gebliebene schädliche Verwendungsfolgen zu beobachten[447]. Zum Zwecke der Erfüllung dieser Beobachtungspflicht sind dabei Erkenntnisse in der Fachliteratur und sonstigen Literatur ebenso zu beachten wie der Wissensstand in vergleichbaren Hersteller-Gruppen[448]. Angesichts der Einflußnahme des Staates auf die Wirtschaft ist auch die Entwicklung auf politischer Ebene zu verfolgen.

Inhalt und Umfang dieser im weiteren Sinne der Verkehrssicherungspflicht zuzuordnenden Beobachtungspflicht sind im Einzelfall festzulegen. Der Träger einer Verkehrssicherungspflicht hat grundsätzlich diejenigen Maßnahmen zu treffen, die nach den jeweiligen Umständen des Einzelfalles erforderlich und zumutbar sind[449].

Die Bestimmung der Erforderlichkeit hängt dabei vom Grad der Wahrscheinlichkeit einer Risikoverwirklichung sowie von der Art der Gefahr ab. Soweit diese -nach dem letzten Stand von Wissenschaft und Technik, gegebenenfalls aus Gutachten über die weitere wirtschaftliche Entwicklung in bestimmten Marktzweigen im Hinblick auf bestimmte Risiken- objektiv erkennbar sind, sind Vorkehrungen zu ihrer Vermeidbarkeit grundsätzlich zu treffen.

Die individuellen Anforderungen an den Verkehrspflichtigen hängen dabei auch von dem Maße des entgegengebrachten Vertrauens derjenigen ab, die in seinen Zuständigkeits- und Schutzbereich fallen. Insoweit ist also deren Erwartungshorizont zugrunde zu legen.

Inhalt und Umfang der im konkreten Fall festgelegten erforderlichen Verkehrssicherungspflicht muß unter Berücksichtigung des jeweiligen Einzelfalles auch zumutbar sein.

---

447 BGHZ 80, 199
448 Graf v. Westphalen, a.a.O. § 24 Rz. 23 ff.; BGH NJW 1990, 906
449 BGH NJW 1964, 814, 816; 1965, 815; 1972, 913 f.

Bei einer Übertragbarkeit dieses Wertungsgedankens im Zusammenhang mit der Produkthaftung nach § 823 BGB ergäbe sich für die Marktbeobachtungspflicht des Arbeitgeber-Verbandes ein abstrakter Maßstab.
Eine Parallele zwischen dem Produkt als gegenständlichem Werk und dem geistigen Produkt eines Tarifvertrages zu ziehen, mag zunächst fremd erscheinen. Bei genauerer Betrachtung werden jedoch die Gemeinsamkeiten offenkundig. Anknüpfungspunkt ist jeweils die vom „Produzenten" eines Werkes zu erfüllende Beobachtungspflicht des maßgeblichen Marktes als Unterfall der Verkehrssicherungspflicht.

Die anspruchsbegründende Handlung ist hier, das unter Verletzung der Beobachtungspflicht zustande gebrachte Werk „in Verkehr zu bringen", also den Tarifvertrag mit einem bestimmten Inhalt abzuschließen. Hier wie dort vertrauen diejenigen, die in den Schutzbereich der Beobachtungspflicht fallen, darauf, daß das „Produkt" dem jeweils abstrakt bestehenden Wissensstand entspricht.

Im Falle der Prüfungspflicht des Arbeitgeber-Verbandes ist dementsprechend auf den Erwartungshorizont der Mitgliedsunternehmen abzustellen: Diese gehen davon aus und dürfen auch davon ausgehen, daß der Arbeitgeber-Verband ihre Interessen mit hoher fachlicher Kompetenz auf allen für diese zu regelnden einschlägigen Gebieten wahrnimmt.

Durch die den Arbeitgeber-Verbänden eigene Organisationsstruktur, d.h. der Zusammenfassung auf jeweils höherer Ebene bis hin zum Dachverband des bda ist vom Standard eines hohen vertikalen Informationsgrades ebenso auszugehen wie von hoher fachlicher Kompetenz und einer finanziellen Ausstattung, welche den Erwartungsmaßstab nachgerade prägen.

Diese hohen Anforderungen müssen aber nach dem Prinzip der Zumutbarkeit eingeschränkt werden. In Betracht kommt hier insbesondere eine Einschränkung durch zu ziehende wirtschaftliche Grenzen. Auch wenn diese in Bezug auf den einzelnen Arbeitgeber-Verband unterschiedlich ausfallen mag, so ist doch grundsätzlich -aufgrund der aufgezeigten Organisationsstruktur- von einer starken Finanzdecke auszugehen. Auch hier verlaufen die Grenzen der Zumutbarkeit freilich an der Grenze der Verhältnismäßigkeit.

Verletzungen von vertraglichen Pflichten können sehr wohl auch eine unerlaubte Handlung darstellen, wenn sie die Voraussetzungen der §§ 823 ff. BGB erfüllen[450]. Auch bei einer grundsätzlich selbständigen Betrachtung von ver-

---

[450]BGH NJW-RR 1998, 1121

traglichen und deliktischen Ansprüchen bestehen unzweifelhaft Wechselwirkungen. Die Gefahr einer Aushöhlung der vertraglichen Ansprüche durch die Ansprüche aus unerlaubter Handlung besteht hier nicht. Im Rahmen des deliktischen Anspruchs ist der Maßstab der geforderten Beobachtungspflicht festgestellt worden.

Das Deliktsrecht stellt Mindestforderungen auf, die gegenüber allen gelten. Entsprechend ist dieser Wertungsgedanke auch bei der Festlegung der geforderten Beobachtungspflicht für die vertraglichen Ansprüche zu berücksichtigen. Denn die Anforderungen bei einer gesetzlichen Verantwortung müssen erst Recht bei einer vertraglichen Sonderbeziehung gelten.

Damit ergäbe sich im Verhältnis zu den Mitgliedern ein abstrakter Maßstab für die Pflicht des Arbeitgeber-Verbandes, die Vorhersehbarkeit von Änderungen der den Tarifvertrag beeinflussenden Umstände zu überprüfen[451].

Die Grenze für eine abstrakte Vorhersehbarkeit verläuft dort, wo das die Störung auslösende Ereignis unbeherrschbar ist wie beispielsweise die unvorhergesehene Änderung von Steuergesetzen, welche die Erfüllung der eingegangenen Verpflichtungen für die eine Seite verteuert[452]. Gleiches gilt, wenn die Störung außerhalb jeglicher Wahrscheinlichkeit liegt. Diese Wahrscheinlichkeit wird regelmäßig bestimmt durch die Zahl und die Kombination der möglicherweise wirksam werdenden Störungsfaktoren[453] und ist im Einzelfall festzulegen[454].

3. Erfüllung der Voraussetzungen des § 823 BGB

Der Wertungsgedanke der Produkthaftung ist nur dann übertragbar, wenn die tatbestandlichen Voraussetzungen des § 823 BGB vorliegen.

---

[451] i.E. ebenso Koller, a.a.O.S. 79 f., der für die Zuordnung von Risiken ebenfalls einen abstrakten Maßstab für die „Beherrschbarkeit" eines Risikos zugrundelegt, dies jedoch unmittelbar im Verhältnis der Vertragsparteien zueinander

[452] Koller, a.a.O.S. 89

[453] Koller, a.a.O.S.217 ff.

[454] Maßstab für diese Beurteilung können Kriterien sein wie das Verhalten Branchengleicher: Schätzen auch diese bei gleichem abstrakt zuzumutenden Informationsstand nach sorgfältiger Abwägung der Umstände ein später eintretendes Risiko aus bestimmten Gründen des Einzelfalles für unwahrscheinlich ein, so kann hieraus auf die Unwahrscheinlichkeit der Realisierung eines Risikos geschlossen werden.

Als verletzende Handlung ist die Nichtbeachtung der Pflicht zur Beobachtung sich verändernder äußerer Umstände sowie der darauf beruhende, inhaltlich entsprechende Tarifvertragsabschluß durch den Arbeitgeber-Verband anzusehen.

Als geschütztes Rechtsgut kommt beim einzelnen Mitgliedsunternehmen der unter den Schutzbereich des § 823 BGB fallende eingerichtete und ausgeübte Gewerbebetrieb in Betracht, der durch die verletzende Handlung geschädigt wird.

Fraglich ist indes, ob das Handeln der Vertreter des Arbeitgeber-Verbandes beim Abschluß des Tarifvertrages dem kontrahierenden Arbeitgeber-Verband zurechenbar ist. Wäre dies nicht der Fall, könnte auch mit dem Wertungsgedanken entsprechend der Produkthaftung nicht gearbeitet werden. Als Zurechnungsnorm könnte § 31 BGB in Betracht kommen. Seiner Rechtsnatur nach ist § 31 BGB keine selbständig haftungsbegründende Norm, sondern eine Zurechnungsnorm. § 31 BGB setzt ein zum Schadensersatz verpflichtendes Handeln eines „Haftungsverteters" voraus und bestimmt dann die Haftung der juristischen Person.

Haftungsrechtlich ist mittlerweile[455] anerkannt, daß § 31 BGB entsprechend gilt für die Gewerkschaft beziehungsweise den Arbeitgeber-Verband[456]. § 31 BGB gilt auch im Innenverhältnis von Verband und Mitgliedern. Die Mitgliedschaft im Verein ist ein sonstiges Recht i.S.v. § 823 Abs.1 BGB[457]. Die Mitglieder eines Arbeitgeber-Verbandes, die Einzelunternehmen, sind als Drit-

[455]Zwar sind sowohl Arbeitgeber-Verbände wie Gewerkschaften ihrer Rechtsnatur nach nichtrechtsfähige Vereine i.S.v. § 54 BGB. Der dem Koalitionswesen mißtrauisch gegenüberstehende historische Gesetzgeber beabsichtigte, das Erstarken der Koalitionspartner zu unterbinden bzw. zu erschweren, diese jedenfalls aber unter staatliche Kontrolle zu bringen. Die Rechtsfähigkeit eines Vereins war mit der Eintragungspflicht in das Vereinsregister verbunden. Bei Verfolgen politischer, sozialer oder religiöser Zwecke konnte einer Eintragung widersprochen werden, die Rechtsfähigkeit nachträglich entzogen werden. Im Wege der Unterstellung unter das Gesellschaftsrecht sollte die Möglichkeit des Erwerbs größeren Vermögens genommen werden und so die gesellschaftliche Einflußmöglichkeit klein gehalten werden. Der körperschaftliche Charakter der Koalitionspartner ist schon frühzeitig (übereinstimmend von Lehre und Rspr.) anerkannt worden. Letztlich trug die sich verändernde Einstellung des Staates gegenüber dem Koalitionswesen das ihre zur Anerkennung bei.

[456]BGHZ 50, 325, 329; 90, 92, 95; 110, 323, 327; Jauernig, a.a.O., § 31 Anm. 2 a; Medicus BGB AT, a.a.O. Rz. 1157

[457]Heinrichs in Palandt, a.a.O. § 31 Rz. 12

te i.S.d. § 31 BGB vom Schutzbereich der Norm erfaßt[458]. § 31 BGB ist satzungsfest, kann also nicht abbedungen werden, § 40 BGB.

Problematisch könnte aber sein, wenn der Arbeitgeber-Verband die Haftung für einfache Fahrlässigkeit satzungsmäßig abbedungen hat. Denn für eine Verletzung der Prüfungspflicht kommt insbesondere die fahrlässige Begehungsweise in Betracht. Zwar ist die Festlegung der Satzung ein Teil der gesetzlichen Vereinsautonomie, § 25 BGB. Das AGBG[459] ist auf das Vereinsrecht nicht anzuwenden, § 23 Abs.1 AGBG[460]. Die Satzung unterliegt aber, obwohl die §§ 25 ff. BGB dem Verein bei der Ausgestaltung der Organisation weitgehend freie Hand lassen, insbesondere dann einer (gerichtlichen) Inhaltskontrolle nach §§ 242, 315 BGB, wenn der Verein aufgrund seiner wirtschaftlichen beziehungsweise sozialen Machtstellung einem Aufnahmezwang unterliegt[461]. Ein solcher Aufnahmezwang ist für die Koalition grundsätzlich zu bejahen. Für die Koalition ist eine Inhaltskontrolle der Satzung überdies auch deshalb geboten, weil aufgrund der Regelung des § 3 Abs.3 TVG der Austritt eines Mitglieds aus dem Verband die Wirkung des von der Koalition abgeschlossenen Tarifvertrages allein nicht beendet[462]. Eine Inhaltskontrolle nach §§ 242, 315 BGB ist mithin zulässig.

Ein Ausschluß der Haftung für einfache Fahrlässigkeit ist grundsätzlich möglich[463]. Es könnte vorliegend aber dadurch etwas anderes gelten, daß eine entsprechende Prüfung vor Tarifvertragsabschluß die Erfüllung einer sog. „Kardinalpflicht" betrifft. Es ist anerkannt, daß die Vertragsfreiheit der Parteien dort ihre Grenzen findet, wo eine Vereinbarung gegen die guten Sitten verstößt beziehungsweise nicht mit Treu und Glauben vereinbar ist. Im Falle der Haftungsfreizeichnung führt erst das Hinzutreten weiterer Umstände zur Sittenwidrigkeit der entsprechenden Vereinbarung. Anwendungsfall ist die Ausnutzung einer Monopolstellung oder wirtschaftlichen Machtstellung durch den einen Vertragspartner, soweit der andere Vertragspartner sich dadurch zu einer unangemessenen oder unbilligen Haftungsbeschränkung bereiterklärt[464].

[458]Denecke JZ 1951, 742; im Ansatz ebenso Grunewald ZIP 1989, 962, 965; Günter Weick in Staudinger, a.a.O. § 31 Rz. 11; BGHZ 90, 92, 95; 110, 323, 327
[459]inzwischen in §§ 305 ff.BGB geregelt
[460]Heinrichs in Palandt, a.a.O. § 23 AGBG Rz. 4
[461]Heinrichs in Palandt, a.a.O. § 25 Rz. 9 (für die Gewerkschaft bereits positiv entschieden)
[462]Heinrichs in Palandt. a.a.O. § 25 Rz. 9
[463]Heinrichs in Palandt, a.a.O. § 31 Rz. 4
[464]BGH NJW 1956, 1065, 1066 m.w.N.

Für das einzelne Mitgliedsunternehmen ist es bei Eintritt in den Verband -aufgrund der Vielzahl der Mitglieder- faktisch nicht möglich, die satzungsmäßigen Bestimmungen des Verbandes abzuändern oder einen Vertrag mit günstigeren Bedingungen abzuschließen. Die Ausnutzung einer bevorzugten Stellung ist dann ein Verstoß gegen die guten Sitten, beziehungsweise ist nicht mit Treu und Glauben vereinbar, wenn der wirtschaftlich und sozial mächtige Verband sich unverhältnismäßige Vorteile ausbedingt, die mit den Grundsätzen von Recht und Billigkeit nicht zu vereinbaren sind. Ein solcher unverhältnismäßiger Vorteil ist die Haftungsfreizeichnung von einer sogenannten „Kardinalpflicht" aus dem zugrundeliegenden Vertragsverhältnis[465]. Die aufgezeigte Prüfungspflicht durch den Verband ist eine solche, das Verhältnis von Verband und Mitgliedsunternehmen maßgeblich bestimmende und charakterisierende Pflicht. Denn die Beachtung dieser Prüfungspflicht ist Voraussetzung für die Erfüllung der Pflichten des Verbandes, die Interessen der Mitglieder bei einem Tarifvertrags-Abschluß sachgerecht wahrzunehmen.

Der Verband hat -im Gegensatz zum mittelständischen Einzelunternehmen- aufgrund seiner Organisationsstruktur und Finanzkraft die Möglichkeit, entsprechende Prüfungen vorzunehmen.

Eine Haftungsfreizeichnung des Verbandes von dieser Prüfungspflicht ist mithin auch für leicht fahrlässige Begehungsweise ausgeschlossen[466]. Eine Haftung des Arbeitgeber-Verbandes für den Vorstand bzw. andere verfassungsmäßig berufene Verteter tritt grundsätzlich dann ein, wenn diese sich bei der zum Schadensersatz verpflichtenden Handlung objektiv innerhalb des ihnen zugewiesenen Wirkungskreises bewegen. Für den Fall, daß der Arbeitgeber-Verband, der die Interessenwahrnehmung der Mitglieder im Vorfeld eines Tarifvertrag-Abschlusses schuldet, eine vorhersehbare Änderung von den Tarifvertrag beeinflussenden Umständen nur unzureichend geprüft hat, könnte er mithin seinen Mitgliedern grundsätzlich nach § 31 BGB haften. Dieses Han-

---

[465]BGH NJW 1956, 1065, 1066 f.

[466]Gleiches gilt bei formularmäßigem Haftungsausschluß im Anwendungsbereich des AGBG. Dort ist anerkannt, daß eine Haftungsfreizeichnung auch für leichte Fahrlässigkeit bei einer Verletzung von sog. „Kardinalpflichten" unzulässig ist: Brandner in Ulmer/Brandner/Hensen, a.a.O. § 9 Rz. 150 ff., 153; Wolf in Wolf/Horn/ Lindacher, a.a.O. § 9 Rz. 82 ff.; BGH NJW 1994, 1060, 1063; BGH NJW 1993, 335; BGH NJW 1978, 1430, f. Auch wenn das AGBG wegen § 23 Abs.1 nicht anwendbar ist, so sind die Regelungen der §§ 9 ff. AGBG Sonderregelungen zu § 242 BGB. Die gesetzgeberische Wertung aus diesen Spezialvorschriften findet auch bei der Ausfüllung der Generalklausel des § 242 BGB Berücksichtigung.

deln kann in positivem Tun ebenso bestehen wie in einem Unterlassen bei einer entsprechenden Pflicht zum Tun.

Bei der Festlegung des Wirkungskreises des Vorstandes ist zunächst auszugehen von den satzungsmäßigen Bestimmungen. Danach könnte der Verband aber beispielsweise bestimmen, für den Vorstand nur insoweit haftungsmäßig einzustehen, wie der Vorstand subjektiv pflichtwidrig handelt. Die Rechtsprechung hat daher schon frühzeitig befunden, daß dann, wenn je nach Art des Geschäftskreises (des Verbandes) der Vorstand infolge des Umfangs oder der Art der zu erledigenden Geschäfte nicht imstande ist, diese adäquat zu betreuen, er sich der Vertretung und zwar u.U. auch der eines einzuschaltenden Dritten bedienen muß. Bei Erforderlichkeit der Einschaltung eines Dritten haftet der Verband dann auch für dieses Sonderorgan. Setzt der Verband ein solches Sonderorgan aber nicht ein, so trifft ihn gleichwohl für den nicht ausgefüllten Bereich die Haftung wegen eines Organisationsmangels. Es besteht also gleichermaßen die Haftung des Verbandes für eine schadensbringende Handlung eines eingesetzten Sonderorgans wie für ein pflichtwidrig nicht eingeschaltetes Sonderorgan, welches folglich dann auch nicht den speziellen Pflichtenkreis abdecken kann[467]. Über die Zurechnungsnorm des § 31 BGB hat der Arbeitgeber-Verband haftungsrechtlich für ein Handeln seiner Haftungsvertreter unter Einschluß der Grundsätze über die Haftung wegen Organisationsmangels einzustehen.

Sind danach die Voraussetzungen einer Haftung nach § 823 BGB im Einzelfall erfüllt, so kann nach dem Wertungsgedanken der Produkthaftung auch der Inhalt der geschuldeten Interessenwahrnehmung für die Mitglieder bestimmt werden. Es ist dargestellt worden, daß bei der Produkthaftung nach § 823 BGB ein abstrakter Prüfungsmaßstab gilt. Mithin werden auch Inhalt und Umfang der dem Arbeitgeber-Verband im Verhältnis zu seinen Mitgliedsunternehmen geschuldeten Interessenwahrnehmung grundsätzlich davon bestimmt, was im Hinblick auf eine sachgerechte Pflichterfüllung abstrakt erforderlich ist.

Die Änderung äußerer Umstände, die bei pflichtgemäßem Verhalten vorhersehbar gewesen wäre, berechtigt den Arbeitgeber-Verband nicht zu einer außerordentlichen Kündigung des Tarifvertrages. Denn die begangene Pflichtverletzung würde bei Ausübung des Gestaltungsrechts der außerordentlichen Kündigung einen Anspruch der Gegenseite auf Wiederherstellung des Tarif-

---

467 RGZ 157, 228, 235; RG JW 1936, 915 Nr. 1; BGHZ 24, 200, 213; 27, 278; 39, 124; BGH NJW 1986, 2810, 2811; Nachweise bei Nitschke NJW 1969, 1737 ff. und Landwehr AcP 164 (1964), 482 ff.

vertrages begründen. Die außerordentliche Kündigung unterfällt insoweit dem Verbot unzulässiger Rechtsausübung nach § 242 BGB. Eine außerordentliche Kündigung ist insoweit mißbräuchlich und daher ausgeschlossen.

Zu prüfen ist aber, ob eventuell auch die Gewerkschaft eine derartige Pflicht zur Prüfung hat. Denn trifft im Ergebnis beide Vertragspartner dieselbe Verpflichtung, die Erfüllbarkeit der in Aussicht genommenen Regelungen (selbst oder durch die eigenen Mitglieder) zu überprüfen, schlägt die Pflicht im Innenverhältnis auf das Verhältnis der Vertragspartner zueinander durch. Auch die Gewerkschaftsmitglieder haben ein Interesse am Bestand ihres Arbeitsplatzes. Trifft im Ergebnis beide Vertragspartner derselbe Vorwurf, ist die außerordentliche Kündigung nicht wegen unzulässiger Rechtsausübung ausgeschlossen, da Treue nur verlangen kann, wem Treue gebührt.

Für die Gewerkschaft kommt bei Abschluß von zur Existenzvernichtung des Unternehmens führenden Regelungen gegenüber ihren Mitgliedern eine Verletzung des Rechts am Arbeitsplatz in Betracht. Führt eine Änderung des Marktes zur Existenzvernichtung einzelner Unternehmen, so sind Interessen der Gewerkschaftsmitglieder berührt.

In der Zivilrechtsdogmatik wird das Recht am Arbeitsplatz als sonstiges absolutes Recht i.S.v. § 823 Abs.1 BGB seit langem diskutiert. Neben einer entsprechenden Argumentation ausgehend vom KSchG wird vorgebracht, daß die Sozialplanentschädigung nach § 112 Abs.1 BetrVG gerade den Verlust des Rechts am Arbeitsplatz ausgleiche. Andere begründen ein Recht am Arbeitsplatz mit der herzustellenden Parität zum anerkannten Recht am eingerichteten und ausgeübten Gewerbebetrieb. Als Entstehungstatbestand für das Recht am Arbeitsplatz wird nicht zuletzt auch die Sozialstaatsklausel i.V.m. Art. 12 Abs.1 GG genannt. Die Materie ist streitig, da allen bisherigen Ansätzen gute Gründe entgegengesetzt wurden[468].

Gegen das KSchG als Entstehungstatbestand eines Rechts am Arbeitsplatz spricht, daß das Gesetz lediglich einen relativen Schutz gewährt. Im übrigen werden dort nur die Wirksamkeitsvoraussetzungen einer Arbeitgeber-Kündigung geregelt, nicht aber mögliche Folgen einer rechtswidrigen Handlung auch durch Dritte[469]. Der Annahme eines Rechts am Arbeitsplatz ausgehend von § 112 Abs.1 BetrVG stehen bereits Sinn und Zweck der Vorschrift nach ihrem Wortlaut entgegen. Denn danach sollen erlittene wirtschaftliche Nachteile ausgeglichen werden. Wäre der Verlust des Arbeitsplatzes aber be-

---

[468]hierzu eingehend Ebert, a.a.O.

[469]Ebert, a.a.O.S.70

reits für sich die Verletzung einer geschützten Rechtsposition, so wäre eine Prüfung des tatsächlich erlittenen Nachteils überflüssig[470].

Eine Anerkenung des Rechts am Arbeitsplatz im Wege einer herzustellenden Parität zur gewerblichen Tätigkeit des Unternehmens verbietet sich bereits durch die verschiedenen Interessenlagen. Grund für die Anerkennung des Rechts am eingerichteten und ausgeübten Gewerbebetrieb -als durch eine Organisation zusammengefaßter Tätigkeitsbereich- als Schutzgut i.S.v. § 823 Abs.1 BGB war es, die unter dem Eigentumsbegriff nicht mehr faßbaren Vermögenseinheiten („good will") zu subsumieren[471].

Als Argument für ein Recht am Arbeitsplatz kann aber das Sozialstaatsprinzip i.V.m. Art. 12 Abs.1 GG herangezogen werden. Die hiergegen v.a. von Ebert vorgebrachten Einwände überzeugen nicht. Nach Ebert würde ein Recht am Arbeitsplatz gerade einen Eingriff in die Berufswahlfreiheit der Arbeitssuchenden darstellen[472]. Versteht man die Berufswahl in diesem Sinne, dann sind alle Gesetze, die den Erhalt des Arbeitsplatzes schützen, verfassungsrechtlich problematisch. Bejaht man mit Ebert einen Eingriff, dann muß dieser als objektive Zulassungsbeschränkung, vergleichbar der Niederlassungsbeschränkung für Ärzte, eingeordnet werden. Objektive Zulassungsbeschränkungen sind aber nur zum Schutz überragender Rechtsgüter zulässig[473]. Dies mag wegen Art. 6 Abs. 4 GG für das MuSchG gelten, das KSchG wäre aber zwangsläufig verfassungswidrig. Denn auch durch dieses wird die reine Freiheit der Berufswahl der Arbeitsplatzsuchenden eingeschränkt. Es ist bezeichnend, daß selbst Ebert diese Schlußfolgerung in ihrer ganzen Konsequenz nicht zieht. Die von ihm vorgeschlagene Einschränkung des Kündigungsschutzes ist insoweit inkonsequent und aus seiner eigenen Argumentation heraus dogmatisch nicht herleitbar. Vielmehr ist auch der Erhalt des Arbeitsplatzes als Schutzgut von Art. 12 Abs.1 GG erfaßt.

Die Berufswahlfreiheit der Arbeitssuchenden und das Erhaltungsinteresse der Arbeitsplatzinhaber stehen sich gleichberechtigt gegenüber. Zur Regelung auch dieses Interessenkonfliktes hat der Gesetzgeber das KSchG geschaffen. Das KSchG erschwert die Freisetzung schutzwürdiger Arbeitnehmer, um diese im Interesse des Arbeitgebers beispielsweise durch jüngere, leistungsfähigere Arbeitsplatzsuchende zu ersetzen. Insoweit korrespondiert das Interesse des Unternehmers typischerweise mit dem Interesse des Arbeitsplatzsuchenden.

[470]ebenso Ebert, a.a.O.S.39 ff.

[471]Schwerdtner ZfA 1977, 47, 82 f.; Ebert, a.a.O.S. 45 ff. mit weiteren Gründen

[472]Ebert, a.a.O.S. 59 ff., 61

[473]Pieroth/Schlink, a.a.O. Rz. 939 ff.

Nur wenn auch der Kündigungsschutz als Ausfluß von Art. 12 Abs.1 GG angesehen wird, ist das KSchG verfassungsrechtlich zu rechtfertigen. Danach kann das Recht am Arbeitsplatz nur aus den dort festgelegten, sachgemäßen und billigen Gründen gegen den Willen des Arbeitnehmers diesem entzogen werden[474]. Art. 12 Abs.1 GG hindert folglich nicht die Annahme eines Rechts am Arbeitsplatz, sondern Art. 12 Abs.1 GG fordert dies.

Die Erhaltung von Arbeitsplätzen wird im Strafrecht als notstandsfähiges Rechtsgut anerkannt. Nach § 34 StGB sind absolute Rechtsgüter notstandsfähig. Neben den speziell aufgeführten Rechtsgütern sind auch andere Rechtsgüter schutzbedürftig. Hierzu gehört die Erhaltung von Arbeitsplätzen[475]. Wenn die Erhaltung von Arbeitsplätzen ein notstandsfähiges Rechtsgut nach § 34 StGB ist, so kann ein entsprechender positiver Schutz des absoluten sonstigen Rechts im Zivilrecht nicht versagt werden. Denn es ist anerkannt, daß nach dem Gebot der sog. „Einheit der Rechtsordnung" gesetzgeberische Wertungen aus dem einen Fachgebiet auch in einem anderen Fachgebiet grundsätzlich Berücksichtigung finden müssen.

Mithin muß bei vorsätzlicher oder fahrlässiger Verletzung auch ein entsprechender Schadensersatzanspruch nach § 823 Abs.1 BGB eingeräumt werden. Die Pflichtwidrigkeit besteht darin, daß die Gewerkschaft die Möglichkeit eines für die Gewerkschaftsmitglieder günstigeren, d.h. sicheren Vertragsabschlusses nicht wahrgenommen hat. Da ein Tarifvertrag von Gewerkschaftsseite auch nur dann eingegangen werden darf, wenn er den Zielen von Sicherheit und Planbarkeit gerecht wird, kann auch davon ausgegangen werden, daß es insoweit zu einer Vereinbarung gekommen wäre. Hätte sich die Gegenseite geweigert, einen entsprechenden Vertrag einzugehen, so hätte die Gewerkschaft den risikobehafteten Vertrag überhaupt nicht abschließen dürfen.

Mithin obliegt der Gewerkschaft eine Prüfungspflicht im beschriebenen Umfang.

---

[474] Scholz in Festschrift 25 Jahre BAG, a.a.O.S. 511, 527; Scholz in M/D/H/Sch, a.a.O. Art. 12 Rz.50 f.

[475] Roxin, a.a.O.S. 593 Rz. 9; Tröndle, a.a.O. § 34 Rz. 3; OLG Hamm NJW 1952, 838, 839; Bay NJW 1953, 1603, 1604; StA Mhm NJW 1976, 585, 586; OLG Oldenburg NJW 1978, 1869

4. Modifikation des Ergebnisses bei Verletzung der Prüfungspflicht auch durch die Gewerkschaft

Es ist festgestellt worden, daß der Gewerkschaft gegenüber einer außerordentlichen Kündigung durch den Arbeitgeber-Verband wegen vorhersehbar zum Negativen veränderter äußerer Umstände der Einwand unzulässiger Rechtsausübung zur Seite steht. Zu prüfen ist, ob dies auch dann gilt, wenn die Gewerkschaft eigene Prüfungspflichten verletzt hat oder die tariflichen Regeln gerade in ihrem Interesse abgeschlossen worden waren.

Das Verhältnis der Tarifvertragsparteien zueinander ist, ausgehend von ihren jeweils entgegengesetzten Interessenlagen, davon bestimmt, daß eine jede Partei die eigenen Interessen möglichst weitgehend und zu Lasten des Vertragspartners durchsetzen will. Damit einher gehen die jeweiligen Prüfungspflichten, ob etwa die in Aussicht genommenen tariflichen Regelungen mit dem Interesse der eigenen Mitglieder vereinbar sind. Es ist bereits darauf hingewiesen worden, daß bei einer negativen Veränderung der wirtschaftlichen Verhältnisse die koalierende Gewerkschaft regelmäßig nicht bereit sein wird, freiwillig neue Tarifregelungen zu vereinbaren, mit denen die Position ihrer Mitglieder verschlechtert würde.

Einer außerordentlichen Kündigung des Arbeitgeber-Verbandes wegen vorhersehbarer Änderung äußerer Umstände könnte der Einwand unzulässiger Rechtsausübung dann nicht entgegengehalten werden, wenn die Gewerkschaft ihrerseits gleichermaßen zur Abschätzung des nun eingetretenen Risikos verpflichtet gewesen ist. Zum einen sind die tariflichen Regelungen Inhalt eines Vertrages und dieser ist ein von beiden Vertragspartnern gleichermaßen 'hergestelltes Produkt'. Damit stehen dann auch zunächst beide Koalitionspartner in der Verantwortung für vorhersehbare Störungen der vereinbarten tariflichen Regelungen. Denn auch die koalierende Gewerkschaft trifft im Rahmen der Interessenwahrnehmung ihrer Mitglieder eine Prüfungspflicht der in Aussicht genommenen tariflichen Regelungen hin auf die Erfüllbarkeit durch die eigenen Mitglieder. Da der maßgebliche Markt der jeweiligen Koalitionspartner derselbe ist, hatte auch die koalierende Gewerkschaft Kenntnis von den für die Gegenseite vorhersehbar negativen Änderungen der äußeren Umstände. Denn beide Seiten haben vergleichbare oder identische Informationsbeschaffungsmöglichkeiten und haben den gleichen Aufwand zur Einschätzung gleicher „Risiko"tatbestände zu erbringen. Insoweit stehen sie dem möglichen, nun verwirklichten Risiko auch gleich nahe. Schon allein hiernach ist die Abschätzung eines bestimmten Risikos bei dessen späterer Verwirklichung nicht der Sphäre nur eines der Tarifpartner zuzuordnen.

Hinzu kommt im besonderen Fall des Tarifvertrages, daß die Gewerkschaft im Interesse ihrer Mitglieder ja zu solchen tariflichen Regelungen drängt, die für die Arbeitgeber-Seite eher riskant sind. Zu denken ist an Regelungen, mit denen der Arbeitgeber-Verband das Risiko einer sich verschlechternden Auftragslage bei vergleichsweise hohem Lohnniveau auf sich genommen hat. Eine solche Vereinbarung liegt ja gerade im Interesse der Gewerkschaftsseite. Ein weiteres Beispiel ist der mit langer Laufzeit abgeschlossene Tarifvertrag. Zwar werden grundsätzlich die Risiken einer Äquivalenzstörung bei einem langfristigen Dauerschuldverhältnis der benachteiligten Partei zugeordnet; im Falle des Tarifvertrages jedoch gilt anderes: Lange Laufzeiten bringen für beide Seiten sowohl Sicherheit wie Planbarkeit. Ein solcher Abschluß ist auch nicht zuletzt im öffentlichen Interesse eher zu fördern. Ist ein solches 'Mitspielen' durch die Arbeitgeber-Seite aber sogar gesamtgesellschaftlich geradezu erwünscht, so kann eine einseitige 'Sanktion' nur gegenüber der Arbeitgeber-Seite nicht in Betracht kommen.

Daher sind vorhersehbar veränderte äußere Umständen und deren Auswirkung auf tarifliche Regelungen nicht pauschal einseitig dem Arbeitgeber-Verband zuzuordnen. Denn bei tariflichen Regelungen, die gerade auch im Interesse der Gegenseite bestehen, ist die einseitige Zuordnung des Risikos nachgerade unbillig[476].

Dem steht auch nicht entgegen, daß die Gewerkschaft als „Vertreterin" der organisierten Arbeitnehmer als die sozial schutzbedürftige und schutzwürdige Partei anzusehen ist. Denn die tariflichen Regelungen, die gerade auch im Interesse der Gewerkschaft abgeschlossen wurden, dienen ja der Stärkung der Position ihrer Mitglieder. Will die Gewerkschaft derartige Vereinbarungen zu ihren Gunsten treffen, so kann sie sich nicht dann, wenn ebendiese gewollten Regelungen ihr im Einzelfall zum Nachteil gereichen, an diese nicht gebunden fühlen.

Es bleibt festzuhalten, daß bei einer vorhersehbaren Veränderung der maßgeblichen äußeren Umstände der Arbeitgeber-Verband die Möglichkeit zur außerordentlichen Kündigung der tariflichen Regelungen hat und der Gewerkschaft der Einwand unzulässiger Rechtsausübung dann nicht zur Seite steht, wenn diese Regelungen ebenso in ihrem Interesse vereinbart worden waren.

---

[476]Koller, a.a.O.S.220

XIII. Ausschluß des Rechts zur außerordentlichen Kündigung eines Firmentarifvertrages für den Einzelarbeitgeber für den Einzel-Arbeitgeber wegen unzulässiger Rechtsausübung

Zu untersuchen ist, ob auch die außerordentliche Kündigung durch den Einzel-Arbeitgeber rechtsmißbräuchlich und mithin ausgeschlossen sein kann.

Im Gegensatz zum Arbeitgeber-Verband, der seinen Mitgliedsunternehmen die sachgerechte Wahrnehmung von deren Interessen schon kraft Satzung schuldet, besteht eine vergleichbare Pflichtenlage im Verhältnis des Arbeitgebers zu seinen Arbeitnehmern nicht. Dem Einzelarbeitgeber obliegt gegenüber den bei ihm beschäftigten Arbeitnehmern nicht die Hauptaufgabe, deren Interessen im Zusammenhang mit einem Tarifvertrags-Abschluß wahrzunehmen. Primär trifft den Arbeitgeber gegenüber den Arbeitnehmern die Hauptpflicht der Vergütung nach § 611 Abs. 1 BGB. Die Interessen der Arbeitnehmer im Hinblick auf einen abzuschließenden Firmen-Tarifvertrag zu wahren, ist vielmehr die Aufgabe der kontrahierenden Gewerkschaft als Koalitionsgegnerin des Arbeitgebers.

Die neben der Hauptpflicht dem Arbeitgeber obliegende Fürsorgepflicht ist eine anerkannte Nebenpflicht. Diese wird aus § 242 BGB abgeleitet und beinhaltet Schutzpflichten für die rechtlich geschützten Interessen der Arbeitnehmer. Der Umfang der Fürsorgepflicht findet aber wiederum dort seine Grenze, wo die rechtlich geschützten Interessen des Arbeitgebers beginnen.

Mithin gilt es festzustellen, ob es Inhalt einer solchen Schutzpflicht aus dem Arbeitsverhältnis sein kann, daß der Arbeitgeber im Rahmen eines abzuschließenden Firmen-Tarifvertrages auch die Interessen der Arbeitnehmer berücksichtigen muß: In Betracht kommt die Schutzpflicht, den Arbeitsplatz des einzelnen Arbeitgeber nicht durch riskante Tarifvertrags-Abschlüsse zu gefährden.

Die Schutzpflicht des Arbeitgebers müßte dabei die Prüfungspflicht beinhalten, ob die den Tarifvertrag beeinflussenden äußeren Umstände sich während der in Aussicht genommenen Laufzeit des Tarifvertrages vorhersehbar verändern oder nicht. Es geht hierbei um die vorausschauende Beobachtung des beabsichtigten Regelwerks auf seine günstigen oder weniger günstigen Folgen für die Arbeitnehmer infolge einer Veränderung der äußeren Umstände, d.h. des maßgeblichen Marktes.

Es ist bereits festgestellt worden, daß der hier betroffene Pflichtenkreis inhaltlich dem eines Herstellers vergleichbar ist, der sein Produkt in Verkehr bringt (Produzentenhaftung nach § 823 BGB). Auch für den Fall des Einzel-Arbeitgebers gilt, daß Inhalt und Umfang der im weiteren der Verkehrssicherungspflicht zuzuordnenden Beobachtungspflicht grundsätzlich im Einzelfall zu bestimmen sind.

Der Arbeitgeber als Träger der Verkehrssicherungspflicht hat diejenigen Maßnahmen zu treffen, die nach den jeweiligen Umständen des Einzelfalles erforderlich und zumutbar sind. Die Bestimmung der Erforderlichkeit hängt vom Grad der Wahrscheinlichkeit einer Risikoverwirklichung und der Art der Gefahr ab. Im Rahmen der Beurteilung der Erforderlichkeit ist wesentlich auf den objektiven Erwartungshorizont der Arbeitnehmer abzustellen. Grundsätzlich gehen diese davon aus und können auch davon ausgehen, daß ihre Interessen im Zusammenhang mit dem Abschluß eines Firmentarifvertrages von der kontrahierenden Gewerkschaft wahrgenommen werden. Der Arbeitgeber ist hier „Koalitions"gegner und nimmt kraft der ihm dabei zugewiesenen Funktion vornehmlich eigene Interessen wahr. Die Entscheidung über Inhalt und Tragweite eines abzuschließenden Firmentarifvertrages ist für die Arbeitgeberseite ein Unterfall der freien unternehmerischen Entscheidung. Maßnahmen des Arbeitgebers sind dabei grundsätzlich nicht auf ihre Notwendigkeit i.S. einer sachlichen Rechtfertigung und Zweckmäßigkeit zu überprüfen. Der Bereich der freien Unternehmenspolitik umfaßt alle unternehmerischen Maßnahmen, welche mit dem Tätigwerden am Markt, mit Ausweitung und Einschränkung von Betrieb und Produktion zusammenhängen[477]. Nur dann, wenn die getroffenen Maßnahmen offenbar unsachlich, unvernünftig oder gar willkürlich sind, sind diese überhaupt gerichtlich nachprüfbar[478]. Lediglich in diesen seltenen Extremfällen ist also eine Überprüfbarkeit der unternehmerischen Entscheidung überhaupt gegeben.

Eine Verpflichtung des Arbeitgebers gegenüber dem Arbeitnehmer, diejenige unternehmerische Entscheidung zu treffen, die Arbeitsplätze nicht gefährdet, besteht nicht: Dies widerspräche der grundsätzlichen Verteilung der Funktionen in der bestehenden Rechts- und Wirtschaftsordnung[479].

---

[477] Preis, a.a.O. S. 414; Stahlhacke DB 1994, 1361, 1365

[478] BAG v. 19.05.1993, EzA § 1 KSchG Betriebsbedingte Kündigung Nr. 73; LAGE § 1 Betriebsbedingte Kündigung Nr. 16; Preis NZA 1995, 241; Stahlhacke/Preis, a.a.O. Rz. 626 m.w.N.

[479] Konrad, a.a.O.S. 53; Weiß RdA 1974, 276; Blohm RdA 1955, 304; KR-Becker, a.a.O. § 1 Rz. 299; Stahlhacke, a.a.O. Rz. 498; Hueck, a.a.O. § 1 Rz. 104 a ff

Dementsprechend sind auch im Verhältnis Arbeitgeber-Arbeitnehmer die bestehenden (Schutz-)Vorschriften zugunsten des Arbeitnehmers als ausreichend und erschöpfend zu betrachten: Sollte im Rahmen einer Kündigungsschutzklage, deren streitgegenständliche betriebsbedingte Kündigung kausal zurückzuführen ist auf eine sachwidrige, offensichtlich unvernünftige unternehmerische Entscheidung, der Arbeitnehmer die Verletzung seiner Schutzrechte geltend machen, so bietet das KSchG ausreichend Schutz. Als lex specialis verdrängt es die Arbeitnehmer-Rechte aus einer möglichen Schutzpflicht-Verletzung[480]. Ist die Kündigungsschutzklage erfolgreich -weil beispielsweise das für den Arbeitgeber unzulässige Ziel entscheidend für den Tarifvertrags-Abschluß war, dadurch ansonsten nicht zulässige Kündigungen zu ermöglichen- so behält der Arbeitnehmer den Anspruch auf die Vergütung auch dann, wenn eine Beschäftigungsmöglichkeit nicht mehr besteht. Für den Fall, daß der Unternehmer infolge eines willkürlichen, sachwidrigen Tarifvertrags-Abschlusses Konkurs anmelden muß, ergibt sich das Recht zur fristgemäßen Kündigung aus § 113 InsO, wobei wiederum die Voraussetzungen des KSchG erfüllt sein müssen.

Zusammenfassend bleibt festzuhalten, daß dem Arbeitgeber keine Schutzpflichten zugunsten der Arbeitnehmer obliegen, die er bei dem Abschluß eines Tarifvertrages im Hinblick auf eine vorhersehbare Veränderung von den Tarifvertrag beeinflussenden Umständen beachten müßte. Damit erübrigt sich auch eine eventuelle Wertungsparallele nach den Grundsätzen der Produkthaftung zur Bestimmung von Pflichten. Ein Bedürfnis nach Ausschluß der Möglichkeit zur außerordentlichen Kündigung zum Nachteil des Einzel-Arbeitgebers besteht aufgrund der aufgezeigten Interessenlage nicht.

[480]ebenso Fabricius AcP 160 (1960), 273, 310

XIV. Mögliche Reaktionen des Tarifpartners auf die Kündigungserklärung

1. Gerichtliche Überprüfung

Die Tarifpartei, die Empfängerin der Kündigungserklärung ist, hat die Möglichkeit, die Kündigung gerichtlich überprüfen zu lassen.

In Betracht kommt, einen Antrag auf Feststellung der Unwirksamkeit der außerordentlichen Kündigung und des unveränderten Fortbestehens des Tarifvertrages zu stellen, § 2 Abs.1 Nr.1 ArbGG, § 9 TVG, § 256 Abs.1 ZPO. Die Anträge können mit einem Antrag auf Feststellung der Durchführungspflicht des Tarifvertrages verbunden werden. Insoweit kann eine vorübergehende Regelung im Wege des einstweiligen Rechtsschutzes erzielt werden, § 62 Abs.2 ArbGG i.V.m. § 940 ZPO (Regelungsverfügung).

2. Mittel des Arbeitskampfes

Die Rechtmäßigkeit eines Arbeitskampfes ist abhängig davon, ob die Kündigung wirksam ist oder nicht.

Für den Fall, daß die Kündigung wirksam ist, ist der Tarifvertrag dadurch beendigt worden. Die tarifliche Friedenspflicht ist gleichzeitig entfallen und der auf Abschluß eines neuen Tarifvertrages gerichtete Arbeitskampf ist zulässig.

Problematisch ist hingegen der Fall, daß die Kündigung unwirksam ist und der Tarifvertrag unverändert fortbesteht. Die Friedenspflicht besteht weiter und ein Arbeitskampf ist damit unzulässig.

XV. Ausblick: Flexibilisierung des Verbands-Tarifvertrages

Die vorstehenden Ausführungen sollten ein Beitrag zum Thema der außerordentlichen Kündigung eines Tarifvertrages sein. Einen besonderen Schwerpunkt bildete dabei die Erörterung des Kündigungsgrundes der drohenden Existenzvernichtung eines Mitgliedsunternehmens für den Fall weiterer Gültigkeit tariflicher Regelungen. Allein der Umfang, den die Bearbeitung dieses Kündigungsgrundes in Anspruch genommen hat, spricht für die damit verbundenen Probleme. Diese bestehen sowohl in rechtlicher wie auch in tatsächlicher Hinsicht. Es ist aufgezeigt worden, daß bei gerichtlicher Inanspruchnahme in diesen Fällen regelmäßig eine gerichtliche Übergangsregelung angeordnet werden wird, die eine relative Öffnungsklausel für die verfassungswidrigen tariflichen Regelungen zugunsten von Betriebsvereinbarungen vorsieht.

Vor diesem Hintergrund drängt sich nun freilich die Frage auf, ob es –angesichts der mit einer außerordentlichen Kündigung verbundenen Unsicherheiten für alle Tarifbeteiligten- nicht zweckmäßiger wäre, von vorneherein eine Öffnungsklausel (vgl. § 4 Abs.3 TVG) in den Tarifvertrag aufzunehmen. Denn zumindest soweit eine tarifliche Öffnungsklausel einen sog. „Härtefall" voraussetzt, räumt sie im Wege ihrer vertraglichen Vereinbarung lediglich das ein, was ohnehin -für einen Übergangszeitraum- die gerichtlich erstreitbare Rechtsfolge ist[481]. Auf die Aufnahme einer derartigen Öffnungsklausel für den Härtefall in den Tarifvertrag hat die Arbeitgeber-Seite einen rechtlichen Anspruch. Dieser ergibt sich aus der besonderen tariflichen Dauerrechtsbeziehung der Koalitionspartner. Aus dieser Sonderbeziehung erwachsen für beide Koalitionspartner gegenseitige Schutz- und Rücksichtnahmepflicheten. Eine Weigerung der Gewerkschaftsseite, eine derartige Öffnungsklausel in den Tarifvertrag aufzunehmen, ist mithin ein Verstoß gegen den Grundsatz von Treu und Glauben, § 242 BGB. Denn ein schutzwürdiges Eigeninteresse der Gewerkschaft kann dann nicht angenommen werden, wenn bei Eintritt des Härtefalles durch das Gericht -übergangsweise- ebendie Rechtslage herbeigeführt wird, deren tarifliche Regelung die Gewerkschaft verweigert hat.

In Ostdeutschland sind eigentliche Härtefallregelungen inzwischen regelmäßiger Bestandteil von Tarifverträgen, zuletzt sind sie aber auch im Tarifvertrag

---

[481] unterscheide begrifflich jedoch die sog. Härteklausel für den Fall individuell in ihrer Existenz bedrohter Unternehmen: Nicht die Betriebsparteien selbst treffen eine vom Tarifvertrag abweichende, in der Regel den Tariflohn unterschreitende Regelung, sondern die Tarifpartner- meist auf Antrag der Betriebsparteien. Können sich die Tarifpartner nicht einigen, ist häufig die Einschaltung einer paritätischen Schiedsstelle vorgesehen.

Banken vom Juli 2004 vereinbart worden. Diese erfassen -über den hier interressierenden Fall drohender Insolvenz hinausgehend- sogar die Fälle des drohenden Verlustes von Arbeitsplätzen sowie schlechter Sanierungschancen eines Betriebes. Diese Härtefallregelung beinhaltet letztlich im Ergebnis nichts anderes als die Pflicht zur individuellen Nachverhandlung der Koalitionspartner in einem Notfall. Die Regelungslücke im Tarifvertrag durch die verfassungswidrig gewordenen Regelungen ist auf die von den Tarifvertrags-Parteien geregelte Art und Weise zu schließen. Die Tarifautonomie deckt sowohl die vorgesehene individuelle Nachverhandlung durch die Tarifvertrags-Partner als auch die Möglichkeit einer Abgabe der Letztentscheidungskompetenz an eine Schiedsstelle ab (Delegation der Rechtsetzungskompetenz der Tarifvertrags-Parteien an ein paritätisches Schiedsgericht). Als möglicher Inhalt einer Härtefallregelung kommt dabei die Herabsetzung tariflicher Löhne ebenso in Betracht wie deren vorübergehende Stundung. Von der Tarifautonomie nicht mehr erfaßt wäre hingegen eine Regelung, die die Unternehmensträger zum Nachschuß oder Forderungsverzicht verpflichtet[482].

Ist eine individuelle Härtefallregelung tariflich vereinbart, besteht darüber hinaus kein Anspruch auf Aufnahme einer Öffnungsklausel zugunsten von Betriebsvereinbarungen in einem Notfall. Die Koalitionspartner haben ein ausreichendes Instrumentarium geschaffen, mit Hilfe dessen tarifliche Regelungen, die verfassungswidrig geworden sind, im Verhältnis zum betroffenen Mitglied individuell angepaßt werden können.

Dem Mitgliedsunternehmen ist es gleichwohl nicht verwehrt, eine gerichtliche Überprüfung der tariflichen Regelung i.V.m. der konkret geschaffenen Härtefallregelung auf ihre jeweilige Verfassungsgemäßheit herbeizuführen, im Falle der Entscheidung durch die Schiedsstelle gemäß § 102 Abs.1 ArbGG jedoch nur im Rahmen des § 110 ArbGG. Da § 110 Abs.1 Nr.2 ArbGG die Aufhebungsklage im Falle der Verletzung materiellen Rechts gestattet, dürfte sich für die vorliegenden Fälle -bei denen ja eine Verletzung von Verfassungsrecht vorliegt- im Hinblick auf eine gerichtliche Geltendmachung keine Einschränkung ergeben. Dabei ist die Regelungsprärogative der Koalitionspartner aufgrund der verfassungsrechtlich garantierten Tarifautonomie des Art. 9 Abs.3 GG zu beachten. Ergibt die gerichtliche Überprüfung, daß die tarifliche Regelung sowie die sie ersetzende individuelle Härtefallregelung verfassungswidrig -da von der Tarifautonomie nicht mehr gedeckt- ist, so kann dann eine Öffnungsklausel zugunsten von Betriebsvereinbarungen gerichtlich angeordnet werden.

[482] vgl.dazu Beuthien/Meik DB 1993, 1518, 1520 m.w.N.

Jedenfalls soweit eine tarifliche Öffnungsklausel auf diese „Härtefälle“ beschränkt ist, kann nicht eingewandt werden, daß dadurch das Regelungsinstrument des Tarifvertrages schlechthin in Frage gestellt sei. Der Anspruch auf eine entsprechende Aufnahme in den Tarifvertrag besteht ja gerade vor dem Hintergrund der verfassungsimmanenten Schranken der in Art. 9 Abs.3 GG garantierten Tarifautonomie i.V.m. der tariflichen Dauerrechtsbeziehung und § 242 BGB. Ganz im Gegenteil verhindert die Aufnahme einer derartigen Regelung in den Tarifvertrag ja gerade die Verfassungswidrigkeit tariflicher Regelungen und sichert so die Wirksamkeit des Tarifvertrages in rechtlicher Hinsicht. Eine derartige Öffnungsklausel ist nicht zuletzt ein Mittel, um Attraktivität und Glaubwürdigkeit des Verbands-Tarifvertrages in tarifpolitischer Hinsicht in Zeiten der Globalisierung und Europäisierung der Märkte zu garantieren.

Gleichgerichtete Ansätze für eine Flexibilisierung sind bereits 1991 durch die von der damaligen Bundesregierung eingesetzte „Deregulierungskommission“ vorgeschlagen worden. Diese forderte weitreichende Liberalisierungen im Arbeitsrecht. Für den Notfall sollten tarifliche Leistungen im Wege von Betriebsvereinbarungen herabsetzbar sein. Dafür sollte die Regelungssperre des § 77 Abs.3 BetrVG gelockert werden. Diese Vorschläge wurden auf dem 61. Deutschen Juristentag (1996) wieder aufgenommen. Die Abteilung Arbeitsrecht hat dort beschlossen, daß im Wege einer Novellierung von § 4 Abs.3 TVG und § 77 Abs.3 BetrVG den Betriebsparteien gestattet sein soll, die tariflichen Leistungen in einer konkret festzustellenden Notsituation durch eine Betriebsvereinbarung herabzusetzen. Ein solcher Notfall wurde angenommen, wenn das Unternehmen in seiner Existenz bedroht ist bzw. für große Teile der Belegschaft der Arbeitsplatzverlust droht[483].

Über die Möglichkeiten flexibler Reaktion bei einem notleidenden tarifgebundenen Unternehmen hinaus wird das bestehende Tarifvertrags-System an sich kritisch hinterfragt. Diskutiert wird insoweit eine neue Bestimmung des Rangverhältnisses von Tarifvertrag und Betriebsvereinbarung, etwa durch Verzicht auf die Tarifüblichkeitssperre des § 77 Abs.3 BetrVG oder gar den Verzicht auf den grundsätzlichen Vorrang des Tarifvertrages insgesamt, wenigstens aber durch eine Bestimmung der „Günstigkeit“ durch die Betriebspartner selbst (Stichwort: Wertigkeit des Erhalts der Arbeitsplätze). Daneben wird erwogen, die Tarifbindung des Mitglieds nach § 3 Abs.3 TVG (zeitlich) zu begrenzen oder zur Disposition zu stellen.

---

[483]NJW 1996, 2994, 2995

Gegen derartige Novellierungen wird eingewandt, daß bei ihrer Umsetzung ein Bedeutungsverlust für den Tarifvertrag sowie eine schleichende „Entkernung“ der Tarifautonomie zu befürchten sei. Durch eine grundsätzliche Verlagerung von Lohnkonflikten weg von der Verbands- und hin zur Betriebsebene würde der Tarifvertrag seine Hauptfunktion als Friedensinstrument und sichere Kalkulationsgrundlage verlieren. Tarifverträge hätten die Funktion, inhaltliche Mindeststandards festzulegen[484]. Die Sicherungsfunktion des Tarifvertrages entfalte ihre beabsichtigte Wirkung ja gerade in Krisenzeiten.

Fest steht, daß der Flächen-Tarifvertrag seine Bindungskraft nur dann faktisch sichern und den Tendenzen der Verbandsflucht entgegenwirken kann, wenn er den Betriebspartnern neue Gestaltungsmöglichkeiten einräumt. Dabei darf das traditionelle Ziel einer tariflichen Grundsicherung nicht geopfert werden, etwa durch eine zu weitgehende Optionalisierung tariflicher Inhalte[485].

Das Bundesverfassungsgericht hat in seiner Mitbestimmungsentscheidung darauf hingewiesen, daß ein Nebeneinander von Tarifvertrags-System und betrieblicher Mitbestimmung nicht verfassungswidrig ist und die Tarifautonomie insoweit zulässig beschränkt werden kann, solange sie im Prinzip erhalten und funktionsfähig bleibt[486].

Die Diskussion über die Möglichkeiten einer grundsätzlichen Flexibilisierung des Flächen-Tarifvertrages wird angesichts der Auswirkungen der strukturellen und konjunkturellen Entwicklung der letzten Jahre auf die wirtschaftliche Situation zahlreicher Unternehmen ihre Aktualität auf absehbare Zeit nicht verlieren. Erinnert sei an den eingebrachten (und gescheiterten) Vorschlag der Metall-Arbeitgeber im Rahmen der Tarifvertrags-Verhandlungen 1999, neben einer generellen Lohnerhöhung eine Variable zu vereinbaren, die je nach der wirtschaftlichen Ertragslage des Einzelbetriebes qua Vereinbarung zwischen den Betriebsparteien festgelegt werden sollte. Auch die bereits stattfindende „faktische“ Flexibilisierung des Verbands-Tarifvertrages im Wege einer Unterschreitung des Tarifvertrags-Niveaus durch Betriebsvereinbarungen sollte nicht unterschätzt werden. Von wesentlicher tarifpolitischer Bedeutung ist insoweit der Beschluß des BAG vom 20.04.1999 (1 ABR 72/98)[487]. Darin erkennt das BAG der Gewerkschaft für den Fall solcher abweichender Betriebsvereinbarungen ein Verbandsklagerecht zu.

[484] Zachert AuR 1993, 97, 98

[485] so zu Recht Kittner AuR 1995, 385, 393

[486] BVerfGE 50, 290, 372 f.

[487] Pressemitteilung des Bundesarbeitsgerichtes Nr. 25/99

Die nachhaltige Diskussion über eine OT-Mitgliedschaft für Unternehmen, d.h. eine Verbandsmitgliedschaft ohne Tarifbindung, kennzeichnet die Strukturkrise der Arbeitgeber-Verbände und mithin des Koalitionswesens insgesamt. Nicht zuletzt das in Ostdeutschland mit der Christlichen Gewerkschaft Metall (CGM) abgeschlossene Tarifwerk „Phoenix", das sich im Vergleich zu den herkömmlichen Tarifverträgen durch seine große Flexibilität auszeichnet und Wirkung für etwa 15.000. Beschäftigte hat, sollte Mahnung an die Tarifvertrags-Partner sein, die Zukunft des an sich bewährten Verbands-Tarifvertrags durch nötige Flexibilität zu sichern.

Es bleibt abzuwarten, ob und wie es den Koalitionspartnern im gemeinsamen vitalen Interesse einer Sicherung des Koalitionswesens auch im 21. Jahrhundert gelingen wird, in Bekenntnis zum Flächentarifvertrag und seiner Weiterentwicklung einen hohen Bindungsgrad der Verbands-Tarifverträge in ihren Branchen zu erreichen und gleichzeitig durch Flexibilisierung, Differenzierung und Öffnung den Spielraum für spezifische Anforderungen zu schaffen[488].

Es steht zu erwarten, daß die außerordentliche Kündigung des Tarifvertrages erneut Aktualität angesichts jüngst zahlreich abgeschlossener sog. `Beschäftigungspakte` erlangen wird: Als Gegenleistung für Lohnsenkungen wird der befristete Verzicht auf betriebsbedingte Kündigungen vereinbart. Beide Tarifpartner kalkulieren mit einer maßvollen, gut vorhersehbaren Verschlechterung der wirtschaftlichen Verhältnisse. Sollte sich die wirtschaftliche Lage aber dramatisch verändern und wird das Unternehmen in eine existenzbedrohende Lage gebracht, bei der ihm das 'Ob` der unternehmerischen Tätigkeit abgenommen wird, kann sich m.E. das Unternehmen von diesem Beschäftigungspakt wieder lösen, indem es den Tarifvertrag außerordentlich kündigt.

[488] so die Berliner Sozialpartner-Deklaration vom 10.02.1999, Konsensbeitrag zum „Bündnis für Arbeit", bestehend aus den Spitzenvertretern der 22 Arbeitgeber-Verbände der Branchen, die mit der IG Bergbau, Chemie, Energie (IG BCE) Tarifverhandlungen führen, NZA 1999, Heft 6, X

XVI. Literaturverzeichnis

Adomeit, Grenzen der Tarifautonomie - neu gezogen, NJW 1984, 595
Anzinger/Koberski, Das Gesetz zur Einführung eines Dienstleistungsabends NZA 1989, 744
Arnold, Die tarifrechtliche Dauerrechtsbeziehung, 1996
Baron, Das Neue Kartellgesetz, 1999
Bauer in Festschrift für Schaub, Flucht aus Tarifverträgen, 19
Bauer/Diller, Flucht aus Tarifverträgen, DB 1993, 1085
Baumann, Die Rechtsfolgen eines Grundrechtsverstoßes der Tarifpartner, RdA 1994, 272
Bechtold, Das neue Kartellgesetz, NJW 1998, 2769
Bechtold, Zur Anwendung des Kartellverbots auf wettbewerbsbeschränkende Tarifverträge, RdA 1983, 99
Beck, Rationalisierungsschutz und Grenzen der Tarifmacht, RuA 1981, 367
Becker-Schaffner, Die Abmahnung im Arbeitsrecht in der Rechtsprechung, DB 1985, 650
Belling, Die außerordentliche Anpassung von Tarifverträgen an veränderte Umstände, NZA 1996, 906
Belling/Hartmann, Die Tarifbindung in der Insolvenz, NZA 1998, 57
Beuthien, Mitbestimmung unternehmerischer Sachentscheidungen kraft Tarif- und Betriebsautonomie, ZfA 1984, 1
Beuthien/Meik, Wenn Tariftreue unzumutbar wird, DB 1993, 1518
Biedenkopf, Grenzen der Tarifautonomie, 1964
Biedenkopf, Sinn und Grenzen der Vereinbarungsbefugnis der Tarifvertragsparteien in Verhandlungen des 46. DJT, Bd. I, Teil 1 (1966), 97
Blohm, Schadensersatz bei Druckkündigung, RdA 1955, 303
Blomeyer, Die Zulässigkeit von Tarifverträgen zugunsten gewerkschaftlicher Vertrauensleute, DB 1977, 101
Blomeyer, Gedanken zur Beurteilung der „wirtschaftlichen Lage" des Arbeitgebers bei der Rentenanpassung gemäß § 16 BetrAVG, RdA 1983, 152
Blomeyer, Besitzstandswahrungen durch Tarifvertrag, ZfA 1980, 1
Blomeyer/Otto, BetrAVG, Kommentar, 2.A., 1997
Bogs, Autonomie und verbandliche Selbstverwaltung im modernen Arbeits- und Sozialrecht, RdA 1956, 3
Bötticher, Die gemeinsamen Einrichtungen der Tarifvertrags-Parteien, 1966
Briefs, Das Gewerkschaftsproblem gestern und heute, 1955
Buchner, Kündigung der Tarifregelungen über die Entgeltanpassung in der Metallindustrie der östlichen Bundesländer, NZA 1993, 289

Buchner, Rezension zu Mathys 'Das Verhältnis zwischen Kartellrecht und kollektivem Arbeitsrecht', ZHR 134 (1970), 165
Canaris, Grundrechte und Privatrecht, AcP 184 (1984), 200
Canaris, Die Feststellung von Lücken im Gesetz, 1964
Däubler, Anpassung von Tarifverträgen, ZTR 1996, 244
Däubler, Das Grundrecht auf Mitbestimmung und seine Realisierung durch tarifvertragliche Begründung von Beteiligungsrechten, 1973
Däubler/Kittner/Klebe, BetrVG mit WahlO, Kommentar, 5.A., 1996
Däubler/Hege, Tarifvertragsrecht, 2.A., 1981
Denecke, Zur Haftung des nichtrechtsfähigen Vereins, JZ 1951, 742
Dieterich in Festschrift für Schaub, Die Grundrechtsbindung von Tarifverträgen, 126
Dieterich, Die jüngste Rechtsprechung des BAG zur Anpassung und Kürzung von Betriebsrenten, NZA 1986, 41
Dütz, Rechtsgrenzen für koalitionsautonome Arbeitszeitregelungen, AfP 1989, 605
Ebert, Das Recht am Arbeitsplatz, 1990
Emmerich, Das Recht der Leistungsstörungen, 3.A., 1991
Emmerich-Sonnenschein, Konzernrecht, 5.A., 1993
Engisch, Die Einheit der Rechtsordnung, 1935
Engisch, Einführung in das juristische Denken, 1.A., 1956
Eyermann, VwGO-Kommentar, 10. A., 1998
Fabricius, Zur Dogmatik des „sonstigen Rechts“, AcP 160 (1960), 273
Festgabe für Paul Laband, Staatsrechtliche Abhandlungen, 2 Bände, 1908
Festschrift 25 Jahre BAG, 1979
Festschrift für Walter Bogs, 1959
Festschrift für Otto Rudolf Kissel, 1994
Festschrift für Erich Molitor, 1962
Festschrift für Gerhard Müller, 1981
Festschrift für Stefan Riesenfeld, 1983
Festschrift für Fritz Rittner, 1991
Festschrift für Günter Schaub, 1998
Festschrift für Ernst Steindorff, 1990
Fitting/Kaiser/Heither/Engels, BetrVG, 19.A., 1998
Flume, Allgemeiner Teil des Bürgerlichen Rechts, 2.Bd., Das Rechtsgeschäft, 1965
Förster, Zur wirtschaftlichen Lage des Arbeitgebers bei der Anpassung der Betriebsrenten(...), BB 1985, 2051

Galperin, Die autonome Rechtsetzung im Arbeitsrecht in Festschrift für Erich Molitor, 143
Gamillscheg, Die Grundrechte im Arbeitsrecht, AcP 164 (1964), 385
Gamillscheg, Die Grundrechte im Arbeitsrecht, 1989
Gamillscheg, Kollektives Arbeitsrecht, Bd. 1, 1997
Gamm v., Kartellrecht, 2.A., 1981
Giercke v., Die Zukunft des Tarifvertragsrecht, Archiv f. Sozialwissenschaften u. Sozialpolitik, Bd. 42 (1916/17), 814
Gilles, Das Gesetz über den Widerruf von Haustürgeschäften und ähnlichen Geschäften, NJW 1986, 1131
Gitter, Die Unzumutbarkeit als Grenze der Tarifmacht, AuR 1970, 129
Gitter/Boerner, Altersgrenzen in Tarifverträgen, RdA 1990, 129
Götz, Die wirtschaftliche Lage des Arbeitgebers i.S.des § 16 BetrAVG und ihr Einfluß auf die Entscheidung über die Anpassung der Betriebsrenten, NZA 1986, 351
Grunewald, Das Scheitern von Vertragverhandlungen ohne triftigen Grund, JZ 1984, 708
Grunewald, Auskunftserteilung und Haftung des Vorstandes im bürgerlich rechtlichen Verein, ZIP 1989, 962
Hagemeier/Kempen/Zachert/Zilius, TVG-Kommentar, 2.A., 1990
Hager, Grundrechte im Privatrecht, JZ 1994, 373
Heck, Das Problem der Rechtsgewinnung, Gesetzesauslegung und Interessen-jurisprudenz, Begriffsbildung und Interessenjurisprudenz, 1968
Heilmann, Koalitionsfreiheit als normales Grundrecht, AuR 1996, 121
Heinze, Tarifautonomie und Günstigkeitsprinzip, NZA 1991, 329
Hendriks, Arbeitsrechtliche Vereinbarungen und Kartellrecht, 1976
Henssler, Flexibilisierung der Arbeitsmarktordnung, ZfA 1994, 487
Herschel, Grenzen der Freiheit im kollektiven Arbeitsrecht, AuR 1970, 193
Herschel, Zur Frage der Teilkündigung, BB 1958, 160
Herschel, Materialien zur Entstehung des Tarifvertragsgesetzes v. 09.04.1949, ZfA 1973, 129
Herschel, Der nachwirkende Tarifvertrag, insbesondere seine Änderung, ZfA 1976, 89
Herschel, Zur Rechtsnatur der Allgemeinverbindlicherklärung von Tarifverträgen in Festschrift für Bogs, 125
Hess/Schlochauer/Glaubitz, BetrVG-Kommentar, 5.A., 1997
Heß, Rechtsfragen zum „betriebsnahen Tarifvertrag“ unter Berücksichtigung von Tarifpluralitäten, ZfA 1976, 45

Heubeck/Rössler/Sauerberg, Die wirtschaftliche Lage des Arbeitgebers bei der Prüfung der Anpassung von Betriebsrenten nach § 16 BetrAVG, BB 1980, Beil. 13
Höfers/Reiners/Wüst, Gesetz zur Verbesserung der betrieblichen Altersversorgung, Kommentar,
Bd I, Arbeitsrecht, Std. 30.09.1995
Bd.II, Steuerrecht, 3.A., Std. Feb. 1997
Hoyningen-Huene v., Die Billigkeit im Arbeitsrecht, 1978
Hromadka, Rechtsfragen zum Kündigungsfristengesetz, BB 1993, 2372
Hromadka/Maschmann/Wallner, Der Tarifwechsel, 1996
Huber, Wirtschaftsverwaltungsrecht Bd. II 1 und 2, 2.A., 1954
Hueck, Tarifausschlußklausel und verwandte Klauseln im Tarifvertragsrecht, 1966
Hueck, Deutsches Arbeitsrecht, 1938
Hueck, Normenverträge, Iherings Jahrbücher für die Dogmatik des bürgerlichen Rechts, 73. Bd. (1923), 34
Hueck-Nipperdey, Lehrbuch des Arbeitsrechts, 2.Bd., Kollektives Arbeitsrecht, 1.Halbband (II/1),1966
Hueck/Nipperdey/Stahlhacke, TVG Kommentar, 4.A., 1964
Immenga/Mestmäcker, GWB-Kommentar zum Kartellgesetz, 2.A., 1992
Isensee/Kirchhof, Handbuch des Staatsrechts der Bundesrepublik Deutschland, Bd. III, Das Handeln des Staates, 1988
Jacobi, Grundlehre des Arbeitsrechts, 1927
Jarass/Pieroth, GG-Kommentar, 4. A., 1997
Jauernig, BGB-Kommentar, 6.A., 1991
Käppler, Tarifvertragliche Regelungsmacht, NZA 1991, 745
Kirchhof, Private Rechtsetzung, 1987
Kittner, Arbeitsrecht und marktwirtschaftliche Unternehmensführung – ein Gegensatz?, AuR 1995, 385
Köhler in Festschrift für Steindorff, 611
Köhler, Arbeitskampf und Wettbewerbsrecht, RdA 1987, 234
Köhler, Wettbewerbsbeschränkungen durch Nachfrager, 1977
Koller, Die Risikozuordnung bei Vertragsstörungen in Austauschverträgen, 1979
Konrad, Das Recht am Arbeitsplatz, 1984
Konzen, Gleichbehandlung und Grenzen der Kollektivautonomie in Festschrift für Müller
Konzen, Arbeitnehmerschutz im Konzern, RdA 1984, 65
Konzen, Tarifvertragliche Kampfklauseln, ZfA 1980, 112

Konzen, Vom „Neuen Kurs“ zur sozialen Marktwirtschaft, ZfA 1991, 379
Kopp, VwGO-Kommentar, 10.A., 1994
Kulka, Die kartellrechtliche Zulässigkeit von Tarifverträgen über das Ende der täglichen Arbeitszeit im Einzelhandel, RdA 1988, 336
Kulka, Kollektives Arbeitsrecht und Kartellrecht, WuW 1987, 5
KR, Kommentar zum Kündigungsrecht, 4.A., 1996
Landwehr, Die Haftung der juristischen Person für körperschaftliche Organisationsmängel, AcP 164 (1964), 482
Langen/Bunte, Kommentar zum deutschen und europäischen Kartellrecht, 7.A., 1994
Larenz, Geschäftsgrundlage und Vertragserfüllung, 1951
Larenz, Methodenlehre, 6.A., 1991
Lautner, Probleme der Tarifrechtsreform, 1929
Lerche, Zur Bindung der Tarifnormen an Grundrechte in Festschrift für Steindorff, 897
Löwisch, Die Freiheit zu arbeiten - nach dem Günstigkeitsprinzip, BB 1991, 59
Löwisch, Günstigkeitsprinzip als Kartellverbot in Festschrift für Rittner, 381
Löwisch, Tariföffnung bei Unternehmens- und Arbeitsplatzgefährdung, NJW 1997, 905
Löwisch, Das Übermaßverbot im Arbeitskampfrecht, ZfA 1971, 319
Löwisch, Schutz der Selbstbestimmung durch Fremdbestimmung, ZfA 1996, 293
Löwisch/Rieble, Kommentar zum Tarifvertragsgesetz, 1992
Lotmar u. Sulzer, Versuch einer gesetzlichen Regelung des kollektiven Arbeitsvertrages, Soz. Paxis, 11. Jg. (1901/02), 349
Lutter, Die zivilrechtliche Haftung in der Unternehmensgruppe, ZGR 1982, 244
Lutter/Timm, Betriebsrentenkürzung im Konzern, ZGR 1983, 269
Mangen, Die Form des Tarifvertrages gemäß § 1 II Tarifvertragsgesetz, RdA 1982, 229
Maunz/Dürig/Herzog/Scholz, GG-Kommentar, Std. Okt. 1996 bzw. Juni 1998
Maunz/Schmidt-Bleibtreu/Klein/Ulsamer, BverfGG-Kommentar, Std. Mai 1998
Mecke, Vertragsändernde Mehrheitsbeschlüsse in der OHG und KG, BB 1988, 2258
Medicus, Der Grundsatz der Verhältnismäßigkeit im Privatrecht, AcP 192 (1992), 35
Medicus, Allgemeiner Teil des BGB, 5.A., 1992

Medicus, Bürgerliches Recht, 15. A., 1991
Medicus, Schuldrecht I, Allgemeiner Teil, 6.A., 1992
Meik, Der Kernbereich der Tarifautonomie, 1987
Misera, Tarifmacht und Individualbereich unter Berücksichtigung der Sparklausel, 1969
Möschel, Recht der Wettbewerbsbeschränkungen, 1983
Molitor, Tarifvertragsordnung, 1930
Münchener Handbuch zum Arbeitsrecht, Bd. I (1992), Bd. II und III (1993)
Münchener Kommentar zum BGB, Band 4, 3.A., 1997
v.Münch, Kommentar zum GG, 4.A., 1992
Müller, Die Berufsfreiheit des Arbeitgebers, 1996
Müller, Gedanken zum Koalitionsrecht, DB 1957, 718
Müller, Drittwirkung von Grundrechten und Sozialstaatsprinzip, RdA 1964, 121
Müller-Henneberg/Schwartz, Kommentar zum GWB, 1. A., 1958
Müller-Henneberg/Schwartz, Kommentar zum GWB, 4.A., 1980
Nacken, Tarifverträge über das Ende der Arbeitszeit und § 1 GWB, WuW 1988, 475
Nikisch, Arbeitsrecht, II.Bd., 2.A., 1959
Nipperdey, Beiträge zum Tarifrecht, 1924
Nitschke, Die Anwendbarkeit des im § 31 BGB enthaltenen Rechtsgedankens auf alle Unternehmensträger, NJW 1969, 1737
Oetker, Nachwirkende Tarifnormen und Betriebsverfassung in Festschrift für Schaub, 535
Oetker, Die Kündigung von Tarifverträgen, RdA 1995, 82
Oertmann, Deutsches Arbeitsvertragsrecht, 1923
Otto, Die Kündigung des Tarifvertrages aus wirtschaftlichen Gründen in Festschrift für Kissel, 787
Palandt, BGB-Kommentar, 58 A., 1999
Peters-Ossenbühl, Die Übertragung von öffentlich-rechtlichen Befugnissen auf die Sozialpartner(...), 1967
Pieroth/Schlink, Grundrechte Staatsrecht II, 8.A., 1992
Poth, Kartellrechtliche Grenzen der Regelung betrieblicher Nutzungszeiten durch Tarifvertrag, NZA 1989, 626
Preis, Prinzipien des Kündigungsrechts bei Arbeitsverhältnissen, 1987
Ramm, Die Parteien des Tarifvertrages, 1961
Ramm, Die Rechtsnatur des Tarifvertrages, JZ 1962, 78 ff.
Rehbinder, Die Rechtsnatur des Tarifvertrages, JR 1968, 167 ff.

Reuter, Zulässigkeit und Grenzen tarifvertraglicher Besetzungsregelungen, ZfA 1978, 1
Reuß, Der Streit um die Differenzierungsklauseln, AuR 1970, 33
Reuß, Die Unzulässigkeit gerichtlicher Tarifzensur, AuR 1975, 289
Richardi, Kollektivgewalt und Individualwille bei der Gestaltung des Arbeitsverhältnisses, 1968
Rieble, Arbeitsmarkt und Wettbewerb, 1996
Rieble, Krise des Flächentarifvertrages?, RdA 1996, 151
Rittner, Wirtschaftsrecht, 1979
Robbers, Der Grundrechtsverzicht, JUS 1985, 925
Rosenthal, Die gesetzliche Regelung des Tarifvertrages in Festgabe für Laband, 2.Bd., S. 135
Roxin, Strafrecht Allgemeiner Teil, Bd. I, 2.A., 1994
Rüthers, Die Verschränkung von Wirtschaft und Recht - Zum Streik in Ostdeutschland, NJW 1993, 1628 f.
Säcker, Repräsentation von Großvereinen, 1986
Säcker, Streikhilfeabkommen und Kartellrecht, ZHR 137 (1973), 455
Schaub, Fragen zur Haftung bei Betriebs- und Unternehmensaufspaltung, NZA 1989, 5
Schlachter, Gleichheitswidrige Tarifnormen in Festschrift für Schaub, 651
Schmidt, Gesellschaftsrecht, 2.A., 1991
Schnorr, Inhalt und Grenzen der Tarifautonomie, JR 1966, 327
Schoch, Vereinbarkeit einer tarifvertraglichen Bestimmung mit dem Kartellgesetz, BB 1965, 477
Scholz, Bundesarbeitsgericht und Arbeitsverfassung in Festschrift 25 Jahre BAG, 511
Scholz, Tarifautonomie, Arbeitskampf und privatwirtschaftlicher Wettbewerb in Festschrift für Rittner, 629
Schwerdtner, Die außerordentliche arbeitgeberseitige Kündigung bei ordentlich unkündbaren Arbeitnehmern in Festschrift für Kissel, 1077
Schwerdtner, Grenzen der Zulässigkeit des Nachschiebens von Kündigungsgründen im Kündigungsschutzprozeß, NZA 1987, 361
Schwerdtner, Die Garantie des Rechts auf Arbeit - Ein Weg zur Knechtschaft?, ZfA 1977, 47
Seiter, Arbeitskampfparität und Übermaßverbot, 1979
Seiter, Dauerrechtsbeziehung zwischen Tarifvertragsparteien?, ZfA 1989, 283
Sieben/Becker, Zur Beurteilung der wirtschaftlichen Lage nach § 16 BetrAVG, RdA 1986, 85

Sieg, Der Tarifvertrag im Blickpunkt der Dogmatik des Tarifrechts, AcP 151, 246, 247

Singer, Vertragsfreiheit, Grundrechte und der Schutz des Menschen vor sich selbst, JZ 1995, 1133

Singer, Tarifvertragliche Normenkontrolle am Maßstab der Grundrechte?, ZfA 1995, 611

Sinzheimer, Ein Arbeitstarifgesetz, 1916

Sinzheimer, Grundzüge des Arbeitsrechts, 2.A., 1927

Söllner, Grenzen des Tarifvertrages, NZA 1996, 897 f.

Stahlhacke, Grundfragen der betriebsbedingten Kündigung, DB 1994, 1361

Stahlhacke/Preis, Kündigung und Kündigungsschutz im Arbeitsverhältnis

Staudinger, BGB-Kommentar, 13. Bearbeitung

Steffan, Ein (zu) langer Tarifvertrag, JUS 1993, 1027

Stern, Das Staatsrecht der Bundesrepublik Deutschland, Bd. III/1, 1988

Thiele, Bemerkungen zur Kündigung von Gesamtvereinbarungen, RdA 1968, 424 f.

Tröndle, Kommentar zum StGB und Nebengesetze, 49.A., 1999

Ulmer, Der Gläubigerschutz im faktischen GmbH-Konzern bei Fehlen von Minderheitsgesellschaften, ZHR 148 (1984), 391

Vaubel, Die Anwendbarkeit des Gesetzes gegen Wettbewerbsbeschränkungen auf Tarifklauseln, 1968

Vollmer, Bestandssicherung existenzgefährdeter Unternehmen durch Kürzung von Löhnen und Leistungen, DB 1982, 1670

Wank, Kündigung und Wegfall der Geschäftsgrundlage bei Tarifverträgen in Festschrift für Schaub, 761

Weber, Koalitionsfreiheit und Tarifautonomie als Verfassungsproblem, 1965

Weiss, Zur Haftung des Betriebsrates, RdA 1974, 269

Westphalen Graf v., Produkthaftungshandbuch, Bd. 1, 1989

Weyand, Die tarifvertragliche Mitbestimmung im Bereich der Arbeitsorganisation, AuR 1991, 65

Wiedemann, Bindung der Tarifnormen an Grundrechte, insbesondere an Art. 12 GG, 1994

Wiedemann, Unternehmensautonomie und Tarifvertrag in Festschrift für Riesenfeld, 301

Wiedemann, Die deutschen Gewerkschaften - Mitgliederverband oder Berufsorgan?, RdA 1969, 321

Wiedemann, Tarifvertragsgesetz, Kommentar, 6.A., 1999

Wiedemann, Unternehmensautonomie und Tarifvertrag, RdA 1986, 231

Wiedemann/Stumpf, Tarifvertragsgesetz, Kommentar, 5.A., 1977

Winter/Zekau, Außerordentliche Kündigung von Tarifverträgen, AuR 1997, 89
Wölbling, Entwurf eines Gesetzes über Tarifverträge, Soziale Praxis, 18. Jg. (1908/09), 166
Worzalla, Auswirkungen des Kündigungsfristengesetzes auf Regelungen in Tarifvertrag und Einzelarbeitsverträgen, NZA 1994, 145
Zachert, Für den Erhalt und die Fortentwicklung der Tarifautonomie, AuR 1993, 97
Zachert, Probleme der Teilkündigung von Tarifverträgen im öffentlichen Dienst, AuR 1993, 294
Zachert, Möglichkeit der fristlosen Kündigung von Tarifverträgen in den neuen Bundesländern, NZA 1993, 299
Zachert, Die Zukunft der Koalitionsfreiheit, AuR 1985, 336
Zöller, ZPO, Kommentar, 20.A., 1997
Zöllner, Maßregelungsverbote und sonstige tarifliche Nebnenfolgenklauseln nach Arbeitskämpfen, 1977
Zöllner/Loritz, Arbeitsrecht, 4.A., 1992

Peter Lang · Europäischer Verlag der Wissenschaften

Karin Wagner

Die Verlagerung des Betriebszwecks als Fluchtweg aus dem Tarifvertrag?

Frankfurt am Main, Berlin, Bern, Bruxelles, New York, Oxford, Wien, 2003.
XVI, 222 S.
Europäische Hochschulschriften: Reihe 2, Rechtswissenschaft. Bd. 3794
ISBN 3-631-51713-0 · br. € 42.50*

Durch die Verlagerung des Betriebszwecks auf ein rechtlich oder wirtschaftlich verbundenes Unternehmen im Wege der Arbeitnehmerüberlassung kann das Vorliegen des fachlichen Geltungsbereichs und damit die zwingende Wirkung eines Tarifvertrags umgangen werden. Die Abhandlung untersucht die Frage, unter welchen Voraussetzungen eine Betriebszweckverlagerung zur analogen Anwendung von § 4 Abs. 1 TVG führt, mit der Folge, dass der bisher geltende Tarifvertrag weiterhin zwingend anzuwenden ist. Dabei wird insbesondere auf den Unterschied zwischen aktueller und potentieller Tarifgebundenheit, die Voraussetzungen der Arbeitnehmerüberlassung, die maßgebenden Bewertungspunkte für die Vergleichbarkeit hinsichtlich des Unterfallens unter den fachlichen Geltungsbereich des Tarifvertrags und die Beweislastverteilung eingegangen.

Aus dem Inhalt: Voraussetzungen für die Anwendbarkeit von Tarifverträgen · Möglichkeit der vorzeitigen Beendigung der Tarifbindung auf Seiten des Arbeitgebers · „Flucht" aus dem fachlichen Geltungsbereich des Tarifvertrages · Voraussetzungen der Arbeitnehmerüberlassung · Analoge Anwendung von § 4 Abs. 1 TVG · Beweislastverteilung

Frankfurt am Main · Berlin · Bern · Bruxelles · New York · Oxford · Wien
Auslieferung: Verlag Peter Lang AG
Moosstr. 1, CH-2542 Pieterlen
Telefax 00 41 (0) 32 / 376 17 27

*inklusive der in Deutschland gültigen Mehrwertsteuer
Preisänderungen vorbehalten

Homepage http://www.peterlang.de